文春学藝ライブラリー

つわものの賦

永井路子

文藝春秋

つわものの賦◎目次

つわものの賦

源氏系図

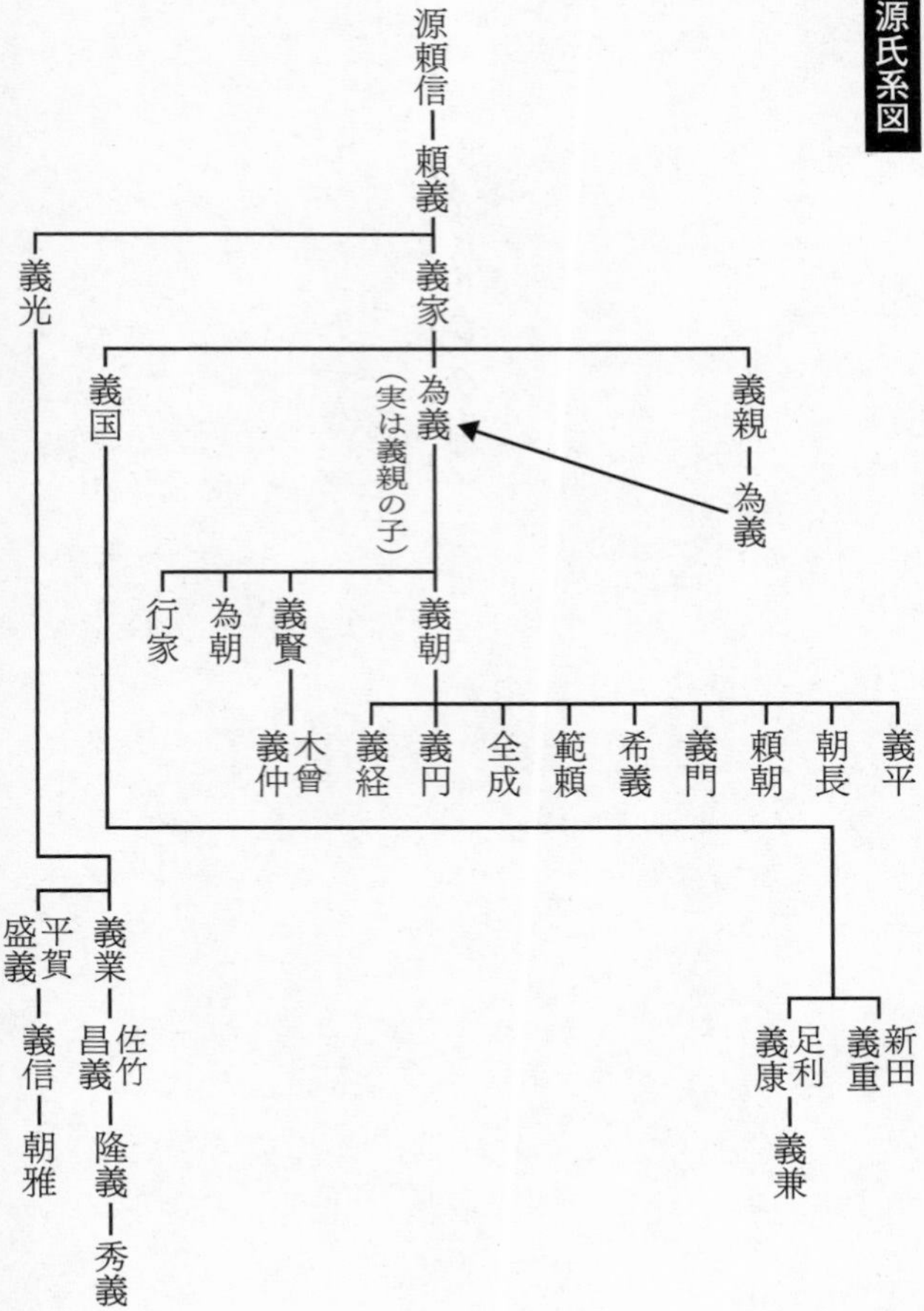
源頼信
頼義
義家
義光
義国
為義
(実は義親の子)
義親
為義
義朝
義賢
為朝
行家
義平
朝長
頼朝
義門
希義
範頼
全成
義円
義経
木曾義仲
義業
平賀盛義
佐竹昌義
隆義
秀義
義信
朝雅
新田義重
足利義康
義兼

序章　嵐の中への出発　治承四年八月

風雨強かるべし

この海の荒れようはどうしたことか。

日頃はおだやかな藍色《あいいろ》に凪《な》いでいる相模《さがみ》の海は、この日にかぎって、まったく形相《ぎょうそう》を変えてしまった。黒ずんだ灰色の巨獣が、白い牙をむきだして襲いかかって来るような、すさまじい咆哮《ほうこう》はただごとではない。嵐が——それも稀にみる大暴風雨が近づきつつあるのだ。

にもかかわらず、このとき、浜辺には、荒天の海に向って船出しようとしている男たちがあった。雨を含んで横なぐりに吹きつけはじめた風に頬を打たせて立つ彼らの眼には、さすがに躊《ため》らいの色がある。海の男たちは、この狂瀾の真只中に船出したとき、行手に何が待ちうけているかを知りつくしているからだ。なのに、なお、あえて船をその中へ漕ぎだそうとしているのはなぜか？　それは海の彼方の盟友たちとの固い約束があるからだ。数少ない盟友たちは、彼らが海を渡って駆けつけてくれることを頼みとして、すでに行動を開始してしまったに違いない……。

そうなのだ。ときに一一八〇（治承《じしょう》四）年八月二十二日、伊豆《いず》の源頼朝《みなもとのよりとも》は僅《わず》かな手勢を率《ひき》いてすでに起ちあがっていた。そして、荒れ狂う海を焦慮の眼差《まなざし》で眺めている彼らこそ、相模の三浦半島を本拠とする、東国武士団の雄、三浦一族だったのである。

その間にも風は烈しさを増し、波はいよいよ狂暴さを加えて来た。それでも船出を敢行すべきか否か……。

「これでは無理だ、海に出たとたん、船は波に呑まれてしまうぞ」

「しかし、約束は約束だ。何としてもゆかねばならぬ」

「猪勇《ちょゆう》だぞ、それは……」

はてしない議論がくりかえされた後、ついに主将、三浦義澄《みうらよしずみ》が口を切った。

「やむを得ない、陸路をとろう」

日頃から口数の少ない、慎重な彼らしい決定であった。鎌倉、大磯の海ぞいの道を辿《たど》る不利、時間の空費は目に見えているが、しかし、みすみす全滅とわかっている荒天の海を突切ることはできない。

「よし、出発だぞっ」

砂嵐を嚙みながら大声を張りあげるのは甥《おい》の和田義盛《わだよしもり》。黒々とした武装に身を固めた軍団は粛々《しゅくしゅく》と北上を開始する。

まさに象徴的な嵐の中への出発であった。このとき、はじめて東国武士団は、中世への幕をあけるべく、時代の嵐の中に踏みこんでいったのだから……。

　彼らの胸の中には、多分、計画通り海路を辿れなかった無念さや、方針変更がもたらすかもしれない不測の事態への危惧《きぐ》やらがわだかまっていたに違いない。が、いつの時代にも、百パーセント筋書《すじがき》通りにいった革命などというものはありはしないのだ。それにはいつも計画の齟齬《そご》やら、思いがけない偶発の事故がつきまとう。だからそれらを含めて、この日の三浦勢の出陣には、人間が新しい歴史へ踏みこんでゆく姿があったとは見られないだろうか。

　あるいは異論があるかもしれない。これに先立つ八月十七日、源頼朝が伊豆で旗揚《はたあ》げをしているではないか、この日こそ、新しい歴史を開いた日ではないかと……。たしかにこの日、頼朝は姻戚《いんせき》の北条《ほうじょう》一族その他とともに挙兵し、近くにいた平家の目代《もくだい》、山木《やまき》兼隆《かねたか》の首を挙《あ》げている。もちろんそれを無視するわけではないが、大きな時代の流れから見るならば、この日以後に起る一連の歴史的事件は、「頼朝の旗揚げ」ではなくて、「東国武士団の旗揚げ」なのである。従来の歴史書のほとんどが、伊豆の流人《るにん》頼朝から始めてその旗揚げを書いているのに対し、あえて三浦勢の出発を巻頭に据《す》えたのは、このためなのである。

　このとき行われたのは、決して頼朝個人の旗揚げではないはずだ。彼にはたしかに一つの役割があり、そのことはまた後でふれる折もあると思うのだが、しかし、頼朝個人にウェイトをおきすぎると、歴史を見誤る恐れも出て来る。歴史に仮定は禁物だが、かりに伊豆に流されたのが頼朝ではなく、弟の希義《まれよし》であって、頼朝が代りに土佐に流されていたとしたらどうか。頼朝の成功の可能性はほとんど考えられないが、東国武士団は、遅かれ早かれ彼らの旗揚げに成功していたろうと思われる。それだけ東国武士団の内部には、どうしてもそうせざるを得ないものが自身の中に醸《かも》されつつあったのだ。そしてそのことを最もよく顕現しているのが三浦一族の行動だといえるだろう。

もちろん、これについても異論はあろう。後に東国武士団の中で主導権を握る北条氏をなぜ最初に持ってこないのか、と。もちろん北条氏の歴史の中でしめるウェイトは大きいが、しかし、この時点では北条氏はまだ弱小武士団にすぎない。動員能力も三浦氏とは桁《けた》違いに小さいし、従って東国武士団への影響力もほとんど持っていない。やはり一一八〇年という時期に扇の要《かなめ》のような存在だったのは三浦氏ではなかったか。そのことについてはいずれふれるとして、それよりもまず東国武士団が、なぜ嵐の中へ出発せざるを得なかったかを考えてみたい。

東の「くに」西の「くに」

京都から高速道路を東に向って走るとする。インターチェンジや料金所を意識しなければ、ドライバーは、いつどこで岐阜県に入り愛知県に入ったか気づかないはずである。京都から東京への道は、ほとんど均一の構造をもって続いているからだ。

しかし、少なくとも当時はそうではなかった。いってみればアスファルトの広い道が、とたんに幅の狭い砂利道に変ってしまうような、いや、その地点を通りすぎれば、空の色、空気の匂いまで変ってしまうほどの境い目があった。そしてそれが当時の東国と西《さい》国《ごく》の境界線なのである。といっても、具体的にはどこにその線を引くかということになると、いろいろの問題があってなかなかむずかしいのだが、とりあえずここでは、美濃《みの》、尾張《おわり》のあたりと考えておく。

この差は現代の都市と農村の差、開発テンポの差といった「程度」の差ではない。もっと厳然たる「差別」がそこにはあった。一方は数百年このかた他方の前にひざまずき続け、他方はその奉仕を当然のこととして受けとる——といったような、支配と被支配の関係が確立していた。その意味ではむしろ、都市と農村の差というよりも、近代における植民地と本国の関係に近いかもしれない。

なぜそのような関係が成立したかということは古代史の問題だと思うのだが、残念ながら現在の段階では、古代史はその答を与えてくれてはいない。が、その歴史をふりかえってみれば、そこには支配と被支配の関係しかなかったことは明らかである。数百年の間、東国は一人の支配者を出したろうか？　いや、一人も……。一方の西国政府は、防人《さきもり》のような無償の軍事力を東国から徴発したし、国司を派遣して租《そ》、庸《よう》、調《ちょう》を取りたてた。この支配と従属の関係はその後も長く続き、東国武士の旗揚げを迎えたこの時点でも、多分東国と西国の人々は、現代の私たちが、関東人、関西人と呼びあうのとは違った意識でお互を眺めていたはずである。

都人《みやこびと》と坂東者《ばんどうもの》――。これを私たちは、従来、都会人といなかものというふうにとらえて来た。が、それは垢《あか》ぬけ方の差とか、それに伴う優越感と劣等感といった問題ではない。西国は常に主人であり、東国は常に臣下だったのである。

　これを近代の植民地と本国に対比させることが、いささか乱暴だということは、もちろん自覚している。が、都会人といなかものという受けとめかたと、どちらをとるか、というならば、私はやはり前者の方をとりたい。それほど両者の間には、質的な差があり、異質な「くに」だったのである。いや、東国はまだ「くに」でさえなかった。その東国の人々が西国を征服をしないまでも、従来の屈辱的な隷属《れいぞく》から一歩でも脱けだし、ある程度の権利を主張しようとしたのが、この治承の旗揚げなのだ。そうとらえるならば、とうていこの事件を「頼朝の旗揚げ」などという言い方はできないはずなのである。

　その意味で、私は東国、西国という言葉を従来の「東の地方」「西の地方」という意味とはちょっと違った意味で使いたい。といってもその「くに」とは「近代国家」とも少し違った意味で使っていることをお断りしておきたい。日本語はある意味では大変便利で「くに」といえば、近代国家も、一地方も、出生地も故郷をも指すが、こうした便利さは時として大変困った問題をも生む。とりわけ困るのは、「わが国」というとき、強力な支配機構を持ち、国の隅々《すみずみ》までその権力を行きわたらせ、こと国境に関するかぎり一メートルの差でも目くじらをたてるような現代の「くに」をつい想像してしまうことである。が、こうした国家権力が成立したのは、じつは近代以後のことであって、それ以前の国家とは、もっと漠然とした、輪郭《りんかく》のぼやけたものだった。国境は常に伸び縮みし、一つの土地に何人もの権利が重なっている。A侯の所領は形式的にはB王国に属しているが、じつはA侯はC王国により密着していて、B国王はむしろA侯を恐るべき敵国と認識している。つまりA地方はB王国の網をかぶせられてはいるものの、その網目はスカスカだし、実質的には、C王国の網目もたっぷりかかっている――というようなことはヨーロッパ中世の歴史をふりかえれば、すぐ納得のゆくことであるが、こういう考え方を、日本の中世にも、じつはもっと応用すべきなのである。

もう一つの王国

そう考えるとき、中世の日本地図は、おおむね三つに塗りわけることができる。一つは近畿を中心とした先進中央国家、これはさしずめ「西国国家」と呼ぶべきか。その東西に西国国家の植民地として東国と九州があるが、九州はその歴史的なつながりからみて、より直轄領《ちょっかつりょう》的色彩が強い。が、東国はあきらかに異質である。かつての東洋における、英、仏、オランダなどの植民地が、本国と同じ色に塗られていたことが、今となってみればいかに不自然であったかがわかるように、東国は、西国と同じ色に塗られるべき地域ではない。

それともう一つ、東国の北方に、さらに独立性の強い「くに」がある。これが奥州藤原氏の支配する「奥州国家」である。かつては西国国家の征服地であった奥州が、この時代までに半独立の「くに」になっていたことは、学界ではすでに認められている。もちろん異議をとなえるむきもあるだろう。奥州の支配者自身が藤原氏を名乗り、中央政府から称号を得ている以上、やはりその版図に入っていたはずだ、と。が、称号とか名前というものこそ、じつは緩《ゆる》い網の目そのものなのだ。西国国家の権力の及ぶのはそこまでであって、実質的な統治には口だしはできなかった。

これは古代中国の冊封《さくほう》関係にもよく似ている。たとえば、隋《ずい》が建国すると、朝鮮半島の新羅《しらぎ》は朝貢して「上開府楽浪郡公新羅王」に叙せられているし、もう少し溯《さかのぼ》って五世紀頃には、朝鮮半島の高句麗《こうくり》、百済《くだら》は、梁《りよう》などの中国の王朝に入朝して東騎大将軍とか征東大将軍といった称号をもらっている。朝鮮の国々は一応中国の梁や隋に敬意を表し、これを宗主国と仰いだわけであり、じつは日本の古代王朝もそれにならっている。しかし中国の直轄地なみの扱いをうけたわけでないことは、その当時の歴史をふりかえってみればはっきりしている。西国政府が奥州藤原氏に鎮守府《ちんじゆふ》将軍の称号を与えているのも、どこかこれに似ているではないか。

ではなぜ奥州国家がこの時点までに半独立をなしとげ得たかといえば、あまりにも遠隔すぎるこの地にまで西国国家の支配の手が廻りかねたことがその理由の一つであろう。わざわざ現地で効果のあがらない努力を重ねるより、地元の有力者にまかせる方が便利だと思うようになったのだ。そうはいっても、東国に比してこの地がより進んでいたための独立というわけではない。いや事実はむしろその逆だ。当時の奥州は中央に比しても東国に比しても開発は遅れていた。つまり民度は低かった。それだけに有力者が出ると統一はたやすいし、この統一事業をなしとげたものは、富も権力も独占する。つまり数百年前大和《やまと》で行われた古代版国家統一が、おくればせに奥州でも行われたともいえよう。

だからこの地方の民度はきわめて低く貧しいが、王さまだけはめっぽう金持だ。金《きん》をふんだんに独占している上に、有力な財物である馬もたくさん持っている。これらを西国にばらまくかわりに、西国貴族をまねて寺や仏像を作ったり、はては金にあかせて、西国貴族さえも手の出ない金ずくめの金色堂《こんじきどう》を建てたりしている。と書けば、どこやら金ならぬ石油を持った現代のアラブの王様に似てないこともない。そして西国国家は欧米、日本などの国々、東国はアジア、アフリカの第三勢力——近代国家と当時の「くに」が質的に違うという但し書をつけた上で、あえてありようを比べれば、それぞれのシチュエーションが似ているのもおもしろい。

ともあれここでは、当時の日本列島は三つの「くに」らしいものに分割されていた、ということに目をとめたい。こうした状態について、従来関心が払われなかったのは、多分明治以来の教育によって、日本はつねに一つの国家であり、天皇の権威が唯一絶対のものとして隅々《すみずみ》まで行き渡っていた、というふうに考えさせられていたからであろう。それがまったく史的根拠のないことは、邪馬台国《やまたいこく》のような存在が明らかになれば、はっきりすることであって——そしてはてしない位置についての議論よりも、邪馬台国論争の意義は、まさにそこにあると思うのだが——このことは、部族国家の段階だけでなく、もっと時代を押しさげて、それぞれの時代における「くに」のありようにまで適用されてもよいのではないだろうか。

東国のあけぼの

中世の夜あけが近づいたときの日本の地図を描くことによって、東国というものの、外廓はほぼ摑《つか》めたと思う。「くに」と名づけるにはあまりに未成熟な、しかし、西国とも奥州国家とも違う存在が確実にそこにはあった。そこは西国から長い間年貢と軍事奉仕を強いられて来た植民地である。その生産力も、はじめはきわめて低かった。いわゆる関東ローム層は、いくら耕してもろくな稔《みの》りはもたらしてくれなかったに違いない。このことと、東国から防人が徴集されたことは多分無関係ではなかったろうと私は思っている。西国政府にとって、すでにかなりの水準に達している畿内の生産の担い手をひっこぬくより、生産性の低い東国の男どもをかきあつめて九州の守りにつかせた方が、ずっと効率はよかったはずだからだ。もちろんその前提として、すでに東国が西国に対して一方的に労働力の提供を義務づけられるような関係におかれていた、という事実があったと思うのだが、とにかく、東国の男は勇猛だから防人にあてた、とする従来の解釈は、あまりにも表面的すぎよう。生産力のきわめて低かった東国においても、その後、徐々に開拓が進んで来た。

今まで役立たずだった荒蕪《こうぶ》の地――せいぜい「牧《まき》」として馬の放し飼に使われて来たようなところも、耕せば何がしかの収穫が得られるようになって来た。農具の改良ももちろんあるだろう。こうして一方にはしだいに富を蓄積する有力者ができてくるわけだが、こうなると次はその有力者同士の富の奪いあい、仲間割れ、というのがお定まりコースである。例の平将門《たいらのまさかど》の乱（九三五～四〇）もその一つであろう。

周知のように、将門の乱はあえなく失敗する。将門みずから「新皇」と称し、西国政府に反抗の構えをみせた、といわれているが、実質はさてどのくらいのものだったか。どうやらそれは幻想の域を出なかったように思われるのだが……。黙々と防人を提供し続けた東国の過去を思えば、この叛乱はたしかに目を見張らせるものがあるが、治承の旗揚げを迎えるまでには、その後、二百四十年ほどの歳月を必要とした。

ゆるやかな時の流れだった。しかしその間、確実に東国の開拓は進んでいった。「牧」と呼ばれていたところが、しだいに「荘」と名前を変えていったのもその一つの現われと見ることができるだろう。農場はしだいに増えていったのだ。そして「武士」とよばれる人々は、いずれもこの農場主なのである。後世には武士と農民が分離するので、私たちは、そのころの武士に対しても、年中戦争にあけくれている職業軍人を想像しがちだが、鎧兜《よろいかぶと》に身を固めて出陣するのはむしろ非常の場合であって、日頃の彼らは、農場主としての顔を持っていたことを忘れてはならない。

東国武士の素顔

開拓が進めば縄張り争いも激しくなるし、腕っぷしの強い男たちを集めていた方が結局は勝つ。その戦いの過程で、私兵をたくさん集めた大農場主が生れてくる。これが東国武士団である。彼らがどういう生活をしていたか、いま地上にその形はほとんど残ってはいないが、しかし、彼らの故地をたずねて、そのおもかげを探ることは不可能ではない。じつは最近『相模のもののふたち』という一冊を書く機会があって、相模における彼ら武士団の本拠を見て廻ることができたのだが、今後登場するはずの土《と》肥《ひ》実平《さねひら》、土《つち》屋《や》宗遠《むねとお》、曾《そ》我《が》祐信《すけのぶ》らの故地で、私はおもしろいように、共通のたたずまいを見出した。

彼らの住いの多くは、後に山を背負い南にひらけた台地の上にある。彼らはそこに屋敷を構え、門前の日当りのよい土地を自分の手作りの地として、所従《しょじゅう》とか下人《げにん》とかよばれる隷属性《れいぞくせい》の強い召使《めしつかい》に耕作させている。ここは後の山から流れて来る水を利用するにも一番便利なところで、主人は屋敷の周囲に堀をめぐらしてこの水を湛《たた》え、防備のためや、水田の灌漑《かんがい》用水として使っている。

この台地の周囲の低地にいるのはこの主人の子分たちだ。主人は彼らに土地を割りあて、堀の水を分けてやって耕作させて年貢をとりたてるのである。つまり、主人は地形を利用して、子分たちの生命《いのち》の水を押えているのだ。だから彼らは、主人に服従せざるを得ない。年貢をおさめるほかに、佃《つくだ》などと呼ばれている主人の手作りの地の稲刈りや田植えも手伝わされたことであろう。そういうとき、指揮をとるのは子分の中の有力者で、家人《けにん》とか郎従《ろうじゅう》とよばれる連中である。

もちろん、いまそれらの名残をしめす建物も何も残ってはいないが、おもしろいことに地名が証人になってくれる。例えば「お屋敷」「堀ノ内」「殿の窪《くぼ》」「門田《かどた》」「お前田」などは、それぞれ主人の屋敷の跡や手作りの直接耕作地などをしめすものだ。その意味で、現在行われている性急な地名変更は、大変無謀な歴史圧殺だと思うのだが……。

こうしてみると、彼ら武士団の統率者の日頃の顔――農場主としてのありようが、あざやかに浮びあがってくる。彼らの意欲は、一も二もなく「開拓」「開拓」にある。子供が生れ成人すれば、次々に家人や所従をつけて、新しい農場を開かせてゆく。たとえば、三浦半島一帯に根を張りひろげていった三浦氏――。彼らは、その住む地名に因《ちな》んで和田義盛、佐《さ》原《わら》義連《よしつら》、大多《おおた》和《わ》義久《よしひさ》などと呼ばれているが、いずれも一族だ。また神奈川県のやや西部寄りの現在の中井町には中村氏という有力者があった。その子供たちが東、あるいは南に進出して、土屋、土肥などを名乗っている（中でも一番当時のおもかげを残すのは、土屋氏の本拠の跡である）。

ところで、この開拓精神のたくましさはまことにおみごとだが、そのかわり、因果《いんが》なことに、これで満足、ということはない。

「広いが上にも広く、豊かな上にも豊かに」

ということになれば、さしも広い関東の地も、たちまち彼らの争奪の場となりはてる。

「俺のだ」

「いや俺のだ」

弱小農場主は潰され、強大な農場主の家人となる。勝利者の土地はふえ、その分が、彼のために働いた家人、郎従に分け与えられる。それも彼らの働きに応じて……。そうしなければ、明日にも起るかもしれない次の戦いに、彼らが懸命に戦ってくれないからだ。家人たちにとっても、自分の耕作地がふえ、収穫がふえることは大歓迎だから、御《ご》褒美《ほうび》をめざして、この次もまた喜び勇んで働く——というわけだ。かくて上から下まで、「土地」「土地」と目の色を変えてひしめく時代が到来する。皮肉なことに、別の意味で土地に飢え、土地の財産的な価値を身にしみて知らされている私たちは、憑《つ》かれたように土地獲得に狂奔する彼らの心情が、案外身近に共感できるのであるが……。

土地所有の形式

しかし、彼らと我々で根本的に違うことが一つある。それは土地の所有のしかたである。現在、一つの土地の所有者は一人ときまっている。ところが、当時は、この点がじつに曖昧《あいまい》であった。実質的農場主である彼ら武士団の長は、むしろその所有権をぼかして、

「これは中央の偉いお方の持ちものをお預りしているのだ」

という形にする。これは彼らがつつしみ深いのでも何でもない。こうすれば税が免除

になるからだ。当時、国衙領《こくが》（諸国の政庁の支配する土地）には年貢がかかるが、寺社や貴族の私有地——荘園《しょうえん》の多くは免税の地だった。そこで彼らは、自分の開拓した土地を、そうしたお偉いお方の荘園にしていただいて、自身はそこを荘（庄）司としてお預りする、という形にする。もちろんお偉いお方に名義料は払わなければならないが、年貢に比べれば割安であった。戦後個人の所得税に比して法人税が割安になったので、八百屋、酒屋など個人商店が軒並み法人組織にしたのと同じようなものである。

しかも、中央のお偉いお方の傘の下に入っていれば、万一所領争いなど起きたときにも、何かと都合《つごう》がいい。そこで、俺はA貴族に、俺はB寺に、と彼らは争ってお偉いお方を名義人とし、そこに領地を寄進する形をとる。お偉いお方としても黙っていても名義料が入って来るので損なことは一つもない。これは何も東国にかぎらない現象であって、こうした寄進系の荘園は続々と生れ、中央貴族は政府の高官としての大きな俸給に加え、全国の荘園からの貢納をうけて、優雅な生活を営む——という、これが将門の乱ころから平安朝時代を通じた中央と地方のありかたになってきていた。

と書くと、あるいは、日本全国が全部荘園になってしまったような印象をうけるかもしれない。が、もちろん一方には国衙領が厳として存在している。しかし、これも実質的には一部の貴族の財産つくりの拠点となっていたことはいなめない。

国司（国の守《かみ》＝長官）に任命されるのは中央の貴族社会の中では中流階層ともいうべき連中だが、任命されて赴任した彼らは、とりわけその地方の民生に努力するわけではない。国司は今の知事よりも徴税官に近く、それも請負い制度のようなもので、一定の額をとりたてる義務があるかわり、それ以上の分は、みな自分の財産になるという、まことにうまみの多いポストであった。だから四年の任期中、彼らはその役得に励みに励む。そして貯めこんだ財力で中央貴族にゴマをすり、次回にも妙味のあるポストを世話してもらう。

こうして現地に赴いて実際に徴税を行う国司を受領《ずりよう》といい、じつはそのほかに、名義だけの守《かみ》や権守《ごんのかみ》、介《すけ》（次官）、掾《じよう》（三等官）、目《さかん》（四等官）などというのがいて、それぞれ国衙領からのあがりの配分にあずかっている。平安中期以降には、この国司の利権化がもっとひどくなり、一部の有力貴族が、国司の推挙権を独占するようになる。これを知行主《ちぎようぬし》といい、彼らは自分の獲得した知行国に一族やら子分を国司として推薦してその推薦料をとるのである。しかもこの国司に任命された連中も、実際には任地にゆかず、代理をさしむける。これが目代《もくだい》である。すなわち国司はその国の政治がどうであろうと、行って治めようなどということは考えず、専《もつぱ》らそこからのあがりだけに関心を持っている。そして彼らの親分たちはといえば、知行国をどれだけ自分のものにするか、その駆引に余念がない。じつは、国司制度とか荘園のしくみなどは、もっと複雑、多様なものなのであるが、大づかみに言えばこのようなことになる。

政治の荒廃も極まれり、などと言いたくもなるが、考えてみれば、現代の派閥政治にどこか似た趣《おもむき》もないではない。派閥は解消したとはいうものの、そのじつ派閥の力関係で閣僚の数やポストがきまるのは周知のことで、知行主をボス、知行国を閣僚ポストにおきかえてみれば、あまりの類似に驚くかわり、当時の政治のありかたに、たちまち合点がゆくことにもなろう。もっとも現代は、大臣が代りに目代を大臣室に派遣するところまではいっていないようであるが。

欲の二筋道

ところで、こうしたあり方に、地元農場主はどう対応したか。彼らの願いは、少しでも納税負担を軽くすることにあったから、そのためには、まず在地の代表者として、国府の役人の肩書をもらう努力をした。中央から派遣される受領にしても、武力を持つ彼らと対立するよりも彼らを抱きこんで、徴税をスムーズに行うほうがとくだから、これを大いに利用した。こういうふうに、守は中央官僚で、介、掾、目以下に地元勢が並ぶという官庁構成が割合早くから成立していたことは、例えば将門の乱の折に、彼の叔父たちが、常陸大掾《ひたちのだいじょう》とか下総介《しもうさのすけ》という肩書をもっているのに見る通りである。

彼ら地元勢を総称して在庁官人《ざいちょうかんにん》というわけだが、こういう肩書を持つ役人になると、その役職に伴う大ぴらな免税田があるし、徴税にあたっても、何かと自分やその子分に有利なように手心を加えることができる。そのほか肩書をふりかざして有形、無形の役得にもあずかれる。とりわけのお得意は軍事警察権をふりまわすことで、気にいらない奴には、お上《かみ》の威光をふりかざして思うままに威圧を加えることができる。将門の乱の折に、肩書を持った叔父たちが自分たちと将門の私闘にすぎないものを、将門がお上に対して反抗したのだと言いたてたりしているのも、つまりは肩書の利用である。

こうしたうまみのある役どころだから、農場主たちは誰もが在庁官人になりたいわけだが、そのポストにありつけるのは、その地方の最有力者だけ、ということになる。たとえば上総《かずさ》では上総氏が上総介を名乗り、下総では千葉氏が千葉介というように。しかもこのポストはほとんどが世襲《せしゅう》だった。だから常陸大掾家のように、その役目がすなわち名前のように呼ばれている家もあるくらいだ。また下野《しもつけ》の小山《おやま》大掾は将門を滅ぼした藤原秀郷《ふじわらひでさと》の子孫と称し、代々その地の軍事警察権を握って来たことを誇りにしている。

こうしてみると、彼らのあり方に二つのコースがあるように思われる。一つは役人として肩書をもらい、権力を笠に着てうまくやろうというもの、一つは荘園を寄進して、中央の貴族や寺社の権威に頼るもの、現代におきかえてみると、一方は市会議員―県会議員コース、一方は大資本の系列へ組みこまれてゆくコースにちょっと似ていはしないか。もっともこの両者が別々になっているわけではなく、荘司はしばしば在庁官人を兼ねている。が、私見では、単なる荘司よりも、介や掾の肩書を持っている方がさらに有力という感じである。

東国武士団紳士録

では具体的には東国にはどういう連中がいたか、治承の旗揚げ直前の顔ぶれを見ると、まず北の常陸では、将門以前からこの地を領有している平氏の血をひく常陸大掾氏、彼らの本拠は筑波山麓の多気《たけ》城であるところから、一名多気氏ともいわれている。その北部にいるのが佐竹秀義《さたけひでよし》。これは源義光《よしみつ》の血をひく名門だ。お隣の下野では、さきにふれた小山氏の政光《まさみつ》の子、朝政《ともまさ》、宗政《むねまさ》、朝光《ともみつ》と、源義家《よしいえ》の子、義国《よしくに》系の足利義兼《あしかがよしかね》、宇都宮あたりを中心とする藤原氏系の宇都宮頼綱《よりつな》がおり、この小山とも宇都宮とも親戚になる八《はっ》田知家《たともいえ》は、下野から常陸にかけて進出している。

上野《こうずけ》は新田義重《にったよししげ》だ。これも足利氏と同じく源氏の流れを汲む名門である。武蔵《むさし》の有力者は畠山《はたけやま》（秩父《ちちぶ》）氏だ。古くは秩父牧を本拠とし、これが荘に変ると、秩父庄司を名乗って来た。中で畠山（秩父）重能《しげよし》が本家格でその子が畠山重忠《しげただ》、一族に河越重頼《かわごえしげより》、江戸《えど》重長《しげなが》、小山《おやまだ》田有重《ありしげ》、葛西清重《かさいきよしげ》、稲毛重成《いなげしげなり》、渋谷《しぶや》重国《しげくに》らがいる。江戸、河越の名がしめすように、武蔵野の各地に分れて開拓に余念がない。中で稲毛氏は現在の川崎市、渋谷氏は神奈川県高座郡あたりに進出している。が、何しろ広大な関東平野だから、畠山一族のほかに独立の小武士団がたくさんあり、それらの中にはいくつかが連合して「党」を作っているものもいる。これが武蔵七党とよばれるものだ。

房総半島では、安房《あわ》に安西景益《あんざいかげます》、上総には上総広常《ひろつね》がいる。彼は関東屈指の豪族で上総介（権介《ごんのすけ》だが実質上は介におなじ）であったところから介八郎《すけのはちろう》と呼ばれ、千葉県の半分くらいを領有している。その北方、下総には千葉常胤《ちばつねたね》と、小山と同系の下河辺《しもこうべ》行平《ゆきひら》がいる。

巻頭に登場させた三浦氏は、もちろん相模の三浦半島を独占する豪族で、鎌倉権五郎《かまくらごんごろう》景政《かげまさ》（正）の一族と称している。同じ鎌倉氏の子孫に鎌倉の近く梶原山を本拠とする梶《かじ》原景時《わらかげとき》があり、その従兄《いとこ》といわれる大庭《おおば》景親《かげちか》は藤沢市付近の大庭御厨《おおばのみくりや》を領有している。「御厨」というのは先祖の鎌倉景政がここを伊勢神宮の供御料として寄進したからで、荘園であることに変りはない。その西側、現在の茅ヶ崎市あたりには大庭景義《かげよし》（能）——景親の兄がいる。鎌倉の北部から横浜にかける一帯は山内荘と呼ばれ、ここの預所は山内首藤経俊《やまのうちすどうつねとし》だ。内陸部にはさきほどふれた秩父系の渋谷重国、丹沢山塊の麓《ふもと》には、藤原氏を称する波多野義常《はたのよしつね》（経）、その子の有経《ありつね》など。西部には中村荘を本拠とする中《なか》村宗平《むらむねひら》を宗家に、その一子の土屋《つちや》宗遠《むねとお》が平塚付近に、さらに二宮友平《にのみやともひら》が二宮、大磯辺に、土肥実平《さねひら》が湯河原から真鶴《まなづる》半島へと進出しつつある。相模は常陸や上総、下野のように大豪族が統一しているのではなくて、いくつかの系統の武士団が混在している状態だ。

伊豆《いず》の中心勢力は工藤《くどう》氏だ。これが各地にわかれているが、狩野川流域の狩野（工藤）茂光《もちみつ》が狩野介《かのうのすけ》を称しているところをみると、これが本家筋であろうか。が、工藤系で目下羽振りのいいのは伊豆東岸の伊東祐親《いとうすけちか》だ。このほか工藤祐経《くどうすけつね》、宇佐美祐茂《うさみすけもち》、曾我《そが》祐信《すけのぶ》らがいる。曾我祐信の本拠は相模の曾我（現在の小田原市郊外）である。このほかに頼朝の姻戚になった北条時政《ほうじょうときまさ》がいるわけだが、伊東祐親ほどの力はなかったようだ。もともと伊豆は中央に山脈が通り、耕地はその裾《すそ》に小さく分割されて存在するにすぎないから、広大な領地を有する大武士団は育たないのだ。

東国の豪族たち

豪族名は主として本文に関係あるもののみ

ここにあげたのは、これ以後によく登場する代表的な武士団の長だけだが、もちろんこのほかにも小武士団が数知れず存在しているわけで、一口に武士団といってもその規模はさまざまだ。二千町歩の土地をもつ足利氏のような雄族もあるかと思えば、たった十四町余しか持たない熊谷直実《くまがいなおざね》のような武士もいる。それが領地の大小にかかわりなく、いろいろの形で歴史の中に登場するので、私たちはとかく錯覚をおこしがちであるが、このへんでその差も少し認識しておいた方がいいかもしれない。小山、足利、上総、多気などは大企業クラス。畠山一族は規模にすれば最も大きいが、やや統制がゆるく、一族の連合カルテルといった趣がある。これに比べると千葉、三浦、中村は中規模だが、いずれも子弟を分置して、緊密な連絡をとりつつ着実な発展をとげている。北条はこの時点ではせいぜい有限会社北条製作所というくらいのクラスで、社長みずから皮ジャンパーでバイクを乗り廻し商売に専念といったところか。実力すなわち動員能力からすれば、上総、畠山はおろか、三浦、中村にもとうてい及ばない小企業だ。それ以下となれば、個人企業ともいうべき熊谷直実のような連中がたくさんいる。

もっとも、規模の大小は必ずしも「進ンデル」ことを意味しないのがこの時代のおもしろいところで、上総広常のようにかなり広大な地域を統一している方が、相模のような中小武士団の林立しているところより中世色を濃厚にしているかといえば、必ずしもそうとはいえないように私には思われる。上総、常陸、上野、下野などには、古代的なものが残っているのに、相模ではむしろそれが崩れて再編成の時期に入っているとは見られないだろうか。当時の開拓の状況をみると土地の広さが必ずしもそのまま富強につながるとはいえないからだ。後から開拓された荘園は、小さいながらもきめこまかに耕作され、かえって生産力も高まっていることが多い。その意味で、三浦、千葉、それを追う北条といったクラスの武士団はやはり注目されていい存在である。

それにしても、彼らのうち最も有力なものでも、その富は西国国家の貴族や奥州藤原氏には及ぶべくもない。奥州藤原氏がふんだんに握っている金《きん》は、彼らの土地にはひとかけらもないし、西国の藤原氏や平家一族の身につけている文化的なものともほとんど無縁である。貧しく粗野で腕っぷしが強いだけの男たち。しかも、困ったことに、彼らは腕にまかせて血みどろの戦いばかりを続けていたのである。

血みどろの歴史を背負って

彼らの関係は複雑だ。いまあげた武士たちも平安朝三百年間、度々争いをくりかえしながらこの時点まで育って来たわけで、血みどろな歴史はどの武士団の背後にもある。といっても彼らとて、腕っぷしだけが頼りの野獣ではないから、彼ら一流の駆引も権謀も加わって、事はいよいよややこしくなるのである。たとえば今までけんかして来た相手と俄《にわ》かに婚姻関係を結んだりするのだが、これで仲直りしたのかと思うとさにあらずで、右手で握手しておきながら左手は拳を固めて、相手の横っ面を張りとばそうとしていたり、抱きつかんばかりの親しさを見せながら、隙を見て足で蹴とばそうとしたり、なかなか一筋縄ではゆかない。そのしたたかさ、図々しさが何とも人間的でおもしろいのだが、残念なことに、各武士団の生いたちの経緯がすべてはっきりしているわけではない。

『曾我物語』の中にその生存競争の片鱗《へんりん》をしめすのは、伊豆の工藤氏内部の抗争である。工藤氏は伊豆の有力者だが、祐隆《すけたか》の孫の伊東祐親《すけちか》と養子（実は祐隆が後妻の連れ子に生ませた実子）の祐継《すけつぐ》の間に所領争いが起った。のちに両者は和解し、祐継の息子の祐経と祐親の娘が結婚する。が、祐経が都に出て武者所《むしやどころ》に出仕し、かつ平家に臣従しているうち、祐親はその所領を横領してしまう。祐経は怒って中央に訴えるが、もともと顔のきく祐親はたくみに手を廻して、自分に有利に事を解決させ、娘も離婚させてしまう。腹のおさまらない祐経は、狩の途中を狙って彼を殺そうとする。祐親は運よくこれを逃れたが、代りに息子の河津《かわづ》祐通《すけみち》（祐泰）が殺されてしまう。のちに祐通の遺児が祐経を討つのが有名な曾我の仇討だが、こうしてみると両者の関係は、どちらが正しいとはいえないほど複雑だ。

この話によく現われているのは彼らの土地に対する執着だ。それが最も近い血族の間にはてしない抗争を生むところや、中央に顔のきく祐親が、うまく立廻って争論を有利に解決しようとするあたりも、当時の武士のあり方の典型をしめしているといえるだろう。祐経が都にゆかずに自分の土地を守っていたら、こんな騒ぎは起きなかったろうと思うのはまちがいで、彼もまた中央にコネをつけておく必要があったからこそ上洛したのである。

このとき彼が武者所——宮中警固役に任じられながら平家一門に出入りする、というのも当時の武士の一つの典型である。たしかに警固役は彼らの義務でもあったが、その間に都の有力者（彼らの荘園の名義人——領家や本家である場合が多い）に接近し、お近づきにさせていただくよいチャンスでもあった。こうして、うまく立廻って出身地の役人の肩書でもせしめれば、帰国しても大いに有利である。

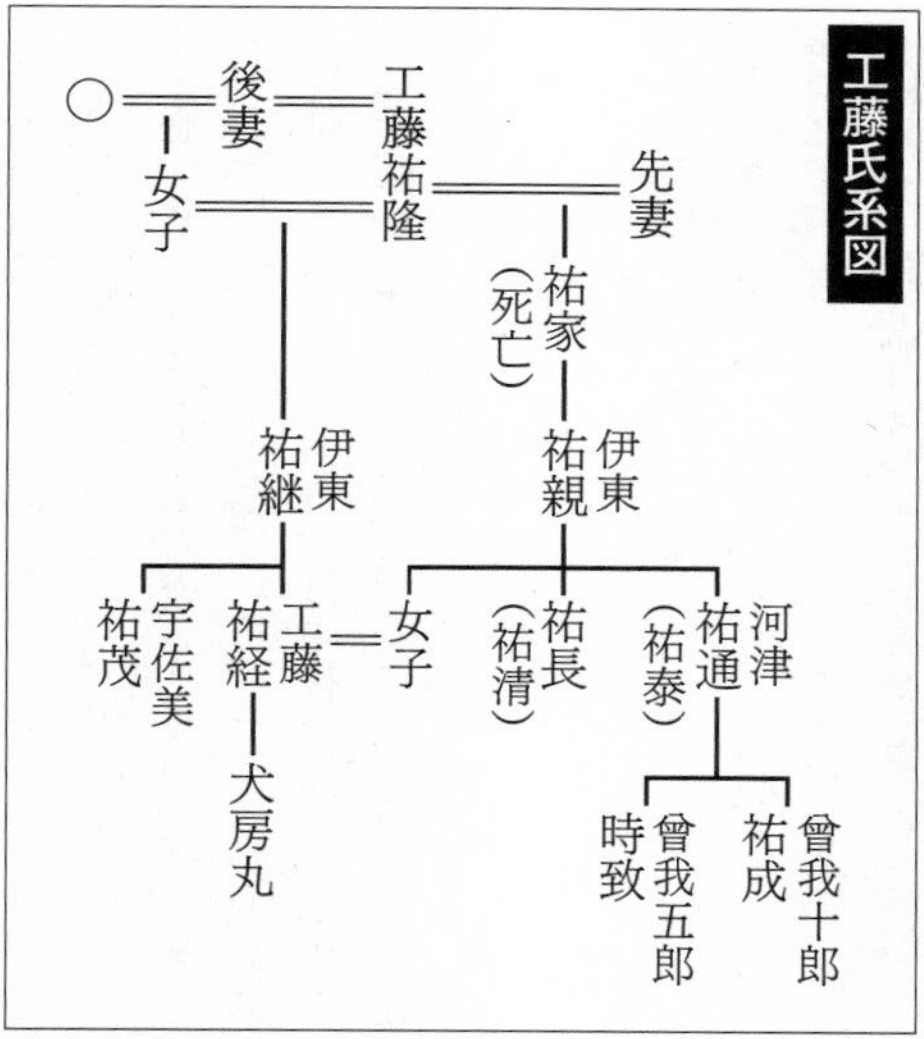

一族との抗争、中央とのコネの利用——つまり将門時代と似たりよったりの状態は、たしかに、このときまで続いていたのだ。そこには奥州の藤原氏のように強大な王者はいない。いずれもドングリの背くらべ、そのドングリはお互いに歯をむきだしていがみあい、少しでも優位に立とうとする。それも自分自身の力では無理とみると中央をあてにする。中央はそれをよいことに甘い汁を吸

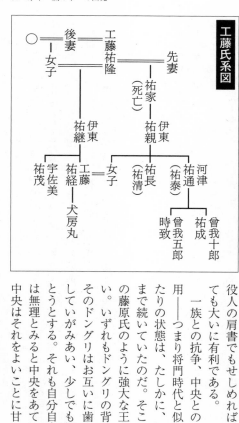

って胡坐《あぐら》をかく……これが東国の夜明けを迎える寸前のありかただった。

が、この状態が続くかぎり、東国の夜明けは来ない。彼ら東国武士が体制内での出世――在庁官人化をめざしたり、西国権力者に頼って、荘園の管理人として利益の配分にあずかって事足れりとしている間は、治承四年のあの状態は決して起らないのだ。

では、三浦一族、あるいは中村一族と北条氏が、ともかくも「旗揚げ」に踏みきったのはなぜか。仔細にみると、ここにも実はひそかな前史がかくされていることに気づくのである。

源氏の旗の下に

中央の権力者はあてにならない――。

彼らがこんなふうに思いだしたのは、かなり以前からだ。

『前九年の役《えき》』(一〇五一～六二)『後三年の役』(一〇八三～八七)というのがある。くわしいことは省略するが、源頼義とその子義家によって行われた奥州出兵であり、このとき、相模をはじめ東国の武士が争ってそれに従っていって戦功をたてた。その中には例の三浦氏の先祖にあたる三浦為次《ためつぐ》(継)、大庭・梶原氏の先祖にあたる鎌倉権五郎景正(政)も混っていた。

とりわけ、景正は十六歳の若年で、しかも右の眼に敵の矢を立てられながらも、これをぬかずに敵を追いかけて射殺《いころ》したという武勇の士である。しかもその後、親戚の三浦

為次が矢をぬいてやろうとして、彼の顔に足をかけると、

「なにをする！　こいつ、俺の顔を足で踏む気か」

と逆に為次を刺そうとしたというエピソードの持主である。

こういうふうに東国武士が、われもわれもと頼義・義家らに従ったのは、頼義がそれ以前に東国に起った平忠常の乱（一〇二八～三一）を父の頼信とともに鎮定した実績を持っていた上に、相模守、常陸介（常陸守は親王が任じられるので、実質的には介は守とおなじ）を歴任して、彼らとの結びつきを深めていったからである。奥州で叛乱が起きて鎮定を命じられたときには、さらに陸奥守に任じられた。

この二つの合戦は頼義・義家にとって、決して楽なものではなかったが、苦楽をともにした武士たちとの親しみが深まったこともたしかで、

——頼りになる親分だ。

そう思った彼らは争って、所領を義家に寄進した。別世界の中央貴族に比べて、いざとなったとき、大いに頼り甲斐《がい》があるボスに見えたのであろう。「源氏の白旗の下《もと》に」といえば聞えはよいが、そこには彼らのぬけめない計算が働いていたのだ。このとき、中央政府はこの事態に驚いて義家に荘園を寄進することを禁止している。当時の貴族は義家を彼らの警固役、つまり番犬同様にしか見ていない。それが自分たちと同じレベルのボスに成りあがることは許せなかったのだ。

また当時の源氏も政治的才能に欠け、義家以後は一族内で仲間割れして中央での勢力

を失ってしまうので、東国武士たちの源氏にかけた期待も空しくなる。そうなると彼らは領地保全のために別の道を考えるよりほかはない。例の鎌倉景正が相模鵠沼《くげぬま》の荒地を伊勢大神宮の御厨《みくりや》とする条件で浮浪人を集めて開発した、というのもその例で、

「義家が駄目なら、大神宮を頼るか」

という判断だったのだろう。少し後のことだが、義家の曾孫の義朝が、この大庭御厨に乱入したことがあるが、その腹の底には、

「景正の本来のボスは八幡（義家）どの。すれば、ここには俺たちの権利もあるはず」

という気持があったのではないだろうか。

ところで、このとき、義朝に従って御厨に乱入したのは三浦一族である。大庭御厨と境を接するあたりまで進出していた彼らにしてみれば、領土拡張の欲にからんでの殴《なぐ》りこみであろうが、名目上、旧主義家の子孫を担いでいるところがおもしろい。

もともと源義家は源頼義と平直方の娘との間に生れた三人の男の子の中の一人である。この直方は中央で検非違使尉《けびいしのじょう》をつとめて勇名があり、頼義と共に平忠常の乱を鎮定した人物だ。二人の結びつきもここから生れたのだろうが、この直方が鎌倉に別荘をもっていたのを頼義がゆずりうけたといわれているから、義家から義朝にいたるまで何らかの形でここに拠点があり、地元の三浦氏ともつながりを持っていたのだろう。義朝は鎌倉のほかに現在逗子《ずし》市に属する沼間《ぬまま》にも居宅があったという。また三浦氏は義朝の長男義平をかついで、遠く武蔵にいる義朝の弟、義賢を討ちにいったこともある。義朝が平治

の乱で非業《ひごう》の死を遂げて以来、影をひそめてしまったが、三浦と源氏のつながりは、頼義と為次以来続いていたといえるだろう。のちに頼朝が鎌倉入りするのも、地形のためというよりは彼らの実力と父祖以来の結びつきのために、その勢力範囲内に居を定めたのだ、と私は思っているのだが、そのことはまた後でふれたい。

ともかく、ここには、東国武士が西国の貴族に依存するのとは一味違った関係があった。その姿はまだ未成熟だが、三浦にかぎらず、東国武士の間には、

——もっと頼りになるボスをみつけたい。

という希求が、西国国家に対する被差別意識の裏返しとして、深く根づいていたと思われるのである。

しかも彼らは、無意識のうちに、単に自分のために頼りになるボスというだけでなく、はてしない領土争奪戦の調停役にもなってくれる人物を求めていた。いわゆる旗揚げ直前には、血みどろの抗争の結果、彼らはかなり有力かつ広大な農場所有者となっている。もし彼らがさらに際限なくその欲望をふくらませていったら、流血の規模もとほうもないものになるだろう。

——それだけはやめたい。

という一種の自動制御装置が無意識に働く。私は別に彼らの理性や知恵を信用しているわけでもないし、平和愛好者に鞍《くら》がえしたと思っているわけでもない。が、一種の打算と自己保存の本能から、これ以上の出血は損、とする意識が少しずつ芽生えていたと

思うのである。

それには、

「俺はA大臣」

「俺はB寺」

とばらばらな親分を担いでいては駄目なのだ。その上、貴族や寺社の勢力もそのころは次第に地盤沈下している。近くの敵が押しよせて来ても、ただちに追払ってくれるほどの御威光はないのである。平安朝このかた政権を独占し、永久に権力を握るかに見えた藤原氏のこの衰えかたはどうであろう。

――世の中に永遠なものはない。変るときが来る。

保元、平治の乱をつい二十年前に経験した彼らは、誰よりもよくその事を痛感していたはずである。

戦後二十年

平治の乱以来、都では平家が権力を握っているが、これについて東国武士たちの反応はやや複雑だ。

彼らの中には、義朝とともに平治の乱に参加して惨めな敗戦を味わった者もいる。『平治物語』によると東国武士では波多野義通、三浦義澄、山内俊通、同俊綱、斎藤真《さいとうさね》（実）盛《もり》、岡部忠澄《おかべただずみ》、猪俣範綱《いのまたのりつな》、熊谷直実、平山季重《ひらやますえしげ》、足立遠元《あだちとおもと》、上総弘経（広常）といった顔ぶれが見える。

義朝の死後、彼らは長いものには巻かれろ式で、一応平家に臣従する。斎藤実盛や熊谷直実のように、はっきり平家に仕えたことがわかる者もいる。上総広常もかなり平家に接近しているようだ。そうでなければとうてい上総介になることはできない。そこまでの証拠はないが、源氏を見限って、平家時代を肯定しているらしい波多野、山内といった連中もある。

が、武士として敗戦の屈辱はそう簡単に忘れられるものではない。また、平家に対する思いは、それまでの権力者・藤原氏に対するものとはおのずから違うものがあったろう。彼らの祖先の貞盛はもとはといえば東国出身である。将門を倒した後、その子維衡《これひら》の時本拠を伊勢に遷《うつ》し、その曾孫正盛（清盛の祖父）にいたって財力と武力を利用し、白河院の近臣として、めきめき中央で頭角をあらわすのだ。しかしそれまでは地方官を歴任したり、検非違使になって都の警備にあたるなど、源氏と似たりよったりの位置をしめているにすぎない。

その平氏が武力と財力にものをいわせて、いまや貴族のレベルにのしあがってしまったことを、東国武士はどのような思いで眺めていたか。平氏はいわば東国を見捨てることによって、貴族社会に近づき、これを乗っとってしまった。東国武士には、そんな要領のよさもなければ、貴族を抱きこむほどの富もない。これが藤原氏ならばあきらめもつこうが、平氏だと思えば、ある種の妬《ねた》ましさも感じないわけにはゆかなかったろう。

それに——。東国武士は知っている。三百年の栄華を保った藤原氏もついに落ち目の日がやって来た。とすれば、平家もまた？……。

いや、これは単なる期待ではない。げんに反平家の動きは次第に昂まりつつある。とりわけ、平清盛の娘の徳子が高倉天皇のもとに入内《じゅだい》してもうけた皇子が即位するに及んで、その動きは一段と激しくなった。王朝時代の常識からすると、単に自分の娘が入内しただけでは権力の座は安定せず、娘の生んだ皇子が即位することによって、はじめて外戚としての権力が確立するのだが、清盛の場合はむしろそれが逆作用を生じたのだから皮肉である。それと気づかず、当の清盛が、

——これでいよいよ俺も……。

と嬉し涙にくれていたとき、その地盤は早くも掘り返されかけていたのだった。

その一番顕著な例は以仁王《もちひとおう》の挙兵だ。自分こそ正統な後継者だ、と思っていた以仁王が、清盛との仲がうまくいっていない三井寺《みいでら》の勢力に担がれて挙兵したのは、一一八〇（治承四）年の四月。三浦義澄や千葉胤頼《たねより》は折しも大番役で滞京しており、彼らも官兵（すなわち平家側）として駆り出され、つぶさに現状をその眼でたしかめる機会を持った。

そして彼らの得た結論は、

「もう、平家の世も長いことはあるまい」

ということだった。

大番勤務が終って故郷に帰る道すがら、六月二十七日に彼らは伊豆の頼朝をたずねている。そのとき何が語られたか、『吾妻鏡《あづまかがみ》』は、

「武衛《ブエイ》（兵衛府《ひょうえふ》の中国ふうの呼び方。ここでは左兵衛佐《さひょうえのすけ》だった頼朝のことをさす）件《クダン》ノ両人ニ対面シ給《タマ》フ。御閑談刻《トキ》ヲ移ス、他人コレヲ聞カズ」

と意味ありげに書くに止めているが、

「もう、お起ちになるときですぞ」

「そのときは我々がお力になりましょう」

くらいなことは言ったかもしれない。これが六月下旬、旗揚げの二月ほど前のことである。

「時」は歩みはじめた

じつはその数日前、頼朝は別のルートから事件の顚末と、その後の動きについての情報を得ている。知らせてくれたのは、彼の乳母《めのと》の甥の三善康信《みよしやすのぶ》で、わざわざ弟の康清《やすきよ》をよこし、

「危険が迫っています。御用心を」

と言って来たのだ。以仁王は挙兵にあたって、諸国の源氏に「平家討つべし」という令旨《りょうじ》を下していて、頼朝もこれを受けとっている。平家は以仁王が死んで乱が平定された後も、この事を重視して、令旨の配られた先をしらみつぶしに調べはじめた。頼朝は

義朝の正嫡《せいちゃく》だから、まず疑いをかけられるにきまっているし、令旨を受けとったことがわかれば、放っておくわけがない。

「奥州へでもお逃げになったら……」

康信は頼朝の身を気づかって、こうも言って来ている。

頼朝としても判断に迷うところである。挙兵すべきか、逃れるべきか。平治の乱に敗れて伊豆に流されてから二十年、父祖の培《つちか》った東国の地盤はすでに潰滅しているし、いまさら挙兵を呼びかけて、どれだけ反応があるか、まったく自信がない。それでも一応、

――やるか。

こう腹づもりをきめたのは、多分に三浦義澄と千葉胤頼の情報によるものと思われる。その意味で、日付だけにこだわるならば、彼ら東国武士団の中世への出発は、まさに六月二十七日というこの日だったといってもいいくらいである。もっとも『吾妻鏡』は、これより僅かに早く、頼朝が家人の安達藤九郎盛長《あだちとうくろうもりなが》に命じて、かつての家人に平家追討を呼びかけた、としているが、慎重居士《こじ》の頼朝のやり方からすれば、むしろ、義澄、胤頼からの情報を得てから決心をつけた、と考えた方がふさわしいような気がする。が、それではいかにも三浦・千葉のペースで事が運ばれたようになるので、北条色の濃い『吾妻鏡』の編者としては、そうは書きたくなかったのではないだろうか。

いや、それはどうでもいいことだ。というのは、結果においては、頼朝の呼びかけは、ほとんど効を奏さなかったのだから。十日ほど後、藤九郎盛長は、憮然たる顔付で戻っ

て来る。

「いや、どいつもこいつも……」

足を棒にして駆けずりまわったが、

「承《うけたまわ》りました」

という者はほとんどなかった。先に平治の乱に共に戦った仲間の山内や波多野——すでに当人は死に息子の経俊、義常（経）時代になっていたが——は、

「今は平家の時代だ。佐殿《すけどの》（頼朝）をかついで謀叛だと？　何血迷ったことを言うのかね」

とせせら笑ったという。盛長にとってこの両者の言動がとりわけ腹にすえかねたのは、山内経俊の母は頼朝の乳母《めのと》であり、波多野義常の母は頼朝の兄、朝長の乳母だったからだ。後に改めて書くが、この時代、乳母と養君《やしないぎみ》は実母よりもむしろ親密であり、乳母の子は生命をかけても養君と行をともにするものときまっていた。

——その連中までが、起つ気がないとはなあ。

頼朝もいささか心細くなったらしい。しかも平家の命をうけた大庭景親は、頼朝を討つべく、着々準備を進めている。

——もう後にはひけぬ。やるよりほかはない。

勇気凜々《りんりん》たる旗揚げというより、かなり切羽《せっぱ》つまった心情で、彼は挙兵に踏みきらざるを得なかったのではないか。

そうなのだ。未来に対する期待と、不可能に立向う不安の交錯するところで、革命は生れる。そしてこのときも決してその例外ではなかったのである。

しかし、後になってみると、このとき頼朝の旗揚げにしめした東国武士団の態度は、かなり象徴的である。地図を頭にうかべていただきたい。このとき、頼朝に同調したのは、妻の実家である伊豆半島の北条氏と、その周辺の新《にっ》（仁）田《た》忠常《ただつね》らの小武士団、中村氏系で真鶴半島を占める土肥実平、そして三浦半島の三浦氏、房総半島の千葉氏――。みんな海沿いの地をしめる武士団だ。

これに対し、波多野は現在の秦野――つまり丹沢山塊の麓を開発した山の武士団だ。この海と山の武士団の比については、別の場所ですでに書いているので詳しくはふれないが、これは単なる偶然の現象ではないと思う。海側の武士団は、当時の東国への幹線道路沿いに位置をしめている。昔の主要な東国への道は、藤沢以東は保土《ほど》ヶ谷《や》、戸塚を通らず、鎌倉に出て、逗子あたりで三浦半島を横断し、現在の久里浜付近で東京湾を横切って房総半島に上陸して北上する。してみると、北条、土肥、三浦、千葉は西国の情報が最も早く伝わる場所に位置していることになる。

一方の波多野の占めるあたりは、以前東国への道が足柄越《あしがらご》えの道をとっていたころは、この幹線道路に近く、しかも関東の信仰をあつめる大山阿夫利山《あふりさん》への参道にもあたっていたから、まず関東の先進地帯であり得たが、その後、主要道路が箱根越えに変り、その後道路が海沿いを辿《たど》るようになるに従って、しだいに時の流れからおきざりにされていたのではないか。

そういえば、大庭景親の呼びかけに応じて頼朝追討に廻った東国の武士団は、いずれも三浦や千葉に比べて中央から離れていたわけで、そのことが、彼らの行動を保守的、事大主義的にしてしまっていたとはいえないだろうか。この意味でも、私は三浦、千葉クラスの武士団に注目したいのであるが……。

ともあれ、不安と期待を抱えながら、彼らはいま出発した。もうためらいは許されない。すでに「時」は歩みはじめたのである。

第一章　中世宣言　三浦義明の場合

敗色石橋山

嵐を前にして作戦変更を余儀なくされた三浦一族の危惧はまもなく的中した。挙兵した源頼朝は、伊豆の目代山木兼隆を討った喜びもつかの間、相模を目指して進撃を開始した八月二十三日、平家側の意をうけた大庭景親ら東国武士団の連合軍に手痛い敗北を喫するのだ。

『吾妻鏡』によれば、このとき頼朝側に馳せ参じたのは三百騎、大庭側の連合軍は三千騎。その数をそのまま信じるかどうかは別としても、両者の間にはこの程度の兵数の差があったことは、まず認めてもいいだろう。前章で紹介しておいた東国武士団の分布図で見ると、頼朝側に色分けされるのは、伊豆の一部、真鶴半島から中井町あたりと三浦半島――せいぜいがそんなところで、残りの相模から武蔵にかけての一帯は圧倒的に平家色に塗りつぶされていたわけだ。

その夜は大暴風雨だった。旧暦八月二十日過ぎといえば、現在の九月下旬、まさに台風の季節である。大庭以下の大軍に囲まれた頼朝は手も足も出ない状態で嵐の中を這《は》いずり廻り、数少ない味方が体を張って防ぐ間に、夜明け近くやっとのことで石橋山の背後の椙山《すぎやま》にもぐりこんだ。

このとき、泥まみれの頼朝に従ったのはたった数名。しかし、その顔を見渡すと、長老格の土肥実平は、

「これでも多すぎる」

と眉をよせた。すでに大庭勢は迫っている。うかつに集団行動をとれば、またたく間に見つかってしまうというのである。

「だから、皆別々に逃げてくれ、御大将の身は俺が守りぬく」

実平はきっぱり言いきった。というのは、このあたりは実平の領地だからだ。大庭景親などの気づかぬ間道を、彼はいくらでも知っている。頼朝一人ならみごとに隠しおおせてみせる、というのだ。

が、これを聞くと、頼朝はひどく情なさそうな顔をした。三百騎がたったの数騎になってしまった今、彼らとも別れてしまったら、この先どうしたらいいのか……。これを叱りつけるようにして実平は彼と家人たちを引離したというから、このあたりの頼朝には、大将軍の風格はまったくない。だいたい旗揚げ以前からそうだった。父義朝とともに平治の乱を戦い、その後、東国に下って、相模の武士団の雄、渋谷重国の館に身をよせていた佐々木秀義の息子たち——定綱、経高、盛綱、高綱らの参着が遅れると、

たか……。

——さては、来ないつもりか。渋谷は平家に仕えているから、情報が洩れはしなかっと気を揉んだり、その四兄弟がやっと駆けつけると、安堵のあまり、他愛なく涙を流して喜んだり……。そうかと思うと、味方についた一人一人に、そっと、

「真実頼りにしているのはそなただけだぞ」

と囁いたり、どうも卑屈で小心で、頼りないことおびただしい。が、『吾妻鏡』のこの記事から頼朝を軽蔑するのは気の毒というものだ。

周知のように、『吾妻鏡』は鎌倉中期、すなわち北条氏が権力を握ったときに編纂されたものだから、北条氏のことは礼賛するけれども、頼朝を見る目には容赦がない。つまり源氏はあまり早く滅んでしまったので、自賛の史書を遺《のこ》す暇がなかったのだ。そこでお気の毒にも頼朝は、肝っ玉の小さい素顔をさらけだしてしまったのだが、しかし人間の素顔は誰しもこんなところではあるまいか。むしろ藤原氏や北条氏、徳川氏などの歴史にこそ粉飾があると見たほうがいいかもしれない。何しろ頼朝にとって戦《いく》さの経験は平治の乱のみじめな敗戦しかない。

——悪くすると、今度もか……。

しぜん浮足立つのもやむを得ないところである。この危機を救ってくれたのは箱根権《ごん》現《げん》の別当行実《べっとうぎょうじつ》だ。彼は弟の永実《えいじつ》に食糧を持たせて、頼朝の行方を探させる。頼朝や実平がこの永実にめぐりあったときの喜びようを『吾妻鏡』は、

「公私餓《ウエ》ニ臨《ノゾ》ムノ時、直已《アタヒスデニ》千金ト云々」

と書いている。息もつかずに食物にむしゃぶりつく有様が目にうかぶようだ。やがて彼らは永実に案内されて箱根山に逃げこみ、行実兄弟の許《もと》にかくまわれる。彼らがかくも頼朝に親切をつくすのは、兄弟の父の時代から、為義（頼朝の祖父）、義朝と好《よし》みを通じていたからなのだが、もちろん、これは彼らの個人的行動ではなく、その配下にある僧兵たちも何らかの形で挙兵以前から気脈を通じていたと見た方がいい。しかし、箱根全体の世論が統一されていたわけではなく、彼らの弟の良暹《りょうせん》のように、大庭方に内通者もいたので、頼朝は一晩泊っただけで、実平とともに土肥郷に帰り、八月二十八日、小船に乗って安房へ向った。まさにさんざんのていたらくである。

と、ここまでの間、頼朝を支えて大活躍するのは、土肥実平と行実である。これに比べると北条一族はいささか影が薄い。もちろん頼朝の妻、政子の実家だし、一介《いつかい》の流人《るにん》にすぎない頼朝は北条家に入婿《いりむこ》したような形で生活していたわけだから、政子の父、時政やその子宗時、義時らは、挙兵以来ずっと行動をともにしている。が、北条びいきの『吾妻鏡』を読んでも、どうも時政が副将格で動いているような印象をうけないのは、多分、実平に比べて時政の動員兵力がはるかに劣っていたからではないだろうか。

しかも合戦のさなか、北条は大打撃をうける。時政の嫡男、宗時が戦死してしまうのだ。当時の武士たちは合戦にあたって、一族が一体となって行動することはせず、攻める時も大手と搦手《からめて》に分れるし、逃げる時も別々の道を選ぶようにする。これは全滅を防ぎ、どうにかして誰かが生き残ろうとする当時の武士の生き方をしめすものだが、このとき時政と義時は箱根山中へ向い、宗時は土肥山を降って早川へ出た。そこで運悪く、大庭方の伊東祐親の軍兵に遭遇し、合戦の末討死をとげるのである。

由比浦の合戦

このとき、例の三浦勢はどうしていたか。彼らはまだ戦場に到着しない。やはり陸路をとったのは失敗だった。その上、途中の川が嵐のために増水、氾濫し、焦りと苛立《いらだ》ちを深めながら足踏みを続けなければならなかったのである。そこへ、

頼朝敗る！

と悲報が届く。

——無念！

彼らは眼を見合わせ、言葉もない。こうなってはやむを得ない。旗を巻いて退却あるのみ……。がっくりして引返したとき、鎌倉の近くで平家方の畠山重忠の率いる大軍に行きあってしまうのだ。

畠山は武蔵の大豪族である。秩父の庄司とも呼ばれていたし、有力な在庁官人でもあったらしい。源義家のころは、源氏に従って後三年の役にも出陣したが、平治の乱以後は平家に仕え、このときは当主の重能《しげよし》とその弟の小山田有重はともに大番役のために上洛中であり、十七歳の重忠が父に代って、大庭の呼びかけに応じて出てきたのであった。

が、武蔵から石橋山までではかなりの道のりだ。彼もまた石橋山の戦いには間に合わなかった一人である。ここで畠山と三浦は奇妙な睨《にら》みあいを続けることになる。彼らの関係には、かなり複雑なものがあるからだ。というのは、重忠の母は三浦の総帥《そうすい》、義明（老齢のためここには出陣していない）の娘なのだ。しかし一方は平家、一方は源氏とのつながりを思えば、お互、黙って見過すわけにもゆかない。

しかし、どうやら協定がついたところへ、思いがけない事件が起った。鎌倉の杉本城を守っていた義明の孫、和田義茂《よしもち》が、てっきり三浦が畠山に追われていると思いこみ、

――これぞ一族の危機！

とばかり、わっと畠山に襲いかかってしまったのだ。気を許していた畠山勢は崩れたつ。

――さては、三浦め、謀《はか》ったな！

若い重忠は激怒し、鎌倉由比浦《ゆいがうら》では血みどろな合戦がはじまってしまった。

――と、これは『源平盛衰記』の伝える経緯である。いささか小説的すぎて、どこまで真実か首をひねりたくもなるが、杉本城は現在の鎌倉市内、十一面観音で有名な杉本寺のあるところ、裏山に中世ふうの城廓の跡をのこし、当時すでに三浦一族の進出拠点になっていたことはたしかである。『盛衰記』の言いたいところは、両者とも本気で戦うつもりではなかったにもかかわらず、ふとした行違いからエスカレートした、ということなのだろうが、三浦はともかく、畠山はかなりやる気十分だった、という説もある。

『畠山重忠』を書かれた貫達人《ぬきたつと》氏がそれで、平治合戦後に生れた重忠は源氏とのつなが

りよりも、平家からの恩義を重く見ていたのではないか、と言っておられる。

ともあれ、現在の鎌倉の由比ヶ浜から小坪にかけて行われた合戦は激烈だった。三浦側三百、畠山側五百というのが『盛衰記』の伝える兵数だが、このとき三浦側では一族の多々良義春《たたらよしはる》が戦死している。一族が戦死するというのは、つまり部隊長格まで死んだことで、容易ならぬ事態である。一方の畠山勢も五十余の郎従の首をとられた、というから、負傷者まで数えれば、あるいは部隊の半数近くが損傷をこうむったことになるかもしれない。重忠がそれ以上三浦勢に追討ちをかけることができなかったのはそのためであろう。

衣笠落城

一方の三浦も満身創痍《そうい》、命からがら衣笠《きぬがさ》の本拠に逃げこむ。目ざす本筋の合戦には間にあわず、無益な戦いで大怪我をするとは、頼朝なみの惨めさである。

が、事はこれで終ったわけではない。いや、それどころか、本番はこれからである。いったん深追いを避けた畠山重忠は、江戸重長、河越重頼などの一族を糾合し、態勢をたてなおすと、衣笠城に本格的な攻撃をかけて来たのである。

こうなると三浦はとうてい畠山の敵ではない。地図を開いて見ていただきたい。東京、埼玉の全勢力が、ちっぽけな三浦半島に襲いかかったのだ。兵力の差は歴然としている。『吾妻鏡』は彼らの兵数を数千騎と表現している。これに対する三浦はどのくらいの兵力があったか。選りすぐって出陣させた三百の半ばは負傷して使いものにならない。残りはせいぜい数百というところか。本拠の衣笠城は三浦の誇る要害でもあり、一族が立《たて》籠《こも》って防戦につとめたが、たった一日の合戦で、潰滅的打撃をこうむってしまった。これが八月二十六日のことである。

では、このとき三浦一族はどうしたか？

——城を枕に全員討死。

と言いたいところだが、そうではなかった。これはいかん、ということになると、さっさと城を捨て、現在の久里浜の近くから船に乗って東京湾を横切り、安房へ逃げてしまうのである。

もともと三浦は水軍としてもかなりの力を持っていたらしい。当時にあっては嶮岨《けんそ》な山坂を越えるよりは水上交通のほうが速くもあり便利だったから、三浦はこの海上の足を利用して、真鶴の土肥や、房総の千葉としきりに連絡をしていたようだ。敗戦にあたっても、このお手のものの海上の足が役に立った。現在は海岸線が変ってずっと海が後退しているために、当時の状況を思いうかべるのはやや困難だが、三浦半島の東南部に怒田《ぬた》城址があり、そのころは海に突出た岬として、格好《かっこう》の船泊《ふなどまり》となっていたから、多分三浦一族はここから船出して対岸に渡ったものと思われる。

それともう一つ、ここで目をとめたいのは、東国武士の合戦に対する考え方の柔軟性である。鎌倉時代の武士といえば、「命は惜しまず、名をこそ惜しめ」とばかりにとことん戦うような印象をうけるが、決してそうとばかりはいえない。もちろん命を賭けて戦う場合もあるし、そのことにもいずれ触れるつもりだが、かといって自爆を急ぐ単細胞の猪武者ときめてしまうのは行きすぎというものだ。むしろ彼らは執拗《しつよう》に生きる道をみつけ、形勢不利と見れば、あざやかに方針変更する。とりわけ三浦一族にはこの勘のよさがあり、それが鎌倉の歴史を通じて彼らをしたたかに生残らせたともいえるだろう。その片鱗《へんりん》は早くもこのとき現われた。全員本拠を棄てての逃走というのは何とも悲壮な状況のようにも思われるが、しぶとい彼らは、案外、空うそぶいていたのかもしれない。

義明最期

ところで、衣笠落城に際して、このすばやい撤退作戦に一人だけついてゆかない人物があった。総師義明——八十九歳になる老将その人である。すでに体の自由もきかず、一族の足手まといになるのがたまらなかったのだろう。

「さ、早く……」

子供たちが退城を促しても、彼は毅然《きぜん》としてこれを撥《は》ねつけた。

「俺はここに残る。お前たちは急いで城をぬけだして、佐殿《すけどの》(右兵衛佐《うひょうえのすけ》頼朝のこと)の存否をたずねたてまつれ」

なぜそうするかについて、彼はここで凛《りん》としておのが思いを語るのである。ここは注目すべきところなので、まず『吾妻鏡』を原文のまま引いておく。

「吾ハ源家累代《ルイダイ》ノ家人《ケニン》ナリ。幸ニシテ貴種再興ノ秋《トキ》ニ逢フ。盍《イヅクン》ゾコレヲ喜バザランヤ。保ツトコロスデニ八旬有余ナリ。余算《ヨサン》ヲ計ルニ幾《イクバク》ナラズ。今老命ヲ武衛《ブエイ》ニ投ジ、子孫ノ勲功ヲ募《ツノ》ラント欲ス」（原文は漢文）

義明の言うところはこうである。

「三浦は源家代々の家人だ。幸いもう一度源氏が再興しようとするときにめぐりあったことは何たる喜びであろう。俺ももう八十過ぎ、残る命は知れたものだ。いまこの老いの命を武衛のために投げうって、子孫の手柄にしたいと思う」

有名な文句なので、たいていの本にはひかれている。この言葉を聞いた子供たちは、涙ながらに別れを告げて船に乗った。後に残った義明は僅かな手勢を指揮して、いかにも本隊が城に踏みとどまっているように見せかけて敵の足を釘づけにして執拗な戦いを続けた。とはいうものの、衆寡《しゅうか》敵せず、遂に河越重頼や江戸重長の手勢に討取られてしまうのだが、その間に三浦一族は無事に安房へ辿りつくことができた。

しかも彼らは海上で土肥郷から船出して来た北条時政たちにめぐりあう。すでに書いたように頼朝も同じく安房を目指すのだが、時政たちはそれより一日早く、先発隊として出発したのだった。

このとき、房総半島にはすでに三浦と気脈を通じていた千葉一族が待ちかまえていた。多分いざとなったら、という打合せは前からできていたのだろう。千葉は三浦よりさらに優勢な大武士団だから、彼らに迎えとられて、やっと頼朝は一息つくのである。

義明はこのときすでに世を去っていた。が、彼は敗戦のさなかにあっても、頼朝の生存を信じて疑わなかった。そして源家再興の日の遠くないことを確信して、命を捧げたのである。

まさに東国武者らしい勇敢な死、ということができるだろう。が、この老将の生涯に感動するあまり、我々はその最後の言葉の背後にかくれた重大な意味を見逃してはいなかったか。

これは単なる老武将の遺言ではない。もっと積極的な、いかにも中世の夜明けを告げるような響きを持った、重大発言である。そのことを我々は長い間気づかされずに来はしなかったか。

義明の言葉の重み

もう一度、彼の言葉を思いうかべていただきたい。私が注目したいのは、

「老命ヲ武衛ニ投ジ、子孫ノ勲功ヲ募ラント欲ス」

というところである。これをもし、ありきたりの遺言、と思う人がいたとしたら、それは従来の鎌倉武士のイメージに馴れすぎ、その枠の中でしか見られなくなっている人だ。ここでは、義明は二つのことを言っている。

「命を頼朝に捧げること」

「それを子孫の功績にすること」

この二つをワンセットにして言っているのだ。もっとはっきりいうならば、彼は単に頼朝のために死にさえすれば本望だ、と言っているのではない。ちゃんとこれを子孫の手柄として、ひきかえに褒美を貰うつもりだ、と言っているのだ。

あるいは、この解釈は打算的すぎる、鎌倉武士とはそのようなものではない、という反論がでるかもしれない。が、じつはこれまでの鎌倉武士のイメージこそ後世作られたものであって、この時代の武士の素顔を伝えるものではないのである。むしろ、彼らは「戦うこと、そして死ぬこと」と「褒美を貰うこと」を端的に直結させ、これを根本ルールとして主張しているのだ。そう理解しなければ、彼らの本質も、ひいてはこの時代の持つ意義も見逃してしまう恐れがある。

義明はただ源家再興を手放しで喜び、無償の奉仕、無償の死を遂げようとしているのではない。精神の美学としての無償はたしかに感動的だが、「子孫ノ勲功……」の部分を無視して、犠牲的な死だけを見ようとするのは、この時代に対する歴史的理解とはいえないだろう。むしろ大事なのは、後半の部分である。義明は十分そこにウェイトをおいている。

なぜなら……。

東国武士団は、これまで常に奴隷的な無償の奉仕をしつづけて来た。今度の旗揚げは、その奴隷的な境涯から脱するための第一歩である。義明は、はっきりこれまでの境涯への訣別を語っている。それが「子孫ノ勲功ヲ募ラント欲ス」という言葉になって現われているのだ。

戦死を含めたさまざまの奉仕が、必ず見返りとして恩賞を伴う――。これを当時の言葉でいえば「御恩と奉公」である。今ふうにいえば、「ギヴ・アンド・テイク」、「働いただけ貰おう」であり、ひいては「生き甲斐のある人生を」ということにもなろうか。

あるいは、これについても異論があろう。働いた人間に褒美が出るのはあたりまえだ、何もこの時に始まったことではない、と……。が、じつはそうではない。それまでの東国武士は、長い間、「ただ働き」やら「恩賞がもらえるかもらえないかわからない奉仕」を強《し》いられて来たのだ。それをはねのける宣言として、義明の言葉は千鈞の重みを持つ。私が彼の言葉を一種の中世宣言とみるのはこのためである。リンカーンの、

「人民の、人民による、人民のための政治」

が、民主主義社会の基礎を作った人権宣言だとすれば、彼の言葉は、まさに中世宣言ともいうべきものである。違うのは彼がリンカーンのような指導者でもなければ理論家でもないことだ。いわばその言葉は、彼の頭が、ではなく、その血が、その胸が言わせているのである。これは指導者原理の宣揚ではない。おそらく東国武士のすべてに共通の思いとして育って来たものを、義明が言葉という形をとって表現してみせたのだ。その背後にあるのは、古代的な奴隷的な奉仕の否定である。

それを、頼朝に命を捧げるところだけに意味を持たせるのは歴史的理解ではない。また「子孫ノ勲功ヲ募ル」という言葉を、「名誉なことにする」とか、「手柄話として子孫

の語りぐさにする」というくらいにしかとらない見方があるのは、我々が後世のいわゆる武士道的解釈にとらわれすぎているからだ。無償の奉仕を武士の美徳と考えるようになるのは、じつは江戸以後のことで、これは幕藩体制そのものに深いかかわりがある。徳川幕府が全国を掌握《しょうあく》し、諸大名に領地を割りあて、大名は家臣に禄《ろく》を割りあててしまうと、いくら手柄を樹《た》てても、とびきりの褒美を与えることはもう不可能になる。こうなれば、自然と精神的な規制が働いて、

「武士は働いても褒美などあてにせぬもの」

というモラルが押しつけられ、無償の奉仕が賛美される。が、いまここでとりあげている鎌倉時代は、それ以前の古い体質の無償の奉仕を否定して、働きに見合った褒賞制を確立しようとする時代だった。そのことを考えると、義明の最後の言葉の持つ意味はじつに重い。

「勲功ヲ募ル」とは

いま我々は、働いただけの報酬を貰うことを当然と考えている。現実にそれが百パーセント実現されているかどうかを別とすれば、そういう考えが原理として働いていることだけは誰しも認めるところであろう。むしろ我々はそれに馴れきって、大昔からその原理が通用しているように思いがちだが、現実には決してそうではなかった。もちろん古代にもそういう考え方はないわけではなかったけれども、それが通用するのはある階

層以上に限られていた。つまり歴史に登場して来るような貴族社会の中では、たしかに働きに見合う恩賞は与えられていたものの、それ以下の階層となると話は別で、奴隷などはまったくそういう権利は無視されていたのである。

では、武士はどうだったか。彼らはちょうどその中間で、何とも不明瞭な状態に放置されている。

平安朝から鎌倉初期にかけて除目《じもく》（任官）の先例を集めた『除目大成抄』というものがある。ふつう任官するときは、希望者はしかるべき理由をつけた申請書を出すのだが、この『除目大成抄』をめぐってゆくと、こんなのがある。

私、藤原重佐は、応保二（一一六二）年熊野御遷宮《ごせんぐう》の用途のうち五千匹《ひき》を献じて左右の馬允《うまのじょう》に応募せよとの宣旨をうけたまわり、期日も迫っておりましたが、何とか間にあわせて、納入の受取もいただきました。なのに、同じように献金した連中が、それぞれ任官した中で、重佐一人はその例に洩れて不運を嘆いておりました。ところがまたもや仁安元（一一六六）年、御即位の費用に三千匹を献じよという宣旨があり、これも期日通り納めました。第一回といい追加分といい、わが功少なからず、なにとぞ馬允に御任命下さい。

誠惶誠恐謹言《せいこうせいきょうきんげん》

治承二（一一七八）年十二月二十七日

馬允になるために、五千匹とか三千匹とかお金をとられるというのは、今の感覚からすれば誠に奇怪だが、このころはごく普通に行われていた。これを「成功《じょうごう》」という。一種の売官制度だが、袖《そで》の下的な賄賂や政治献金ではなく、公然とした制度になっているところがおもしろい。といっても任官がすべて成功によるとは限らず、長年勤続の労やその他によっても任官の機会は与えられたが、財政逼迫《ひっぱく》の折、成功は政府の歓迎するところであり、任官者の中のかなりの部分がこの手を使っていたものと思われる。

ところで文中に登場する藤原重佐は、左右馬寮《めりょう》の三等官である馬允になるべく献金したのだ。文面で察しられるように、こういう場合、当局は献金に応じる人を募集する。これに応募することを「功ニ募ル」と言い、まさに重佐はその功に募って馬允になることを期待したのである。

こうした成功の習慣が一般化していることを思えば、三浦義明が「子孫ノ勲功ヲ募ラン」と言った意味もはっきりする。彼は実質の伴わない名誉を求めたのでもなければ、子孫に手柄話の種を残そうというのでもないのである。

今のままではごめんだ……

しかも、前掲の史料をみればよくわかるように重佐クラスになると、成功に応じてもなかなか任官が実現しない。彼の場合、第一回の成功から史料の書かれた治承二年まで、実に十六年の歳月を要している。しかも中途で追加を要求されて、やっと実現に漕ぎつけたわけで、彼がその間、いかに苛々《いらいら》して、任官の辞令を待ち続けていたか想像はつく。そしてこれは重佐だけでないことは『除目大成抄』にこうした例が続出することによっても裏づけられるだろう。中には一年以内で任官できた例もないではないが、六、七年から十年ぐらいはざらで、ひどいのになると、二十数年前に献金したがその後音沙汰なく、その権利を孫が譲りうけてやっと実現、などという話も出てくる。これは何も東国の武士に限ったことではないが、ギヴ・アンド・テイクどころか、「やらず、ぶったくり」に近いことが、ごく当然のことのように行われていたのである。

『除目大成抄』には一定の書き方があり、

「天恩を蒙《こうむ》り、先例に従ってなにとぞ、なにとぞよろしく」

「首を鶴のように長くしてお待ちしております」

などと、とかく大げさな表現が多いのだが、十年、十数年も待たされている身としては、案外実感のこもった表現だったかもしれない。もちろん、エリート層はこうではない。先にあげた受領層の場合など、貯めこんだ年貢にものを言わせて、成功に募り、より高く有利なポストへと、とんとん拍子に出世してゆく。藤原氏やこれに密着した中流実力派の貴族たち、あるいは院政期の平家などにその例を見ることができるが、いってみれば、このルールの確立していたのは上流社会に限られ、それ以下の連中に対しては権力側は実に冷たく、奉仕イコール褒賞というルールさえもできていなかったのだ。

東国武士団はもちろん上流社会とは無縁である。第一何千匹の献金に応じられるほどの財力もなかったから、受領層の幅のきかせ方を指をくわえて見ているよりほかはなかった。といっても、前に書いたように、彼らにとっても肩書は必要だったから、荘園の領主に近づいたり、さまざまの手づるを使って、中央の権力者に近づいて然るべき肩書を得るべく努力をする。古い例では、平将門が藤原忠平を「私《わたくし》の君」(個人的主君)と仰いで名簿《みょうぶ》を呈出しているし、畠山重忠の父・重能は、平知盛《とももり》に接近している。これは知盛が武蔵の知行主である関係で、有力在庁官人だった重能はこのつてにすがって知盛に臣従したらしい。が、将門の例によってもわかるように、コネをつけたから直ちに官職が得られるとは限らない。将門の欲したのも多分馬允くらいの肩書だったと思われるのだが、要領の悪い彼は、とうとうこれをものにできずに帰国してしまうのだ。それが帰国後の彼の立場をひどく不利にしていることは、その後のなりゆきをみればよくわかる。

だから正式に成功に応じるにしても、あるいは私的主君にすがるにしても、彼らはおあずけを食った犬のような状態に長い間おかれていた。中央貴族はそれを当然のこととして、特権の上に胡坐をかき、その特権は未来永劫《えいごう》に続くと信じて来た。

ところが、東国では少し状況が変って来た。彼らはまだ依然として貧しい。が、ここに例をあげた重佐のように、十年以上もおあずけを食ってもおとなしく待ち続けるほど従順ではない人間が、しだいに生れて来たのだ。もし彼らが平家なみに財力を蓄積していたら、あるいはその真似をしたかもしれないのだが、不幸にして、既成社会にべったりくっついて甘い汁が吸えるほど彼らは豊かではなかったし、さりとて重佐ほど無気力にはなり得なかった。

そこで彼らは要求する。

「今のままではごめんだ。働いただけの褒美はちゃんと貰おうじゃないか」

義明の言葉には、じつにこうした東国武士の実感がこめられていたのである。

東国の論理

ではなぜ、東国武士団がそう思い始めたのか。これを人間として当然の要求だ、などといってしまっては、かえって視点はぼやけてしまう。いくら当然の要求でも、それが言える状況が生れて来なければ、その発言は何の効力ももたらさないだろう。はっきりしたことはわからないが、東国は西国に対して、長い間隷属的な状況におかれていた。その中にあって――例えば、万葉集に登場する防人《さきもり》が、このような「人間的要求」をしたところで、西国政府は歯牙《しが》にもかけずこれを無視するだろう。

が、東国武士たちは、いまやその防人とは明らかに違った状況におかれている。つまり、義明がはっきりそう言い、それが一つの意味を持つだけの下地ができあがっていたのである。

そのためには長い歳月が必要だった。荒蕪《こうぶ》の東国の地に彼らは住み、少しずつ開拓を進めていった。この間に農具の改良も行われたろう。こうしてしだいに農地がひろがり、収穫もふえてゆくと、さしも広い東国の地にも所領争いがおきて来る。

「俺のだ」

「いや、俺のだ」

あげくのはては力ずくの勝負だ。力の強さに応じて取ったり取られたりするうちに、しだいに主従関係が——それもひどく現実的なかかわりかたができて来る。その原理は、簡単にいえば、

「お前の土地も家族も守ってやるから、俺の言うことを聞け。俺が命令を出したら、すぐに集まって来るんだぞ」

「へい、そのかわり、私の所へ攻めて来るものがあったら、よろしくお願いしますよ」

というようなことだったと思う。もっとも学問の世界ではそう簡単にはいかないらしく、彼ら武士の性格についてもいろいろの議論があるのだが、いま、ここでは、大ざっぱにアウトラインをこう考えておく。

ところで、こうした土地争いは一回こっきりのものではない。何回も何回も続き、勝ったと思っても、瞬時に不意打ちを食らって惨敗、などということも大いにありうる。だから親分たるもの、家来をいつも自由に動員する力を持っていなければならない。しかし、彼らとて、奥州の天地を支配している奥州藤原氏のような強力な支配力を持つわけではないから、彼らを自在に動かすためには、勝ったときはただちに自分のものとなった領地を分けてやり、自分のために働けば、それだけのいいこともある、ということを相手にわからせておく必要がある。

――そのうち、いずれ褒美をやるからな。

ではすまないのだ。『除目大成抄』に見た藤原重佐のような目にあったら、子分どもはさっさと敵方に寝返りをうってしまうだろう。

それに、親分――つまり農場主も、それぞれの土地を割りあてて耕させた方が、ずっと効率がよい事に気づき始めているはずだ。以前は奴隷をこき使い、今日はここの畑、明日はあそこの田圃と、自分の指揮で働かせていたものだが、それより各自に土地を持たせて、そこへ愛着を持たせ、能率よく耕させて、その中から年貢をとりあげる方がずっとましだと、考え方が変って来た。それは耕せば何がしかの蓄えが得られるというところまで農業の生産力がたかまって来たからで、子分どもとしても、土地を貰って働くことは望むところでもあったわけだ。そうすれば、その土地を保証してくれた親分にずっと臣従を誓うことにもなり、両者の関係に永続性ができてくる。

きわめて粗っぽいスケッチだが、「御恩と奉公」という関係は、多分こんなふうにして、平安朝を通じて徐々に形成されていったのではないだろうか。それがいつから、どんな形で、という具体例を探すのはむずかしいが、しかし将門の時代には、まだそれが確立してはいなかったように私には思われる。

当時は、将門が勝って景気がよいときは、因縁《いんねん》、伴類《ばんるい》などと呼ばれる連中は、わっとばかりに集まるが、駄目だと思えば、さっと散ってしまった。両者の紐帯《ちゅうたい》はきわめてゆるく流動的である。どんな時でもとことんついてゆこうなどという気持はまったくない。

これと、十二世紀末のこの旗揚げのときとは質的に違って来ている。

義明の言葉は、まさにこうした状況を踏まえているのだ。

「自分はここで死ぬが、そのかわり、勝利の暁には、三浦一族の功績として、子孫に恩賞が与えられるように――」

彼は、はっきりと東国の論理をここで主張しているのだ。いいかえれば『除目大成抄』の世界はごめんだ、ということである。それまでの東国武士は西国の権威の前には、無力といっていいほど従順だった。彼らにすがって在庁官人になるか、荘園の下司《げす》になるか、つまり、体制内での出世だけが彼らの望みだった。

が、義明は、西国の権力者の恣意的な恩恵を待つのではなくて、東国それ自身の論理を貫こうとしている。そこに私は中世宣言ともいうべき意義を感じるのである。

叶えられた望み

ここで但書《ただしがき》をつけておく。同じ場面を扱った『源平盛衰記』には、この表現はない。ただ、

「見るべきほどのことは見つ」

として自害したとあるばかりだ。おもしろいことに、この言葉は、のちに平家滅亡の際に、副将として活躍する平知盛が言う言葉と同じである。『平家物語』のこの部分はまことに感動的で、人生を達観して静かに死の世界に入ってゆこうとする知盛のこの言

葉は、私の最も好きなものの一つであり、これこそ『平家物語』の世界を代表する言葉のようにさえ思っていたのであるが、『盛衰記』のこの場面に同じ言葉を発見して、いささか妙な気持になった。ここで『平家』と『盛衰記』の成立年代を問題にしようというわけではないが、知盛の人生を凝結したかにみえるこの表現は、実は当時としては、ごく一般的な、死に臨んでのセリフだったのか……。

それはともかく、ここにおける彼の発言は死への諦念でしかない。では、『吾妻鏡』の言葉と、『盛衰記』のそれとでは、どちらが彼の真面目《しんめんもく》を伝えているのか。こうなると、本当のところはわからない。いずれも現場からの報告ではなく、後になって書かれたものだからだ。そして八百年過ぎたいま、その真偽をたしかめる手段は何一つ与えられてはいない。だから、とことんつきつめて義明がほんとうに言ったのか？　と言われれば私としても確答はできないのだが、しかし『吾妻鏡』が、そう書いたということに、やはり私は眼をとめたいのである。

『吾妻鏡』の世界——つまり東国武士の世界では、少なくとも義明の最期はそのように受けとられていた。そして『吾妻鏡』自身そう言い切って死んでいった義明に喝采を贈るような書き方をしている。そのことは一つのポイントとして、重く見なければならないだろう。

じじつ、義明のこの望みは、まもなく叶《かな》えられる。周知のように、やがて頼朝が勢力を盛りかえして、武家の棟梁《とうりよう》と仰がれて鎌倉入りしたとき、侍所《さむらいどころ》の別当に任じられたのは、義明の孫、和田義盛であった！

「勲功ヲ募ラン」

と言った祖父の言葉は、またたく間に実を結んだのである。このとき義盛は思うに三十代の半《なか》ばか。侍所別当（長官）というのは、頼朝に臣従する武士を統轄し、出征の陣触れ、軍事行動、その間の功績または失策、日常生活の中での落度の調査等々、武士生活の全般にわたって目を光らせる鎌倉の中枢的存在である。今でいえば、検察庁、警視庁、陸軍省（かつての）等々の機能をあつめた役所と思えばいい。この重要なポストに、長老、宿将をさしおいて和田義盛が任じられたということは、頼朝が義明の死に報いるべく行った人事にほかならない。そしてこうした即決的な論功行賞こそ、当時の東国武士団の望んだ根本的な社会原則だった。これについて、勝利の後にではなく、敗戦のさなか、頼朝の安否さえまだ解っていないあの時点で義明が語ったとする『吾妻鏡』は、とりもなおさず、そこに東国の夜明けを感じていたのである。

国衙打倒

たしかにこれ以後、歴史は大きく転換する。敗残の将だった頼朝は、安房の安西景益、下総の千葉常胤らに迎えいれられ、たちまち態勢を建てなおす。遠く小山、下河辺、葛西など下野、下総、武蔵の武士たちにも招集をかける。上総権介広常が二万騎の大軍を率いて遅ればせながらやって来たときなど、

「何をぐずぐずしていたのだ。それで許されると思っているのか」

と高飛車に出て相手を驚かせた。これが安房上陸以来二十日めぐらいのことなのだから、様変《さまがわ》りの激しさには眼を見張らされる。広常はこのとき、実は二股かけていたのである。頼朝の招きに容易に腰を上げなかったのは、

——この平家の世の中に、流人の佐殿が旗揚げしたとて、何程のことがあろう。事の次第によっては帰順したと見せかけてその首を討って平家に献じてもいい。

と思っていたのだ。ところが、二万の兵（この数字はあてにならないが、ともかく千葉・安西を遥かに凌駕《りようが》する兵数と見ればいい）を率いていっても、大喜びするどころか、かえって遅参を厳しくなじられたので、

——むむ、こりゃあ大物だ。

ころりと参って臣従を誓ってしまった。

こうなると一種の雪崩《なだれ》現象が起きる。いったん敵対した畠山、江戸、河越らも簡単に降伏した。かくて頼朝は畠山重忠を先頭に、千葉常胤らを従えて堂々と相模国入りをし、鎌倉に本拠を定めるのである。

が、考えてみれば、奇妙な話ではないか。一敗地にまみれた頼朝が、なぜ一月そこそこでこれほど勢力を挽回できたのか。今までは、物語などで「源氏の白旗の下に御家人が馳せ参じた」などとあるのを読んで、そのムードに巻きこまれていたが、しかし、まだ彼らは頼朝の御家人とはいえない。広常の言ったように、当時は平家の世であり、平

家の恩をうけこそすれ、源氏との縁は平治の乱以来現実には断絶している。

そのことが、じつは長い間疑問だったのだが、後になって、やっと納得がゆくようになった。これを頼朝個人の旗揚げと見るから、敗将が奇蹟的に勢力を盛返したような気がするのだ。三浦と千葉を中軸とした東国武士団の旗揚げと考えれば、さほど不思議はないのである。伊豆の頼朝の旗揚げはその序曲であり、いわば頼朝の伊豆脱出作戦なのだ。三浦の敗戦で計算はやや狂ったが、むしろ本番はその後で、それは着実に予定の通り進行したのである。

では、彼らの当初の目的としたのは何か。平家の息のかかった目代の打倒であり、国衙領の掌握である。千葉は一番勇敢にそれをやってのけている。安西景益も在庁官人を引きつれてやって来た。上総広常は「権介」の肩書がしめすとおり、在庁のトップクラスだ。上総は親王が守《かみ》に任じられる国ときまっていて、もちろん親王は現地に来ないから、介が事実上の守である。広常は権介として、いわば長官に準じる勢力を持っていたのだ。とすれば、彼が二股かける気になるのも当然で、すでに体制側にある彼としては去就に迷うところでもある。が、その彼も、ついに頼朝側に立った。武蔵も平家の知行国だが、そこの目代がどうなったか、『吾妻鏡』は書いていない。ただ、頼朝が江戸重長に武蔵の沙汰を任せているところをみると、ここの国衙も掌握したことになる。

こうしてみると、安房、下総、上総、武蔵における西国側の地方組織は潰滅したわけだ。これは明らかに革命といってよい。それまでの東国武士は、何とか国司にとりいって、在庁官人としての肩書を貰うことに汲々《きゅうきゅう》としていた。目より は掾《じょう》へ、掾よりは介へ。しかも当時の制度が、受領(あるいはその目代)だけが西国から派遣されて来るというあり方だったから、いつのまにか国衙には在庁勢力がびっしり根を張っていた。そして彼らが、受領という帽子をひょいと取りはずすときがついにやって来たのである。やってみれば雑作《ぞうさ》もないことであったが、しかし、このことの持つ意義は大きい。目代にごまをするか、これを追出すかには天と地の開きがある。

そう思うとき、頼朝の伊豆での旗揚げも、つまりはこれと同型だということに気づく。彼が最初に打倒したのも、伊豆の守の目代・山木兼隆であった。ちなみに付加えておくと、この兼隆は頼朝の恋敵《こいがたき》ということになっている。時政は娘の政子を兼隆に嫁がせようとしたが、頼朝との恋に陥っていた政子はそれを撥ねつけて頼朝の許《もと》に走った、というのである。

が、じつをいうと、これはうそだ。白状すると私も小説の中では通説に従ってはいるが、山木兼隆が伊豆へやって来るのは旗揚げの前年の一一七九(治承三)年のことで、このころはすでに政子は頼朝と結婚し、長女の大姫をもうけていたはずである。彼女の結婚に時政が反対したこと、それを押切って頼朝と結婚したことは事実だが、ここに山木をからませるのは無理であろう。そして、この話を取去ってしまうと、目代打倒という、東国各地でこのとき行われた事件と同じパターンが伊豆でも行われたということがよりはっきりする。

このとき、頼朝は、都で平家打倒の行動を起した以仁王の令旨をふりかざし、これで平家側の目代を打倒することの正当性を主張した（このときじつはもう以仁王は死んでいるのであるが）。そして、同様に東国武士団はその令旨ぐるみ頼朝を旗印にふりかざして、目代打倒、国衙掌握をやってのけたのである。

鎌倉開府

ついに夜明けは来た。そしてこのとき、頼朝が本拠と定めたのが鎌倉である。従来、このことを三方を山にかこまれ、一方が海に開いた要害の地だからというだけで説明しているのは片手落ちだ。また、ここが父祖のゆかりの地だから、というのもムード的説明である。真相は、三浦の本拠に最も近い所へ落着いたのであって、言いかえれば、手の届くところへ頼朝を引張って来られるほど、三浦の力は強かったということである。さきに書いたようにここは東国の幹線道路沿いの要地である。千葉や上総より情報が摑みやすい。このことも鎌倉が本拠に選ばれた理由の一つだろうが、何といっても三浦の影響力は見逃せないと思う。

そして、この結果を見たとき、この年の軍事行動の中で、イニシアチヴをとったのは誰かということもよりはっきりする。やはり頼朝を動かした原動力は三浦なのだ。おのが本拠の目と鼻の先の鎌倉に頼朝を抱えこんだ彼らは、今後いよいよ重みを増すであろう。何しろ当時、地の利を握ることは決定的な意味を持つ。畠山や小山がいかに強大であろうとも、いざ事があって鎌倉に駆けつけるというとき、使者をとばせて動員をかけ、本拠から出陣して来るまでに、数日を要する。しかし、三浦はひとつ烽火《のろし》をあげれば、数刻のうちに総力をあげて鎌倉に駆けつけて来ることができるのだ。現実の兵力は、だから数と距離という二つの係数からはじき出さねばならないわけで、三浦氏の優位は誰の目にも明かだったはずである。

残念ながら、北条氏はこの時点ではまだ発言力も弱い。伊豆の本拠に頼朝を押えこんでおくだけの力はなかったのだ。小豪族の悲しさ、当面は御所さまの舅顔《しゅうとがお》もほどほどにして、じっと雌伏《しふく》するよりほかはない。

この後、頼朝は、平維盛《これもり》が追討軍を率いて東下して来たと聞いて、これと対決すべく出陣するが、彼が手を下すまでもなく、甲斐、信濃の源氏の一撃で平家側は退却する。相模に凱旋した頼朝は、十月二十三日、国府において、はじめて行賞を行うが、このとき三浦義澄が三浦介に任じられる。命を賭けた義明の中世宣言は、続いて行われた義盛の侍所別当補任とあわせて、どうやら一つの稔りを得たようである。

が、このとき、都ではまだ事の本質を理解していない。それどころか、都では二十年前の平治の乱で流された頼朝の名前すらも忘れているのだ。当時の右大臣で博識を誇る九条兼実《くじょうかねざね》は、その日記『玉葉《ぎょくよう》』に、

「伝え聞く所によれば、謀叛《むほん》の賊、義朝の子が、年来伊豆に配せられていたところ、近

頃、凶悪なことをしているらしい。その義朝の子とやらは謀叛を企てているとか」

とあり、頼朝という名はついに登場しない。ここに西国国家の大きなズレがある。いや、そのズレは何も今始まったことではない。頼朝を伊豆に流したところからすでに思考が硬直しているのだ。元来、伊豆は最大の政治犯の流される国の一つとなっている。そこで、そのきまりに従って頼朝も配流したわけだが、しかし地理的に見れば、ここは相模、下総、上総など坂東《ばんどう》諸国へ入る関門にあたる。都には遠くて、しかも周囲にはかつて義朝に従って保元・平治の乱を戦った武士の生き残りがたくさんいる。

もしそういうところに頼朝を流したら、将来どういうことになるか。西国国家はその事には考えも及ばず、何事も先例尊重というわけで、伊豆を選んでしまったのだ。時代が変っているのに、いたずらに前例にかかずらわっていると、どういうことになるか、これはその見本のようなものである。

そしてこうした先例尊重と、三浦義明の中世宣言を比べてみたとき、両者の差異はよりはっきりし、また義明の一言が、いかに鮮烈な歴史的意味を持つものであるかが納得されるであろう。


（なお東の「くに」については東国、坂東、関東などの呼び名がある。「坂東」は足柄、碓氷《うすい》両峠以東、「関東」は必ずしも概念は一様ではないが、不破《ふわ》、鈴鹿《すずか》、愛発《あらち》の三関以東を指すのが基本的なもののようである）

第二章　空白の意味するもの　上総広常の場合

馬首は東へ

挙兵、頼朝の鎌倉入り、富士川における平家との対決——。

ここで一一八〇（治承四）年に起った一連の事件は大きなヤマを越す。いささかどぎつい表現をあえてするならば「東国」という名の植民地が西国に対して行った独立戦争は、ともかくも第一期を完了したことになる。

では、次に来るものは何か。漠然と考えると、すぐその後に平家との決戦が始まるような気がするが、実際に東国武士団が西国攻めに出発するのは一一八三（寿永二）年も末になってからであって、その間たっぷり三年余の歳月が流れている。

歴史の真空地帯とも見えるこの間、時間は徒《いたず》らに空費されたのか。表面は少なくともそのように見える。この間、都では平清盛《たいらのきよもり》が死に、鎌倉では頼朝と政子の間に長男の頼家《よりいえ》が生れた。そして頼朝は政子の出産の間に古なじみの愛人、亀の前とよりを戻し、それを政子に嗅ぎつけられ、壮大な夫婦げんかを演じている。都ではもちろん、昔ながらの行事や儀式に余念がない……。はて、歴史をどこかへ置き忘れてしまったのか、とむしろこちらがやきもきしたくなるほどののどかさなのだが、しかし仔細に見るならば、この時期は決してあってもなくてもよい小休止のときではなかった。

もちろん、現実問題として、それぞれに動きのとれない理由もあった。大きな原因は飢饉《ききん》である。当時日本全体が不作に見舞われ、とうてい大きな軍事行動を起す余裕がなかったのだ。頼朝と時を同じゅうして木曾に旗揚げした源義仲《みなもとのよしなか》（木曾義仲）が、鎌首をもたげて都を睨《にら》みながらも、一一八三（寿永二）年まで行動を開始しなかったのはそのためである。

しかし、こうした消極的な理由だけで彼らは鳴りをひそめていたわけではない。とりわけ東国の武士団は、じつはこの時期にいくつかの重要な体験を経て来ている。

第一の体験は富士川で平家と対決した直後にやって来た。このとき、平家は水鳥の羽音に驚いて、戦わずして逃げだしたといわれているが、実際には甲斐源氏の武田勢の奇襲をうけて崩れたったものらしい。ともあれ東国武士団がほとんど手濡らさずで勝利を得たことはたしかで、これに気をよくした頼朝は、

「ただちに上洛《じょうらく》して平家を討て」

と命じた。

が、思いがけなく、反対の声が内部から起った。

「都に上るより、まず東国自体を固めるべきです」

こう主張したのは上総広常や千葉常胤だった。頼朝は結局これに従わざるを得ず、反転して鎌倉に戻り、日ならずして源氏の血をひく常陸の佐竹氏を攻め、これを降伏させた。

これで見るかぎり、頼朝は自分の命令は貫けなかったわけだ。彼自身、武家の棟梁と呼ばれ、東国武士団は源氏の白旗の下《もと》に集まったように言われているが、まだまだ彼の発言権は確立していない。このあたりにも、このときの実態が頼朝の旗揚げではなく、東国武士団の旗揚げだったことがよく現われていると思うのだが、ともあれ、頼朝は彼らの主張に妥協せざるを得なかったのである。

が、これすなわち彼の弱さとは言えない。ある意味では彼の賢明さでもある。二十年流《る》謫《たく》の生活を送って来た彼は耐えることを知っている。神護寺にある肖像画のあの眼は、容易におのが心をむきだしにしない、深謀にみちた光を湛《たた》えているではないか。流され人、罪人といっても、もちろん現在の囚人とは違って、衣、食、住の規制はないし、遠乗り、狩猟などの自由はあったものの、財産を持ち、家来を持ち、官職にありつくなどということは一切禁じられていた二十年だった。いわば飼い殺しの生活に倦《う》まずに耐えて来たことは、彼の性格に大きな影響を与えずにはおかなかったはずである。

東は東

ここで頼朝は広常たちに一歩を譲った。何しろこの時点では、まだ流され人の延長だから、子飼いの手勢はほとんどいない。僅かに親衛隊といえるのは、小豪族北条時政の手に属する人間だけ。これでは、広常や常胤の兵を抑えつけることは不可能だ。

——無理にも上洛なさるというなら、佐殿だけでおやりなさい。

などといわれて、兵をまとめて引揚げられたりしては、みじめなことになりかねない。そう判断したら、ぱっと方針を変更する。小数与党の上に立つ為政者にも似た切りぬけ方は、やはり二十年の辛酸の賜物《たまもの》であろう。

ところで、広常や常胤はなぜ佐竹攻めを主張したか。実際には、かなり利己的な意図が含まれていたと思う。というのは、常陸の佐竹は彼らに境を接する強豪だったからだ。かねてこれに脅威を感じていた広常、常胤らは、頼朝という旗印を担いで、この際彼をやっつけてしまえ、と思ったのであろう。そしてこのあたりに、彼らが頼朝の旗の下に集まった真意が透けて見えてくるわけであるが、結果において、これは双方にとって大きなプラスをもたらした。広常らは脅威を取除くことができたし、頼朝は源氏の血を誇る佐竹を潰して権威の座を確立する。しかも佐竹の領土は合戦に参加した武士たちに恩賞として与えられたから、誰にとってもこんな結構なことはなかったのである。

が、そうした内部事情のほかに見落してならないことがある。それらが西国に対して持つ意味である。崩れ立った平家を深追いしなかったということは、一見、消極的な弱腰の判断のように見えるが、しかし、大きな時の流れから見れば、これは彼らの勝利だった。まことに奇妙なことだが、進むことよりも、「進まなかった」ことによって、彼らは勝ったのだ。もしこのとき、がむしゃらに進んでいたらどうなるか？　奔馬《ほんば》のように都へなだれこんだ木曾義仲の辿った道と思いあわせれば、すぐに結論は出る。

この意味で、このとき鉾《ほこ》を転じた東国武士団の行動は、一つの大きな歴史的撰択だったと思う。もちろん一人一人の東国武士が、長期の見通しを持てるほど賢明だったとは思えない。ただ、どうにも押えきれないパワーが噴きあげて来て、頼朝を担いで鎌倉まで進んで来た、その同じパワーが、タイミングよく暴走にブレーキをかけた、としか言いようがない。そしてその底にあるものをさらに探るならば、それこそ当時の東国武士団の持っていた漠然たる「くに」意識ではなかったか。

富士川を越えて進撃すべきか否かというのは戦術的判断ではない。外征よりもまず内部体制の確立をめざし、東国をもうすこし形のととのったものにしようという意識——。つまり東は東、という意識は、あきらかにこの時点で東国の野にきざみつけられたというべきであろう。義明の一言が言葉による中世宣言とすれば、これは彼らの行動による中世宣言だったのである。

広常斃《たお》る

広常はしかし、力を恃《たの》んでいささか図に乗りすぎたようである。

——佐殿は俺の言うなりになる。

そういう意識は何かにつけて彼の態度に現われた。少し後のことだが、頼朝が三浦一族の本拠へ遊びにいったことがある。このとき三浦の人々といっしょに頼朝を迎えた広常は、皆が下馬して平伏する中で、一人馬から降りずに一礼した。周囲がこれを咎《とが》めると、

「俺の家では、祖父《じじい》のときから、誰にだってこれ以外のお辞儀はしたことはないんだ」

傲然としてそう言い放った。

やがて酒宴が開かれた。このとき三浦義明の弟にあたる、岡崎義実《よしざね》という老武者が、頼朝の着ていた水干《すいかん》をねだった。というのは彼の息子の義忠は例の旗揚げの折、石橋山の合戦で討死している。そうした功績のある息子の父として、その水干をねだる権利があると思ったのだ（当時は主君の着ているものを拝領するのは大変名誉なこととされていた）。

ところが、広常はこれにも文句をつけた。

「このようなみごとな御召物は、広常こそ頂くべきだ。義実ごとき老いぼれに貰う資格などあるものか」

義実も黙ってはいられない。

「何をっ！　旗揚げの折の我らの働きに比べれば、広常のやったことなど物の数ではないわ」

たちまち罵りあい、揉みあいになったのを、周囲が仲に入ってやっと丸くおさめた。この間、頼朝は終始無言だったが、後になって仲に入った男にだけ、

「よくやった」

と褒詞《ほうし》を与えたという。このあたりが頼朝の人使いのうまさでもあり、ここにも二十年間の流謫生活の苦労が生きているともいえる。しかし腹の底では広常の傲岸《ごうがん》さに不快きわまるものを覚えていたに違いない。

頼朝の密命をうけた梶原景時が、双六《すごろく》の勝負のもつれと見せかけて、広常を誅殺したのはその後間もなくのことだ。この梶原景時については改めて書くつもりだが、いわば頼朝の懐刀《ふところがたな》的存在で、後には侍所の所司《しょし》（準長官）として、事実上御家人の統率を行った実力者である。彼の広常殺しは、その線に沿ったもので、頼朝に服従しない広常を服務規定違反として処罰したのだ。

この事件は、頼朝の権威が確立してゆく過程を物語るものとして興味深いが、もう一つ別の意味もある。後年頼朝は都へ来たとき、後白河《ごしらかわ》法皇にこう語ったという。

「頼朝が上洛して君のおん為に働こうとしたとき、広常はこう申しました。何で朝廷のことばかり気になさる。みっともない。坂東《ばんどう》にこうしていれば押しも押されもせぬあなたなのに……と。こういう奴を家来にしておりますと、神仏の助けも得られまいと思いまして殺させましたわけでございます」

この話は『愚管抄《ぐかんしょう》』にある。周知のとおりこれは大僧正《だいそうじょう》慈《じ》円《えん》の著といわれる歴史書で、信憑性《しんぴょうせい》はあるものの、この場合の頼朝の言葉には多分に都向けのPRが含まれている。

しかし、まんざら嘘ともいえない。たしかに広常殺しは、佐竹攻めに続くこの時期の大きなヤマであった。そしてこのあたりを機に頼朝は西国国家との妥協の道を選ぶのだ。旗揚げから佐竹攻めまで、頼朝を担いだ東国武士団は、あきらかに叛乱軍として行動している。各国の目代の殺害や追放は西国国家の地方権力の否定にほかならない。富士川でも官軍（実質的には平家軍だが、彼らは院の命令をうけた西国国家の軍隊である）を蹴散らした。

が、一一八四（元暦元）年、彼ら東国武士団が義仲追討、平家追討に出発するとき、彼らは叛乱軍のまま戦闘行為に移るのではない。後白河法皇の院宣《いんぜん》をうけて、官の軍隊として相手に立向っている。

叛乱軍から官軍へ——。この大転換がいつ行われたか、といえば、一見真空とも見えるこの時期を措《お》いてほかにはなかったはずである。が、それが正確にいつとするかについては学者の間にもむずかしい議論があり、それに加わる資格を私は持たないけれども、まず大ざっぱにいって、義仲追討に出発する年の一一八三（寿永二）年の七月から十月にかけてと見ればいいようだ。

この時期までに従弟《いとこ》の源義仲は木曾を発ち、入京を果している。倶利伽羅峠《くりからとうげ》で平家を破った木曾勢は、はずみのついた毬《まり》のように都へ飛びこむ。平家は戦う意欲も失《う》せて、その直前に西海《さいかい》へ逃れ去った。かくて入京した義仲は、後白河から官兵としての承認をうけ官位を授けられる。

義仲の動きは、もちろんそれ以前から頼朝の耳には入っていたろうし、その行動とも睨みあわせて、彼自身も態度の決定を迫られていたに違いない。この間、頼朝は西国国家との妥協の道を手さぐりしていた。この事が広常にはひどくみっともなく見えたのであろう。頼朝はこうした批難を抑えるべく広常を誅殺し、一歩一歩西国国家に近づいていったのだろうが、はっきり妥協が行われたのは、義仲入京という事態の変化によるものと思われる。

寿永の秋

では、この寿永二年、東国と西国はどのような妥協の仕方をしたか。東国側の申し入れはほぼ次のようなことである。

(イ) 自分たちは院(後白河)に抵抗したのではない。目指す敵は平家である(平家は院の思召しにも背いているからそれを討つのだ)が、平家が降伏するならそれをも討とうとはいわない。

(ロ) 東国の目代を討ったのは平家の息のかかった連中を討ったまでのことであって、叛意はない。新たに国司を任命していただきたい。

(ハ) 平家の拝領した東海・東山・北陸道の社寺や皇室領、公家領の荘園はもとのまま、その所有者の領有とする。

これに対して西国国家はどういう反応をしめしたか。

――こりゃあ、うまい。

彼等の本心はまずそのあたりではなかったか。恐るべき叛乱軍が、そっくり自分たちの所有権を認め、国司も任命してくれと言って来るとは、何と感心なことではないか。

さきに頼朝を無名の叛逆児と思っていた九条兼実も、

「凡《オヨ》ソ頼朝ノ為体《テイタラク》、威勢厳粛、其ノ性強烈、成敗分明、理非断決ト云々」

とその評判のよさを書きつけ、頼朝の登場を歓迎している。このとき頼朝は、西国政府が義仲にさっさと恩賞を与えたことへの不満も表明したらしい。

――ああ、それももっともだ。

公家《くげ》たちは文句なしに肯《うなず》く。というのも、彼らは木曾からやって来た義仲勢にすっかりうんざりさせられていたのだ。義仲には外交手腕もなく、おまけに食糧不足の都になだれこんで来た軍兵は手当り次第に掠奪をほしいままにする始末。

――あの乱暴者に官位が与えられ、頼朝が罪人のままとはいかにも不当だ。

彼等はそう思わざるを得なかった。かくて西国国家は次のような返事をした。

(1)　(イ)～(ハ)の申し出はみとめる。ただし北陸道は義仲の勢力範囲だからこれは除く。したがって東山、東海でこの決定に不服なものがあったら頼朝に沙汰を一任する。

(2)　頼朝の官位（従五位下、右兵衛佐）はもとに復する。したがって罪人とはみなさないし、その指揮下の軍勢は叛乱軍としない。

これが両者の妥協の実態であるのだが、では、東国側はこの決定によってトクをしたのかソンをしたのか。これについて、じつは学界の評価はまちまちなのだ。

ソンをした、とする人たちはいう。

「彼らはせっかく国衙領を手に入れたのに、国司の任免を朝廷に任せてしまった。大後退だ。彼らは結局従来の西国国家の支配の許に膝を屈したのだ。そして院のお役に立ちたい、と申し出ている。ここで東国国家は雲散霧消した」

つまり東国独立は幻想にすぎない、と見るわけである。中には上総広常殺しを重視し、

「東は東、と言いきった広常のほうが進歩的だ。それを殺して朝廷にヘイコラしたところに頼朝の保守性がむきだしになっている」

という人もいる。

そうかと思うと、

「いや、そうではない」

という反論もある。

「全面的譲歩と見るのはまちがいだ。かんじんなのは、この命令の実施が頼朝に一任されたことだ。一々の国衙領、荘園の所有権や年貢の問題について、不服の者に対して武力を行使できるのだから。しかもその権利が東山道まで及ぶのはむしろ勝利というべき

だ」

　というのである。これは一つのものごとを表と裏から眺めているようなところがあって、それぞれに首肯できるものを持っているのだが、私はどちらかといえば、後者に近い考え方に立っている。というのは、治承の旗揚げを境にして、日本は変ったか変らないか、というふうに考えてみたとき、あきらかにそこには変化があると思われるからだ。もし状況が全く変らず、頼朝が父の義朝や祖父為義と同じ立場でしかなかったとすれば、これは西国国家の勝利であり、東国国家は吹っ飛んでしまったわけだが、しかし、後の動きを見れば頼朝ははっきりと父とは別の道を歩んでいる。

　たしかに国司を任じてくれ、というのは後退であるかのようにもみえる。しかし、現実に西国国家は東国の意向を無視した国司を送りつけることができたろうか。それは絶対に不可能だ。しかも三浦義澄を介に任じたように頼朝は国衙の下部組織を自分に都合《つごう》のよいように編成し直している。そして、これを白紙に戻そうなどとは決して言っていないのだ。そして東国で現実に関心のあるのは、まさにそうした下部組織であり、荘園の下司たちの地位やその得分なのである。そこを握っておいて、頭の部分だけ、そちらにおまかせしますというわけだ。しかも少し後になると頼朝は東国のいくつかの国の国司の任免権まで獲得する。何のことはない、上から下まで頼朝の息のかかった人事構成になってしまうのだ。してみるとこの時の妥協は、必ずしも東国の敗北ではなかったと言えるのではないだろうか。

あるいは、頼朝が復位、復官したことで、西国国家の律令体制の前にひざまずいた、と見る人もあるかもしれない。しかしこれはいささか近代的な解釈である。近代における革命はしばしば、それまでの官僚機構から法体系まですべてを否定した形で行われる。が、中世にはその変革はもっと捉えどころのない形でやってくる。東国は西国のそうした体系をずっと認め続ける。それどころか、その後も、東国のいくつかの国の国司は西国から受けいれるし、荘園の所有関係もそのままだ。しかし、もともとこうしたゆるい網をかぶせられた形での「くに」のあり方こそ中世の特色なのだ、ということはすでに書いた。こう見るならば、やはり未成熟ながら、東国国家はここに成立したというべきではないだろうか。

老兵は消えて……

政治というものは、常に半面の妥協を必要とする。一気に突走れるのは、力関係に大きな格差がある場合に限られる。当時西国国家も東国武士団を圧倒するほどの強大さはなかったようだし、東国側も進んで彼らと対決する自信はなかった。だから西国側は一応叛乱軍を伝統の傘の中に抱えこんだと思って安心したし、東国武士は治承以来の事態を認めさせたことで納得したのだ。勝ったとも負けたともいえない、それこそまさに妥協と呼ぶよりほかない結論に両者は達したのである。

また、広常を進歩的、頼朝を保守的という議論にも、多少の問題はある。頼朝はたしかに保守的であり、彼の心情は武士であるよりも多分に貴族的、公家的だ。西国志向の面もかなり強かったことはいずれ書くつもりだが、しかし、それかといって広常を進歩的とはいえないと思う。彼は根っからの東国武士ではあるが、初めに去就に迷ったことでもわかるように、このときの変革を必ずしも敏感に読みとっていたわけではない。

富士川での平家との対決の後で、頼朝の馬首を東国に引きむけた意義は大きいが、その後の広常の態度は、東国的な体制をはっきり認識していたとはいえない。たとえば、つまらないことで岡崎義実といがみあうなどがそれだ。この時期はとにかく頼朝のもとに東国武士が団結しなければならないときなのだ。いたずらに争っている場合ではないのである。彼はこうした政治的配慮をするにはあまりにも神経が粗雑すぎた。少し冷たい言い方をするならば、頼朝の上洛を阻止したところで老兵広常の役目は終ったともいえる。彼は東国指折りの広大な地域を領有する豪族だが、先にその大きさが必ずしも進んでいることを意味しないと言ったのはこのことである。

それに比べれば、頼朝の意をうけて広常誅殺を敢行した梶原景時の方が、この時期の意味をよりはっきり摑んでいたといえる。こうした過程の中で、頼朝の権威は高められ、それを阻むものは消されてゆく。その当初、自分の意を曲げてでも広常の意見に従わねばならなかった頼朝と、その広常を消し去った頼朝と――。何という違いであろう。真空の三年の中で、東国はあきらかに変った。表面無為に過したかにみえて、彼らの内部はしだいに固まって来ている。

そしてそうなったとき、はじめて彼らは自分の「くに」の外との問題に取組む。内部固めから外交の季節に入ったのだ。ここでは力ずくは通用しない。退いたと見せて押し、押したと見せて身をかわす——。文字面だけで両者の得点を計算することはできないのだ。そしてこういう場面になると、柔軟でなかなか人に本心を覚《さと》られない頼朝のようなタイプが本領を発揮する。さすがに彼は東国武士よりも口のきき方を心得ている。

それに——。多分このとき彼には有能な軍師がいたはずだ。三善康信《みよしやすのぶ》という中流官僚上りが、都から詳細に駆引の指南をしていたと見ていい。彼は叔母《おば》が頼朝の乳母《めのと》をしていた関係で、以前から月に三回使者を送って頼朝に都の情報を流していた。そしてこの後間もなく頼朝に招かれて鎌倉に来て、東国武士の不得意な行政関係の仕事を担当するようになるのだが、それまでも都にいて頼朝の伊勢神宮に捧げる願文《がんもん》の下書きなどを作ってやったりしている。

彼は長い間、下積み官吏として、西国国家の政治的駆引をとことん見聞きして来た。その知恵がここにみごとに生かされていた、と思ってまちがいない。今考えるとふしぎなようだが、当時の乳母という存在は実の母以上に養君に密着し、一族をあげて終生献身的な奉仕を続けるものだ。このことはいずれ改めて書くつもりだが、頼朝の場合にも乳母グループが早くもその側近で活躍しはじめたことには眼をとめておいていい。

それに頼朝には、もう一人有能な政治顧問が付く。乳母関係ではないが、やはり西国国家の中級官僚として政務に練達した大江広元《おおえひろもと》がそれだ（広元ははじめ中原姓を名乗っている。大江と改姓するのはずっと後のことだが、便宜上、この稿でははじめから大江で登場させることにする)。が、この時点ではまだ彼の鎌倉との交渉は摑めないので、さしあたっての知恵袋は三善康信だと見ていいと思う。

こうして西国国家と一応の妥協が成立った後、その意をうけて、彼ら東国武士団は、いよいよ木曾義仲および平家を討滅すべく故国を出発するのである。

第三章　功名手柄　熊谷直実の場合

父も討たれよ子も討たれよ

西国国家との妥協が成立した段階において、東国武士は、西国から委託をうけた形で木曾義仲および平家攻めに出発する。いよいよ一つの集団として、みずからの「くに」を出て戦うときは来たのである。一一八三（寿永二）年、鎌倉を発った東国勢は、その翌年正月、たちまち木曾義仲を敗死させ、ついで一ノ谷まで進出して来ていた平家を撃破する。

それにしても四年前、西国人にその名さえ忘れられていた流人の頼朝をいただいて東国武士が叛乱を起したとき、誰がこの日を想像したろうか。そのころの平家は政治の中枢を握り、圧倒的な経済力を貯え、東国武士など足許にも寄れない存在だったのだから。

このときの戦いは、「源平の合戦」と呼ばれ、二十数年前の平治の合戦に敗れた源氏の復讐戦と受けとられがちだが、しかしこれは単に源氏または平家という名の兵団の武力対決ではない。もっと大きな、日本の歴史の中で画期的な意味を持つ事件だったことに目をとめるべきである。

その一つは、この戦いが、東の「くに」の西の「くに」に対するはじめての勝利だったことだ。今までは搾取《さくしゅ》の対象でしかなかった植民地・東国は、先進社会に挑み、これを圧倒したのである。彼ら一人一人の富は、この時点でもなお平家のそれには及ぶべくもない。文化的な差はそれ以上だ。彼らはあの壮麗な平家納経《のうきょう》に対比し得るようなものは何一つ持っていない。依然、形の上では遥かに遅れている彼らの集団が、では、なぜ平家を圧倒し得たのか。

さらにもう一つ、このとき頼朝は鎌倉から動いていない。あまり気づかれていないことだが、大将がみずから軍を率いて出陣せずに勝利を得た戦いは、おそらくこれがはじめてではないだろうか。頼朝は奥州藤原氏の帰趨《きすう》がわからないので動けないのだ、と言い、従来はそれを額面通りに受けとって来たが、このことは考えなおす必要がありそうである。上代の坂上田村麻呂《さかのうえたむらまろ》からはじまって、源頼義、義家はみな陣頭指揮だ。木曾義仲もその例外ではない。平家も、保元・平治の乱には清盛みずからが指揮をとった。富士川の合戦や木曾攻めには年齢のせいもあってさすがに自身は動かなかったが、結果は敗北に終っている。これに比べて、頼朝が鎌倉を動かなかったということは、戦術上から見ても重大な変化である。このことを可能にしたものは何なのか？

これらについて、『平家物語』は興味ある証言を残している。例の富士川の対決に先立って、平家側の大将維盛《これもり》（重盛の子、清盛の孫）は、東国出身の武士、斎藤実盛《さねもり》にこうたずねている。

「お前ほどの強い弓をひく者は、東国にはどのくらいいるか」

この実盛は平治の乱には源義朝に従って戦い、後に平家に仕えた歴戦の勇士である。と、彼はせせら笑っていわく、

「私を強弓ひきとお思いになっておられるのですか。なあに、東国には私くらいの射手はざらにおります。馬に乗れば落ちたためしはありません」

さらに彼は東国武士の勇猛さについて、こうも語っている。

「彼らは、戦さとなれば、親も討たれよ、子も討たれよとばかり、屍《しかばね》を乗り越え乗り越え戦い続けます。ところが西国武士は親が討たれればやれ供養をせねばと戦いをやめ、子供が討たれれば嘆き悲しんで戦うことをやめてしまいます。兵糧がなくなればまず田を作り、夏は暑いの、冬は寒いのと言って戦うのを嫌います。東国ではまったくそのようなことはありませぬ」

平家方はその話を聞いて、戦う前からみなおぞけをふるったという。それが例の敗戦につながるわけだが、ここには東国武士の勇猛さと西国武士の懦弱《だじゃく》ぶりがくっきり浮彫されている感じである。『平家物語』のこの部分はとりわけ有名だから知らない人はいないくらいだが、我々はこの話を単なる彼らの勇猛さへの証言とだけ受取ってよいものだろうか？

白状すると私も長い間、ここから東国武士の勇猛さだけを読みとっていた。それには

感心するとともに、血に興奮すればすぐ向うみずになる動物的な狂暴さを感じて、平家びとなみに、あるうとましさも感じないわけではなかった。

が、そのうち、この『平家物語』の一節は、東国武士の勇猛さの描写ではあり得ても、その本質の理解とはなっていないことに気がついた。そして、これまでの東国武士観の多くが、この『平家』の線に止まっていることにも気がついて来た。

彼らはなぜ勇猛なのか？　精神構造がそうできているからだ——といった言い方ではじつは答にならない。これは精神主義的に東国武士を賛美しているかに見えて、彼らを獰猛《どうもう》なシェパードとか土佐犬と同じ程度にしか見ていないことである。彼ら一人一人に近づいてみれば、決して本能的に好戦的な人間ではない。中には喧嘩早いのもいないわけではないが、本質はむしろ朴訥《ぼくとつ》な農場主なのだ。

ではなぜ彼らが戦いに臨むと、ひどく勇猛になるのか、それにはその精神の基盤を考えてみる必要があろう。

勇猛心の土壌

ここで三浦義明の言葉をもう一度思い出してみよう。

「老命ヲ武衛ニ投ジ、子孫ノ勲功ヲ募ラント欲ス」

つまり彼らの死には保障があるのだ。彼らは決して死に損にはならない。命を投げだして戦ったものの子孫には、必ず報いがある。

この時代の恩賞の対象となる手柄には二通りある。一番乗り、あるいは名ある敵の首をあげること。これを積極的な手柄とすれば、戦死は消極的な手柄なのである。少し時代は下るが、合戦注文《かっせんちゅうもん》とか軍忠状《ぐんちゅうじょう》とか呼ばれるものがいろいろ残っている。どこでどんな戦いをしたかという報告書で、そこには、どんな傷を受けたかということまで細かく書いてある。これを軍奉行《いくさぶぎょう》が承認すると、恩賞にあずかることができる。はっきりいえば、まさに、

「一傷《ひときず》いくら」

なのだ。まして戦死は大変な犠牲だから、遺族には必ず恩賞の沙汰《さた》がある。

もっとも、この折角の犠牲的行為がまったく無になってしまうことがある。頼みとする総大将が敗れて所領を敵に奪われてしまったら……こうなると、まったくの犬死になってしまい、恩賞どころの騒ぎではない。ある意味で、敗北は死よりも恐しいのだ。

そうならないためには、戦いあるのみ！

敵に勝ち、所領を奪い、その分け前にあずかるまでは、東国武士は屍を乗り越え乗り越え戦うのだ。ここには「御恩と奉公」の論理が筋金入りで通っているのである。

もしこれを余りにも功利的な見方だという人があるとすれば、その人は、江戸時代的な武士道観——主君が一方的に奉公を強いる歪《ゆが》んだ精神主義に毒されているのだ。

むしろ「御恩と奉公」という考え方は、そのころやっと根づきはじめた当時における新思想、新しい価値観である。それまでの古代的隷従《れいじゅう》を捨てて、彼らは起ちあがったの

だ。打算的人間になったのではなく、納得できる恩賞への期待なしに無駄骨を折るほど、奴隷的な心情の持主ではなくなったのだ、と解すべきではないか。そしてその新しい精神のたくましさが、彼らを勇気づけ、戦いに駆りたてるのだ。

もし彼らを功利的だなどと評したとしたら、一番驚くのは彼ら自身であるかもしれない。この新しい精神を、彼らは東国の野で育てて来た。さまざまの戦闘行為を経て、身につけて来た。それは血肉化した、ごく自然な東国的思考だったからだ。

考えてみれば、これは付焼刃《つけやきば》の打算ではない。その考えを自分のものとするまでに彼らは東国で長い歳月を過している。そして、この思考に支えられ、彼らは武士団内部の紐帯《ちゅうたい》を深めて来た。主人と家来の間は一回かぎりの恩賞と奉公という関係よりも、ずっと濃い連帯感にまで深められて来ている。

これに対して平家はどうだったか。『平家物語』は、富士川に動員されたのは「国々のかり武者」だと言っている。つまり諸国から駆り集めた兵力だったので、東国の武士団のように「御恩と奉公」の関係を何度もくりかえして紐帯を強めて来た武士団ではなかったのだ。いわば正規社員と臨時アルバイトの違いがそこにあったわけで、一度崩れたつと、

「これは恩賞の見込みがないぞ」

とばかり、さっと散ってしまった。総大将の維盛が都入りした時、従ったのはたったの数人、というのはいささか誇張があるだろうが、このあたりに両者の差があったこと

は事実であろう。

もちろん平家の家人が全部かり武者だったはずはないが、累代《るいだい》の家人と言われる者でも、やはりその結びつきは東国といささか性格を異にするような気がしてならない。そのことはまた後でふれるとして、いまは、貧しい東の「くに」が政治的にも経済的にも優位にあった西の「くに」に勝った原因の一つとして、この「御恩と奉公」の原理が大きな意味をもつことを指摘しておきたい。そして、その「御恩と奉公」の原理がいかに東国武者を鼓舞《こぶ》したか、一人の武士のこの間の行動を追ってみたいと思う。

その武士とは？　物語や芝居の世界でもよく名を知られた、熊谷直実《くまがいなおざね》その人である。

先陣争い

熊谷直実は埼玉県の熊谷あたりを本拠とする東国武士である。畠山重忠《はたけやましげただ》とか小山朝政《ともまさ》といった大兵団を率いる大将格の武士ではなく、その所領も十四町あまり（現在の常識からすれば広大だが、生産性の低さを考えにいれなければならない）、いざ出陣といっても、息子の直家《なおいえ》のほかには、せいぜい旗差《はたさし》一人をつれてゆく程度の武士であった。

ちょっと彼の過去をふりかえっておく。彼の父は熊谷直貞《なおさだ》といったが、彼が二歳のときこの世を去ってしまったので、その後の面倒をみてくれたのは、父の弟で隣接の久下《くげ》郷《ごう》に住む、久下直光《なおみつ》であった。二十歳ぐらいになったとき、平治の乱が起った。このときは源義朝側について戦ったことが『平治物語』に見えるが、義朝の敗死後は平家の被官となっていた。

彼はもともと短気な男だったらしい。その後、叔父直光の代理で大番（都の警固役）に上洛した時、仲間に、

「何だ、お前は代官じゃないか」

と言われて腹を立て、そのまま故郷に帰らず平知盛に仕えてしまったという。ところでこうしているうちに、彼の僅かな所領は、叔父の直光に押領《おうりょう》されてしまった。ちょうど工藤祐経《くどうすけつね》と伊東祐親《いとうすけちか》の間に起ったと同じような事件が起ったのである。

その事件が解決を見ないうち、例の治承の旗揚げがやって来た。従来の関係から、直実も初めは大庭景親《おおばかげちか》の誘いに応じて平家方として戦うが、情勢の変化を知って頼朝に降った。彼が頼朝側の一員として、常陸の佐竹攻めに出陣するのはそれから間もなくのことである。

何しろ彼は平治の乱も経験しているから戦場の駆引には馴れている。ちょうど同じくらいの小領主で、同じような経歴を持つ平山季重《ひらやますえしげ》とともに、軍の先頭を駆けて奮戦し、

「一人当千《いちにん》」

といわれるめざましい働きを見せた。彼が頼朝から熊谷郷の本領を安堵《あんど》されたのは、このときの働きのためである。結果として叔父直光の押領は否定されたわけで、彼は長年の恨みをやっと晴らすことができたのであった。

——働けば、それだけの報《むく》いは必ずある！

喜びが身に沁《し》みた。彼は、「御恩と奉公」の論理を最も直接的な形で体験した一人だった。その彼が、

——この次はもっと働いて大きな恩賞にあずかって見せるぞ。

期待に胸をふくらませたであろうことは容易に想像がつく。そして、彼らの待ちもうけていた機会はまもなくやって来た。それがほかならぬ東国武士団の上洛だったのである。こうした心境にあった者は、もちろん彼一人ではなかったはずだ。それが東国武士の勇気を支え、彼らの行動をいよいよ果敢にしたのであろう。

直実が功名を求めて活躍するのは一一八四（寿永三）年の一ノ谷の合戦の前夜である。彼がひそかに狙ったのは、一番駆けであった。畠山のような大軍に巻きこまれてしまっては動きがとれないので、彼は息子の直家と旗差をつれて早々と出発する。このときふと頭にひらめいたのがライバル平山季重のことだ。様子を探らせてみると、闘志満々、すでに行動を開始したという。

「されぱよ！」

遅れてはならぬと味方の陣をこっそり通りぬけて、平家の立籠る一ノ谷の西木戸口に近づいたのは二月七日の夜も明けきらぬ頃であった。さすがに平家の陣営はまだ静まりかえっている。あまり早く来すぎたので、味方の続く気配もない。が、油断はできない。彼と同様功名にはやる誰かが、暁闇《ぎょうあん》の中にひそんでいるかもしれないからだ。もしそんな連中に先陣の名乗りをあげられてしまったら、せっかくの苦心も水の泡とばかり、直

実は大音声《だいおんじょう》をはりあげる。

「武蔵国の住人、熊谷次郎直実、子息小次郎直家、一ノ谷の先陣ぞや！」

が、平家は一向に取りあおうともしない。と、そこへ例の平山季重がやって来た。じつは彼はもう一人の同僚に牽制され、すんでの事に追いぬかれるところを、逆に馬を駆って相手を追いぬいてここへ辿りついたのである。ところが、すでにそこには味方の人影が見える。

「そこにいるのは誰だ」

「直実だ」

しまった、やられた、と季重はいささか無念のていでさらにたずねる。

「熊谷殿はいつよりぞ」

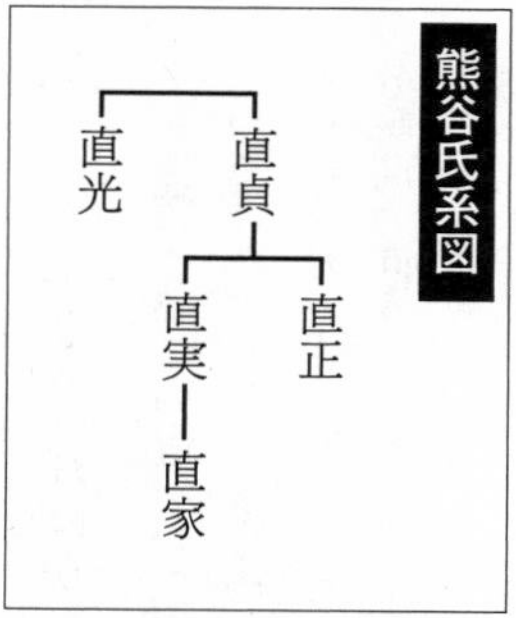

「俺か、俺なんぞは宵《よい》から来ている」
直実はここぞと大風呂敷をひろげる。そのうち、やっと夜が明けかけて来たので、やおら直実は季重を尻目に、もう一度名乗りをあげる。
「以前名乗ったる武蔵国の住人、熊谷次郎直実、子息小次郎直家、一ノ谷の先陣ぞや！」
どうだい、と言わぬばかりの顔つきが眼の前にうかぶようだ。

証人なければ功名なし

『平家物語』でこの直実の二度の名乗りのところを読むごとに、私はいつも笑いだしてしまっていた。直実と季重のやりとりもおもしろいが、季重の顔を見て、もう一度同じことを声をはりあげて言う直実の子供じみた功名心《こうみょうしん》が何とも滑稽でならなかったのだ。多分暁闇の向うの平家も、

——呆《あき》れた奴だ。

と笑いをかみころしていたのではないか、などと思うと、笑いが止まらなくなってしまうのだった。しかも直実と季重はいよいよ合戦が始まっても、競争をやめない。

「熊谷かくれば平山つづき、平山かくれば熊谷つづく。たがひにわれをとらじといれかへいれかへ、もみにもうで火いづる程ぞ責《せめ》たりける」（古典文学大系本による）

そして一番先に平家の木戸に近づいたのは直実だが、木戸が開いたとき、真先に駆けこんだのは季重だったので、どちらを先陣とすべきか、のちに二人の間には争いまで起きたらしい。

——何と子供っぽくて、単純な男たち！

初めのころの私の理解はその程度でしかなかった。が、やがて、彼らのこの子供じみた競争の裏には大きな意味のかくされていることに気づくようになる。当時の戦さにおいて先陣と二番手では、恩賞が格段に違うのだ。彼らがいかに恩賞をめざしてむきにな

って戦ったか、『平家物語』はその実態をきわめてあざやかに描いている。

直実が二度名乗ったことにも、じつは大きな意味がある。すなわち、いくら手柄をたてても、これを証明してくれる人間がいなくては手柄とはみとめられないのだ。だから直実は、季重を後日の恩賞申請の折の証人にするために、ごていねいにも二度名乗りをしたのである。滑稽どころか、ちゃんと戦場のルールに従い、後日の恩賞を計算に入れての、直実の名乗りだったのだ。

『平家物語』は、季重にも同じようなことを経験させている。先刻、彼をあやうく出しぬこうとしたのは成田五郎《なりたごろう》という男だが、そのとき五郎は言ったのだ。

「季重どの、いくら一番乗りしたって味方が見ていてくれなければ何もならない。ただ一騎で敵の中へ駆け入って戦死してしまってもしようがない。味方の続くのを待とう」

それもそうだ、と季重が馬の歩みをゆるめたそのとき、成田五郎は突然疾走を開始して季重を出しぬこうとした。ここにも、味方の確認が恩賞と切っても切れない関係にあることが語られている。東国武士はただがむしゃらに暴れ廻るのではないのだ。

「遠からん者は音にも聞け、近くば寄って眼にも見よ……」

といった名乗りについて、

「昔のいくさはのんきなもんだったなあ」

という感想が聞かれるが、のんきどころか、むしろここにこそ彼の命を賭けた、真剣な宣言がひそんでいたのである。

「熊谷陣屋」の虚構と真実

ところで『平家物語』は、これに続いて有名な直実のエピソードを語る。例の「敦盛《あつもり》最期《さいご》」がそれである。

一ノ谷ですでに平家の敗北が決定的となり、一族が争って海上に逃れようとしていたとき、彼らを追って来た直実は、なおも手柄をめざして、よき大将首をと狙っていた。と、目前に萌黄匂《もえぎにおい》の鎧《よろい》を着た一方の将と思われる武者《むしゃ》が海へ馬を乗り入れようとしていた。

さてこそよき敵——と呼びとめ、組みしいて首を討とうとすると、何とそれは十六、七の貴公子だった。思わず直実の刀を持つ手が鈍る。というのも、つい今しがた、同じ年頃の彼の息子が軽いかすり傷をうけたとき、我にもあらず取乱したばかりだったからだ。

——傷をうけただけでも心配するのに、まして討たれたと聞いたら、この少年の父はどんなに嘆くだろう。

はじめ直実は「名を名乗れば助けよう」というが、少年はそれを拒んで「汝のためにはよい敵ぞ。ただ首を討て」という。そのうち味方の兵が後からやって来た。この様子では、自分が助けても、しょせん誰かの手にかかって討たれるのは必定《ひつじょう》、と涙をぬぐって直実は少年の首をあげる。後にこれが清盛の甥《おい》にあたる敦盛だとわかるのだが、直実はこの事から世の無常を感じ、仏に帰依《きえ》する思いが深まった……。

この話は後に歌舞伎にもとりあげられ、「熊谷陣屋」として現在もよく上演されている。

が、『吾妻鏡』に従えば、彼の出家《しゆつけ》の動機はまったく違う。たしかに彼は出家はする。が、それは敦盛を討ってから、八年も経った一一九二（建久三）年のことであって、その理由も所領争いのもつれからである。

その年の十一月二十五日、御所では熊谷直実と叔父久下直光との所領争いの裁判が開かれた。さきにふれたように、ここは永年両者の繋争の地となっている。戦功によって、熊谷郷の地頭職は直実のものとされたとはいうものの、問題の根本的解決には到らなかったらしい。頼朝は直々にこの席に臨んで一々直実に質問した。というのも直実は武勇にかけては一人当千の名を馳せているものの弁口の才に乏しく、論理的な申開きができず、頼朝としても納得できない事が多すぎたからである。

が、応答しているその間にも、直実の言うことは、ますます筋が通らなくなってくる。と、業を煮やした直実は、突然怒鳴り出した。

「梶原景時が直光をひいきにするからこういうことになるんだ。ああ、そうだとも、御所さまだって直光に有利な判決をなさるに違いない。こうなっちゃあ、証拠の文書なんか何の役にも立つもんか！」

怒りに任せて、訴訟の文書をわしづかみにして庭に投げ捨てると、侍所（武士たちの控室）まで戻るなり自ら髻《もとどり》を切って飛びだしてしまった。御所中はもう大騒ぎである。頼朝もびっくりして、後を追わせる。直実が家にも帰らず西へ向った、というので、——さては京都へ行って不満を訴えるつもりか……。

ますます慌てて、伊豆や相模、箱根走湯権現《はしりゆごんげん》などに使を飛ばせて直実を取りおさえさせようと躍起になる。幸い走湯権現の僧が直実と行逢い、その怒りをなだめ、

「出家遁世もけっこうだが、武士には武士の道がある。主命に背《そむ》くのはよろしくない。仁義の礼に違っている。まあともかく、本国へお帰りなさい」

と言ったので、やっと都へ上ることだけは思いとどまったという。もっともその後彼は法然《ほうねん》の弟子となり、都で修行しているから、やはり初心は貫徹したわけである。

『吾妻鏡』と『平家物語』

およそ対照的な直実の出家譚の、では、どちらが真実を伝えているだろうか。結論的にいえば、私はやはり『吾妻鏡』を支持したい。しかし、それは『平家』が物語であり、『吾妻鏡』が史料だからというような割切り方ではないつもりである。もちろん『平家』の中にもいくばくかの真実はあろう。想像を逞《たくま》しくすれば、直実自身、出家した後で敦盛を討取ったことを回想して、

「ああ、あの時は罪造りなことをしたものよ」

ぐらいは言ったかもしれない。

が、一ノ谷の合戦のその当時の彼は敦盛を討取った瞬間、功名の喜びに眼をぎらぎらさせ、仲間に向って誇らしげにその首を振りかざしていたに違いない。この事はその数刻前の一番乗りに賭けた意気込みからも想像できる。彼は芯《しん》の髄《ずい》からの東国武士なのだ。殺しあいには馴れている。若武者一人殺したことにショックをうけ、人生観まで変ってしまうような人間ではなかったはずである。もし本当に敦盛の死に無常を感じたのなら、そのとき出家してもよいはずなのに、八年間はそのまま鎌倉の御家人として仕えている。その事は当然、一ノ谷の一番乗り、敦盛討取の恩賞を喜んで受取っていたことを意味しはしないか。

彼が負けず嫌いの、功名心に燃えた人間であることをしめす逸話は、『吾妻鏡』にはそのほかにも見られる。一ノ谷合戦の数年後、鎌倉の鶴岡八幡宮《つるがおかはちまんぐう》で流鏑馬《やぶさめ》が行われたときのことだ。彼は射手が射る的を立てる役を命じられたが、

「射手は馬に乗り、的立役は徒歩だ。役に優劣がある感じで、お受けできない」

直実は憤然として頼朝の命令を拒んだ。これに対し、頼朝は、

「こういう役は、それぞれにふさわしいものを割当てるので、優劣はない。的立は決して卑しい役ではないし、日光神社の的立役の例などを見れば、むしろ射手より上の役といってもいい」

と言ったが、とうとう頑《かたく》なに奉仕を拒否したために、ついに所領の一部を召上げられてしまった。まさに俗臭紛々、出家の思いを胸に秘めている脱俗の人間の気配はどこに

もない。

かといって、私は彼を次元の低い、卑しい人間だ、といっているのでは決してない。功名心に燃え、一寸《いっすん》でも人に先んじようとするこの負けじ魂こそ、最も東国的な精神構造であって、ここに東国武士の一つの典型を見る思いがするのだ。

単純で泥臭くて、ほほえましいほどに一徹な彼。そして、『吾妻鏡』の描く出家の顚末も、まさに彼らしい、ということができよう。

一所懸命

直実の出家事件は、単に彼の負けず嫌いのエピソードを語っているのではない。彼は叔父の直光と所領の争いをしている。そしてその所領は、何らかの形で、彼なり彼の父祖たちが、命がけで手に入れた領地なのだ。すでに触れたように、直実自身佐竹攻めで抜群の働きをし、さらに一ノ谷で一番乗りをし敦盛の首を取り、その功によって恩賞にあずかっている。つまり血をもって、わが所領を手に入れたのであって、その地は文字通り懸命（命がけ）の地なのだ。ちなみに——いま気軽に使っている一所懸命とは、まさにこういうことから来た言葉であって、直実は一所懸命に働いて、恩賞の地を得たのである。そのことがいかに彼を奮起させたか……。

——働けば、その分の恩賞がある。確実にそれが保証される時代が来たのだ。

そう思ったから、やみくもに戦ったのだ。

ところが数年後、訴訟によって、その地をとりあげられそうになった。彼はそのことに憤慨し、かつ絶望したのだ。頼朝によって「御恩」と「奉公」が直結した時代が来たと思いのほか、その頼朝がその原則を敢えて否定するとは！　つまり、出家は、鎌倉の体制に対する彼の不信の念の表明である。現代ふうにいえば、自分の働きも認めてくれない会社などにいるものか！　と辞表を叩きつけた、というところであろう。

このことは逆にいえば、彼がそれまで「一所懸命」のルールを固く信じていたことの現われでもある。それが否定されたからこそ、直実は出家したのだ。そう解釈した方が、敦盛の死に涙したという『平家』の解釈よりも、東国武士の人間像を捉えている、と私は思う。

『平家物語』はその名のしめすように、やはり平家の物語である。たしかに合戦の場面は生き生きと描かれ、軍記ものの白眉《はくび》といえるが——そしてその面を高く評価する向きもないではないが、やはり東国の新しい歴史の担い手の側に立った文学とはいえないと思う。あえていうならば、文学としての美意識はむしろ王朝の『源氏物語』の系譜に連るものだといっていい。前にのべた言い方で言うならば、これは西の「くに」の人の眼で東の「くに」の人間を書いたものなのだ。そのことがよく現われているのがこの直実出家のくだりだとはいえないだろうか。

そういえば、直実一番乗りについても、この事がいえそうだ。むしろここでは二度も名乗りをあげる直実が、やや戯画化された形で登場する。また有名な宇治川の先陣争いにもそれが見られる。ここでも『平家』は、佐々木高綱《ささきたかつな》が、親切ごかしに、先行する梶原景季《かげすえ》に馬の腹帯がゆるんでいるぞ、と注意し、しめ直している隙に一番乗りをするあたりを面白おかしく描いているが、なぜそこまで彼らがむきになって一番乗りを争ったかまでは描いていない。

彼らはときに卑劣ともいえる手口を使ってまで功名を争う。直接の戦闘能力だけでなく、彼らの知恵のありったけを動員し、相手をだし抜いてでも功名をめざす。これが東国武者の素顔である。このハッスルぶりを滑稽だと笑いすてることはたやすいが、もしそのために、彼らを突きうごかしたものを見落したり、彼らのこのエネルギーがいかに歴史の歯車を押しすすめる原動力になったかを見過したとすれば、それは歴史的な人間理解とはいえないだろう。

変革から取り残される人も

熊谷直実にもう一度戻っておく。あるいは、東国武士の典型だった彼が、それではなぜ、出家という形で脱落していったのか、という疑問が出るかもしれない。たしかに彼は脱落組だ。が、変革の進行時にはこういうことはよくあるものだ。新しい時代が来た、といって旗を振っていた人間が、いつのまにか少数派になり、変革に裏切られた、という叫びを残して消えてゆく例は、歴史の中に拾おうと思えば、いくつも見出される。もちろんその理由はさまざまだ。要領の悪さ、あまりに理想主義的すぎる主張、あるいは利害による仲間割れ……。いや、むしろ変革に加担した人間がすべて生残ることなどあり得ないといってもいい。歴史の動きというものは、それほど複雑なもので、鎌倉時代もその例外ではなかった。そのことはいずれ後で書くべきことなので、ここでは熊谷直実もその一つの例だ、というにとどめておく。

彼にはもう一つ、後日を語る史料が残っている。『鎌倉遺文《いぶん》』に収められている「僧蓮生《れんせい》夢記」がそれだ。蓮生は直実の出家してからの名だが、ひらがなの多い、かなり長文の自筆の文章の中で、彼は、「来世は絶対に上品上生《じょうぼんじょうしょう》に生れるのだ」と言っている。当時、往生《おうじょう》には九段階あるとされ、上品上生が最高位、下品下生《げぼんげしょう》が最下位なのだが、上品上生でなければ衆生《しゅじょう》を救って極楽に導くことができないことになっていた。

――だから。と彼は言う。

「下八品にはうまるまじ」

そうでなければ、阿弥陀如来《あみだにょらい》が一切衆生を済度《さいど》するという願《がん》が果たされないではないか、と。ここにも何か一番乗りに気負いたった、かつての直実のありようがほの見えておもしろい。出家した後も、東国武士直実は頑張っているのである。

こうした直実の姿を見るとき、『吾妻鏡』と『平家』のどちらが彼の素顔を伝えているか、おのずから結論は明らかであろう。私は『吾妻鏡』がすべて真実を伝えている、などというつもりはないが、少なくとも、東国の目を以て、東国武士を捉えようとしていることはたしかである。

一部には、こうした『吾妻鏡』的な直実像を、あまりに打算的、ドライな解釈だ、とする考え方もあるようだ。所領争いで出家したというのは「精神的」でなさすぎる、というのである。

しかし、この当時の所領争いについて、強欲だとか物質本位だと眉をしかめるのが当時の人間に対する歴史的把握といえるかどうか……。「御恩と奉公」はむしろ、それまでの奴隷的不当な奉仕から脱却する、きわめて新しい人間の論理だった。その新しさに目覚めたからこそ、東国武士は起ちあがったのだ。それを謳歌することは卑しい事でも何でもない。むしろ新しい価値観の主張であり、そこにこそ人間は生甲斐をみつけたのだ。

私は別に歴史を動かすのは精神力だけだなどと言うつもりはないが、これが中世の原動力であったことだけはまちがいないと思う。が、新しいものはいつまでも新しいままではあり得ない。やがてそれは古くなり頽廃してゆく。この精神を打算的と見たり、卑しいとするのは、私たちが、その形骸化した姿をあまりにも長く見続けて来たからである。たしかに一つの精神の頽廃はおそろしく早くやって来る。鎌倉時代が終りをつげ、南北朝が訪れたころの武士は、まったくこの「御恩と奉公」のなれの果てに毒されてしまっていて、ろくな働きもしないうちに、

「恩賞を」「恩賞を」

と口々にわめき立て、収拾もつかないほどの恩賞の奪いあいを繰返すのだ。

生きつづける論理

しかも、この「御恩と奉公」は命強くも、その後長く生き続ける。戦国武士が命がけで働いたのもそのためだ。江戸時代には、これがやや変質する。徳川幕府が日本全国を掌握してしまったために、それ以後の侍たちは、功名手柄を樹てる余地もなくなってしまったし、もし功績があっても、新たに「御恩」が加えられることはほとんど不可能になってしまったのだ。そうなったとき、徳川幕府は新しいぬけ道を考える。

「奉公したとしても御恩がないのはあたりまえ。武士は恩賞など目当てに働くものではないぞ！」

いわゆる「武士道」が確立するのはまさにこの時点からである。鎌倉の起点から見ればむしろ後退したかに見えるこの考え方は、徳川三百年を支配する。

そして明治維新を迎えたときに、面白いことに、「御恩と奉公」は装いを新たに復活して来る。

「働いただけ食わせろ」がそれだ。しかも、徳川的な「武士道」の後遺症も根強く残っていて、それらは日本人の精神にさまざまの影響を与えながら、第二次世界大戦まで続く。いや、戦後の賃銀闘争も、もしかしたら「御恩と奉公」と同じ原理かもしれない。

ただ、この場合は奉公した「御恩」としてではなく、「権利」として要求することになってゆくわけであるが……。

こう書けば、お前は封建時代と資本主義社会の区別も知らん、といわれそうだ。しかしここでその差異に一応目をつぶって、人々の要求する声だけに耳を傾けてみたらどうだろう。労組の要求と、熊谷直実の望んだものとはさして違ってはいないのだ。いかな強力な労組でも、「働いた以上によこせ」とは言っていない。さしもの資本主義社会も、この原理だけは突崩せなかったと見える。

だから人々は、これを人間本来の原理だ、と思ってしまう。ヒューマンな意味での主張から、能力給の提案、はては、

「俺の力でかせいだ金だ。どう使おうと勝手だ。貧乏な奴は、それだけ働きが足りんのだ」

という我ままな言い分まで、意外なほど人々は「御恩と奉公」の論理をより所にしている。

が、それでいながら、人々はその原理が主張され始めたときがいつかということを忘れているし、それがいかに大きな時代の分れめだったかということも、それを主張しはじめた人が誰だったかということも忘れてしまっている。

とはいうものの、私はこれを決して体制を超えた永遠の論理だ、などと言おうとしているのではない。ひどく根強く人間の心の中に巣くってしまったこの価値観も、いってみれば歴史的な所産であって、変革の時期は必ず来る。いや、その兆《きざ》しがないわけではない。いろいろの意味で働く能力の不足している人にも同等の権利を、という主張、あ

るいは大きく儲けることが必ずしも偉いことではない、という考え方などは、その萌芽といえるだろう。

その意味で、現代を変革の時代だという事は故のないことではないのだが、それが単なるムード的な掛け声である間は、何の稔りももたらさないであろうこともまたはっきりしている。東国武士が「御恩と奉公」を主張するとき、彼らはよって立つ基盤に密着し、命をかけて行動した。それが誰にとってもよいことだ、と、実力のある武士団の統率者すべてがそう思った。そういう状況が来て、はじめて一一八〇年八月の行動は実を結んだのだ。彼らが西国国家に色目を使い、仲間の潰《つぶ》しあいをやっているうちは、「御恩と奉公」は新しい時代を創る原動力にはなり得なかった。考えてみれば、変革とは、じつに容易なものではないのである。

第四章　東国ピラミッド　源平合戦の意味

東国武士はなぜ勝ったか

東の「くに」の武士たちは、たしかに勇敢だった。
一一八四（寿永三）年一月　木曾義仲討滅
同　（〃　）年二月　一ノ谷の勝利
一一八五（元暦二）年二月　屋島の勝利
同　（〃　）年三月　壇《だん》ノ浦《うら》の勝利
かくて彼らは平家を全滅させる。まさに徹底的な勝利である。
彼らが遠く故国を離れ、西国でかくも勇敢に働いたのはなぜか。その心の支えとなったのが、「御恩と奉公」の原理だったことはいうまでもない。が、これは、いわば一人一人の武士の心情にピントをあわせた見方である。そして、御恩（褒美）を求めて奉公（奮戦）する、という原理だけについて言うならば、じつはこれは何も東国武士団のみの専売特許ではない。木曾義仲について来た連中も心の底ではみな恩賞をあてにしていたはずだ。平家についた連中は、前に見たように、東国武士ほどむきだしではなかったとしても、やはり何らかの意味で平家に恩義を感じているからこそ味方し、さらに新しい恩賞をめざして一働きしようとしていたに違いないのだ。

だからこの問題だけを取上げても、東国武士の勝利の意味づけはできない。ではなぜ、彼らは義仲や平家を圧倒し得たのか。考えてみれば、義仲はともかく、平家は当時の強大な主流派だ。落目になったとはいえ、経済的基盤は比較にならないほど強大であり、しかも直前まで政治の中枢を握っていた。文化面にいたっては両者の差はあまりにも歴然としすぎている。

その平家はなぜ敗れ、東国武者はなぜ勝ったのか。我々はとかく結果だけを見て、平家の敗北を当然のことのように受取り勝ちだが、しかし考えてみれば、これは容易ならぬことである。いわば平家はこの時代の先進国だ。それを、政治、経済、文化面で劣った後進国である東国が、なぜ圧倒し得たのか。

この場合、ひとりひとりの腕っぷしの強さ、弱さなどの比較はあまり意味を持たない。また、壇ノ浦海戦の戦術的な面だけを議論してもはじまらないだろう。壇ノ浦は潮の干満の差が激しい。あの日、戦いがはじまったころ、平家はその日の潮の流れを利用して源氏に挑みかかり、有利に作戦を展開したのだが、決定的勝利を得ないうちに、潮の流れが変って、今度は源氏方に有利に作用しはじめたといわれている。これを始めて言いだしたのは歴史学者、黒板勝美で、じつは私の夫の伯父にあたる。その説をあげつらうのは、いささか具合が悪いし、事実源氏の勝因が潮流に関係があるのはたしかなのだが、しかし、かりにこのときの海戦が別の形で終っていても、しょせん平家の再興はあり得なかったろうし、遅かれ早かれ、平家は没落の運命を辿《たど》るよりほかはなかったと私は思っている。

とはいうものの、平家の敗因を「傲《おご》れる平家は久しからず」だなどと言ってしまうのもイージィすぎる。いくら傲りたかぶろうと、あるいは頽廃をきわめようと、いったん権力の座についた者がなかなかそこから滑り落ちるものでないことは、今も昔も変りはないのである。

とすれば、彼らを叩き落した東国武士のエネルギーの本源は、もう少しみつめ直す必要があるかもしれない。そう思って彼らの「御恩と奉公」の周辺を別の角度から見直してみると、そこにおもしろい仕掛けのあることに気づく。

小山政光のつぶやき

『平家物語』から例を一つあげてみよう。武蔵七党の中の私市《きさいち》党に河原太郎《かわらたろう》、次郎《じろう》という兄弟がいた。彼らも熊谷直実と同じく、ほとんど家来も持たない小身武士だったが、一ノ谷の合戦に際し、兄は弟にこう言っている。

「大名たちは、自分が手をおろさなくても、部下の手柄をそのまま自分のものとすることができるが、俺たちは自分の手で手柄をたてなきゃならないからな」

あまり東国武士の真髄を摑んでいるとはいえない『平家物語』だが、ここのところは珍しく東国武士の心情をそのまま伝えているようだ。というのは、この裏返しになるような話が『吾妻鏡』にあるからだ。少し後のことだが、源頼朝が、例の熊谷直実の息子のことを「本朝無双の勇士だ」と褒めたことがある。と、それを聞いた小山政光という武士がむっとして言った。

「そりゃあ、ああいう連中は郎従がいないから自分で戦って手柄をたてるのさ。俺たちは部下がいる。だから部下にやらせるだけのことで、勇猛心には変りはない。あの連中を本朝無双などというんなら、じゃあ、俺たちも自分で直接斬りあいをやって、ほめてもらおうか」

小山政光は現在の栃木県小山市あたりを本拠とする大豪族だ。彼は兵団の長であり指揮官である。立場上一番乗りのような個人プレーはできないわけで、またそれだけに、頼朝が小身の武士を褒めそやしたのが面白くなかったのだろう。

それにしても、河原太郎と小山政光の話はまさしく一致している。そしてこのあたりに、仕掛けの中心があるといえないだろうか。つまり、東国武士団が戦いに出た場合、部下の手柄はそのまま主人の手柄になるのだ。そして主人はその手柄によって恩賞を貰い、それを部下に分け与えるのである。いや、実際の仕掛けはもっと複雑だ。主人の上にさらに主人がいて、その主人が頼朝から恩賞にあずかり、それを下へ下へと流してゆく、というふうだったかもしれない。そういえば、『吾妻鏡』では、一ノ谷の戦いの戦果について、義経が平知章《ともあき》ほか四人の大将首を取り、範頼《のりより》が忠度《ただのり》ほか三人を討取った、というふうに書いているが、もちろん彼ら個人が敵と渡りあったわけではなく、それぞれの手に属する武将、あるいはその部下が討取ったのである。

家来の手柄は主人の手柄

これについて、貫達人氏は『畠山重忠』の中で興味ある指摘をしておられる。氏は各種の史料を比較検討されながら、この戦いで平家一門の中の備中守師盛《びっちゅうのかみもろもり》を討ったのは、畠山重忠の郎等の本田近常《ちかつね》だったと結論された。これは実は、伝説が伝えるように、畠山重忠が源義経に属して鵯越《ひよどりごえ》に向ったのではないこと、従って馬を背負って坂を降りた話は虚構だということを論証する過程で触れておられるもので、重忠伝説の解明も大いに興味をそそられるのだが、ここでは省略する。

ところで『吾妻鏡』では、この師盛は、安田義定《やすだよしさだ》が討取ったことになっている。この義定は甲斐源氏《かいげんじ》の一門で、義経が軍の一部を割《さ》いて鵯越に向った後、残りの本隊を率いて搦手の大将軍となったもの、と貫氏は見ておられる。そして畠山重忠はここに属していて、その郎等の手柄は畠山の手柄であり、さらに彼の属した大将軍の手柄として報告された、というのである。

この場合恩賞はどうなるか。義定には頼朝からもちろん恩賞があったろう。重忠も御家人中の有力者だから、これにも頼朝から恩賞が与えられたはずだ。しかし近常は頼朝の御家人ではない。重忠の郎等――つまり陪臣《ばいしん》だから、直接頼朝からの恩賞はない。重忠が恩賞の一部を割いて近常に与えるのである。

この事に即していえば、近常個人はみずからの恩賞をめざして戦ったわけだが、結果的には、それが重忠に恩賞をもたらした。つまり彼は重忠に忠誠を尽《つく》したわけである。そして重忠は近常の働きを通じて、頼朝に忠誠を尽したのだ。家来の手柄は主人の手柄。家来の手柄はすなわち主人への忠誠――。こうした忠誠のしかけは大いに注目してよい。こうした仕組があったが故に、東国武士は団結し、一丸となって行動したのである。

家来はあくまで直属上官に密着している。ということは、逆にいえば、頂点にある者は、彼に直属する部隊長クラスを摑んでおけば、その命令はまたたく間に下へ下へと浸透してゆくことでもある。すなわち、頼朝を頂点として、東国武士団は大きなピラミッド型に組織化されているのだ。そして、木曾攻め、平家攻めとは、この大きなピラミッドがそのまま東の「くに」から、西の「くに」へ動いていったことなのである。

重忠と重親

いざ出陣という場合、小山、千葉、三浦といった大武士団は父子、兄弟によって組織化されているから、その中の中心人物が統率すれば、簡単にまとまりがつく。

が、一族以外でも、戦闘行為に入るときは、ある程度組織化が行われていたのではなかったか。これについて、もう一度畠山重忠に御登場願おう。

木曾攻めに上洛した重忠が手勢五百騎とともに、宇治川《うじがわ》を渡りかけたときのことである。対岸の木曾勢の放った矢が重忠の乗馬にあたったために、やむなく馬を捨てて川の中に降りたち、急流をものともせず、しゃにむに徒渡《かちわた》りを強行した。

向いの岸に今や渡りつこうとしたそのとき、後からぐっとしがみついている者があるのに気がついた。

「誰だっ」

すると、息もたえだえの声が答えた。

「重親《しげちか》」

大串《おおぐし》重親というその武士は急流に馬を押し流され、溺れかかる所を、危うく重忠にすがって来たのである。

「なんだ重親か。お前はいつも俺に助けられるようにできているんだな」

言いながら、大力の重忠は重親をひっ摑んで岸へ投げあげてやった。

これは『平家物語』にある話だ。例によって『平家』はこれを戯画化し、助けられた重親が岸に投げあげられるや否や、

「武蔵国の住人、大串次郎重親、宇治川かちだちの先陣ぞや」

と名乗ったので、敵味方とも大笑いした、と書いている。人に投げあげてもらって、「一番乗りはこの俺だ!」もないものだ。これではもう漫画に近い。が、すでに触れたように、一番乗りは東国武士が命をかけて争ったところであり、ここには笑ってすまさ

れない問題がひそんでいるわけで、それを笑い話にしてしまったあたり、『平家』の東国武士に対する把握の浅さが露呈しているともいえるが、しかし、そのかわり、『平家』はここでなかなか興味のある材料を提供してくれている。

というのは、この重親を畠山重忠の烏帽子《えぼし》子だ、と言っていることだ。若者が元服するとき、烏帽子をかぶせる役をつとめるのが烏帽子親であり、その若者を以後烏帽子子と呼ぶ。烏帽子親になるのは一族の中の有力者か、あるいは主人筋にあたる人である。私はこの『平家』の記事は案外たしかだと思っている。というのは、大串次郎が、重忠の「重」の字をもらって重親と名乗っているからである。しかし、畠山と大串は一族ではない。畠山はもちろん秩父《ちちぶ》一族だが、大串は武蔵七党の一つ、横山党に属する小身の武士である。

ところで、武蔵七党というのはどういう集団か、いま一つはっきりしないところもあるのだが、横山党は小野氏を祖先と仰ぐ集団で、中では横山（現在の八王子）を本拠とする横山氏が最も大きく、その他の集団が武蔵や相模に散在している。千葉とか三浦のように広大な地域をべったり一族で埋めつくしている集団とはちょっと違う、ということはすでに書いたが、彼らの中には同祖の集団だという意識があり、出陣のときなどには共同歩調をとっているようだ。

それでいながら、大串重親は、あきらかに畠山氏と烏帽子親、烏帽子子の関係を結んでいる。この関係は親子に準じて扱われるからかなり結びつきは強い。そのことは、重

忠が、
「お前のような奴は、いつも俺の世話になるようにできてるのだな」
と言ったことによっても知られる。しかも実際に重親は重忠の手勢といっしょに行動している。してみると、重忠と重親の間には、主人と郎党ほどではないにしても、やや緩《ゆる》い主従関係があったか、あるいは、日頃はともかく、軍事行動を起すときは重親は重忠の指揮下に入るというしきたりがあったように思われる。いわば後世の寄騎《よりき》（寄力）衆《しゅう》的な関係であろうか。

そうすると、東国武士団は一族の総帥《そうすい》と兄弟親戚、主人と郎党、主人と寄力衆、などという形で結ばれていた、と見ていい。そしてその組織の頂点に頼朝がいる、ということになる。そしてそれらが緊密に組織化されている所に東国武士団の特色があったのである。

ところで、平家の方はどうか。もちろん、そういう集団が平家に直属していなかったことはないだろう。例えば九州の原田氏とか松浦党のように平家についていたことがはっきりわかるものもある。が、どうも彼らは東国武士団ほど緊密に組織化されていた気配がない。強固なピラミッドが形造られ、それが「忠誠」という名によって貫かれ、その頂点に清盛（その死後は宗盛《むねもり》）が立っていた、とはどうも思えないのだ。たしかに平家は全盛時代には、全国のかなりの数の国を知行国として押えはした。が、これはいわば、王朝ふうな公家的支配であって、武士的ピラミッド型支配ではなかったようだ。

身代り眼代り

ところで、もう一つ、この時点の東国ピラミッドの動きについて注目すべきことがある。というのは、木曾攻め、平家攻めに出発するとき、かんじんのピラミッドの頂点、頼朝が鎌倉を動いていないことだ。これについては、さきに問題提起をしておいたが、ここで改めて考えてみたい。

頼朝が動かなかった理由について、従来は奥州藤原氏の動向に予断を許さないものがあったからだ、としか説明されていないが、果してそうであろうか、このことはこれまで誰しも疑っていないところだが、私はむしろここに積極的な意味を認めたいのである。頼朝は動けなかったのではない。動かなかったのだ。代りをやればそれで十分つとまる。自分は鎌倉にいて指揮をとればよい――そう思ったから敢えて動かなかったのではないか……。

とすれば、これは日本戦史上画期的なことである。古来、大将軍が陣頭指揮をとらずに戦いに勝ったためしはないのだから。

彼らが陣頭指揮したのはなぜか。全体の戦況を現場で把握し、自軍の進退を指揮するためでもあるが、もう一つは、自分の眼で味方の活躍――後日の恩賞の基礎となる行為を確認する必要があったからである。さまざまの場面に登場する首実検――。これは儀式ではなく、重大な恩賞確認作業なのだ。なのに、頼朝は鎌倉にいる。恩賞に眼の色を変える東国武士たちは、大将の首実検がないことに不安を感じなかったのか?

そうなのだ。これについて、東国ピラミッドには、じつはもう一つのしかけがあった。この集団には、頼朝の眼の代りをする人間がちゃんとついていっていたのである。それは何者か。義経か、範頼か。いや、違う。彼らは頼朝の名代、つまり代理人であり、身代りであるが、このほかに文字通り「眼代《がんだい》」が彼らに添えられていた。その人間が頼朝の眼の代りをして、東国武士の功罪を確認し、逐一頼朝に報告したのである。

その人物は土肥実平と梶原景時(中国地方への出陣にあたって実平と和田義盛が交替したらしい)。――そして義経、範頼といえども事に当っては彼らに相談しなければならず、その了解なしに独断で事を決することは禁じられていた。こうしてそれぞれを牽制し、独走にブレーキをかけあう制度は軍の組織としてなかなか巧妙である。

この眼代は一名軍奉行《いくさぶぎょう》、あるいは軍監などと呼ばれた。このポストにいる者が頼朝から強大な権限委譲をうけていたことを裏付ける話が『吾妻鏡』にある。一一八四(寿永三)年三月、源氏の血に繋る板垣兼信《いたがきかねのぶ》が、西国から鎌倉に文句を言って来た。

「私は鎌倉殿の仰せに従い、平家追討のために出陣いたしました。門葉《もんよう》に連る一人として、一方の大将を仰せつけられることこそ本懐《ほんかい》でありますのに、土肥実平は格別の仰せを蒙《こうむ》っているからと称して、私には相談もしません。西国の各地の行政雑務や、あるいは軍隊の手分け、陣立てなど、まったく私に口を入れさせないのです。これではやる気がなくなります。なにとぞ、この地にあっては兼信が実平より上官だという旨のお墨付を賜わりたい」

これに対する頼朝の答はきわめてきびしい。

「そういう申し出は許せない。このこと（眼代任命）は、門葉か御家人かということとは関係がないのだ。実平は実直なこと周囲に比べる者がいない。眼代としてはまさにうってつけであり、だからこそ西国の大小さまざまの事務を任せたのだ。兼信ごときは、ただ戦場にいって奮戦すればよろしい。それなのに、このような申し出をするとは分に過ぎている」

これによって見ると、眼代の権限は絶大である。一門の有力者、あるいは大兵団を持つ御家人も、その采配《さいはい》に口出しはできない。彼の決定は頼朝自身の決定と同じである。とすれば頼朝は、この眼代と連絡をとってさえいれば、東国ピラミッドを自在に操ることができるわけだ。こういう仕掛けは、これまでどこにもなかった。平家側にも上総忠《かずさただ》清《きよ》のような存在はあったが、彼は単に侍大将にすぎず、実平ほどに権限を与えられている様子はない。そしてこの身代り眼代りの仕組みこそが、後進東国の武士団がはるか西国に遠征し、勝利を得た原因ではなかったか。

重能、貞能の場合

さきに私は、「御恩と奉公」の原則を徹底させたことが東国武士団を奮い立たせたエネルギーだと書いた。が、各自にそれを奨励するだけでは、我勝《われが》ちに手柄を奪いあう結果になり、統制がとれなくなる。その萌芽はたしかに熊谷直実と平山季重、梶原景季と佐々木高綱の場合にも見られるし、これが昂じると、仲間どうしの喧嘩も起りかねない。

また、「御恩と奉公」のルールだけを強調すると、敗け戦さとなったときは目もあてられないことになる。働いても恩賞を貰えない、と見れば、たちまち彼らはパッと戦線を離脱してしまうだろう。木曾義仲の上洛に従って来た数万（数字に誇張があるとしても）の大軍が敗軍とわかればたちまち今井《いまい》兼平《かねひら》などたったの数騎になってしまうのは、すべてが討たれてしまったのではなくて、得にならないとわかったから多くはとっとと逃げてしまったのだ。つまり木曾義仲は自らのピラミッドを構築していなかったために、統制力が末端まで浸透しなかったのである。

考えてみれば、この統制力は恐るべき威力をもつ。どうやら、平家もこれだけの強力な統制力はなかったようである。というのは、この合戦のさなか、平家に臣従していた武士が、公然と戦列を離れているからだ。

例の畠山重忠の父の重能《しげよし》、その弟の小山田《おやまだ》有重《ありしげ》、これとは別系の宇都宮朝綱《うつのみやともつな》の三人は、当時の武士に課せられていた大番（都の警固役）のために在京し、そのまま木曾と平家との戦さに従軍していたが、いよいよ平家が都落ちときまったとき、平知盛の口添えで、宗盛から身の暇《いとま》を賜わって、東国に帰るのを許された、と『平家物語』にはある。このとき彼らはどこまでもお供したい、といったが、宗盛は、

「お前たちの魂は東国にある。ぬけがらばかり西国に連れていっても仕方がないから」

と言って、強いて帰国させたという。このあたりのことはどうも物語くさい。これについての『吾妻鏡』の所伝はいささか違っていて、在京の東国武士団が挙兵を聞き、下向を希望したが、宗盛はなかなかこれを許さなかった。そのとき、平家の累代《るいだい》の家人である前筑後守貞能《さきのちくごのかみさだよし》が、宗盛に願って暇を賜わるようにした、というのである。おそらくこの方が真相に近いのではないかと思うが、ともあれ、重能、有重、朝綱らがとことん平家と行動を共にせず、中途で戦線を離れたことは事実である。彼らと平家の縁はたまたま大番にあたって在京していたからというだけでは決してない。平治の乱以来何らかの形で平家と主従関係を結んでいたはずなのに、彼らの奉公はそこまでだったのである。

もっとおもしろいのは、彼らを助けたといわれる前筑後守（『平家』では肥後守《ひごのかみ》とも書いている）貞能だ。彼は平家一門の都落ちには加わらなかった。都にふみとどまって最後の一戦をするつもりだったらしい。ところが、彼に共鳴して都にとって返す者は一人もおらず、さすがに心細くなったのか、亡き主人である平重盛の墓を掘って骨を高野山に預け、西国の平家の後を追うどころか、反対に東国に奔《はし》り、宇都宮朝綱の許《もと》に身を寄せてしまった。

この事について、『平家』は、

「世の有様たのもしからずやおもひけん。しう（主）とうしろあはせに東国へこそおち行けれ」

と書いている。

『吾妻鏡』の貞能を見る眼はもうすこし冷たい。

「前筑後守貞能は、平家の一族で、故清盛入道《にゅうどう》の一の腹心だ。ところが西海での合戦以前に逐電《ちくでん》し、行方しれずになっていたが、その後、忽然《こつねん》と宇都宮朝綱の所に現われた」

頼朝は彼が清盛の腹心だったことを思い、成敗《せいばい》しようとするが、朝綱が貞能の計らいで自分たちの帰国が実現した事を申しのべたために頼朝も納得し、身柄を朝綱に預けることにした、としている。

想像を逞しくすれば、貞能が朝綱たちの帰国をとりなしてやったとき、すでに何らかの黙契があったとも思えるのだが、ともあれ、累代の家臣すら平家は止め得なかったのだ。してみれば、一糸乱れぬ統一行動を要求できるほど強固なピラミッドを平家が持っていたとは思われず、このふしぎな組織を持っていたのは、まさに東国武士団しかなかった、ということになる。そしてこの新しい組織こそ、彼らを勝利に導き、新時代を開かせたきめ手だ、ということはいよいよはっきりしてくるのではないか。

一方において、自由競争ともいえる恩賞めざしての功名争いを許しながら、これを鉄の鎖でしめつけて統一行動を要求するという一見矛盾するかにみえる原理が共存しているこのおもしろさ。ここでは功名も忠誠もみごとに組織化されている。この組織化された「忠誠」の軍団の出現こそが、一一八四～八五時代の合戦の持つ歴史的意義といえるのではないか。

ピラミッド危機に瀕す

とはいうものの、この鉄のピラミッドは罅割《ひびわ》れ一つないほどご立派なものでは決してなかった。ときには、危うく統制が乱れそうになる場合もある。

木曾攻めに出陣した際のことだ。このときの大手の大将軍は範頼である。ところが、範頼は合戦の始まる前、尾張の墨俣川《すのまたがわ》まで来たとき、早くも御家人と悶着《もんちゃく》をおこした。『吾妻鏡』の記事は簡単すぎて細かい経過がわからないが、どうやら先陣争いをして、危うく喧嘩になりかけたらしいのだ。

このとき、頼朝は、こっぴどく範頼を叱りつけている。

「本当の合戦を始める前に、仲間で戦さをおこすとは何事だ！」

その範頼がやっと許されるのは、木曾を滅ぼし、一ノ谷の合戦が終りをつげてからのことで、それもしきりに詫びを入れて、やっと許されているのだから、このときの頼朝の叱責の激しさは推して知られる。

範頼はその統率力不足、つまり鉄のピラミッドの運営が出来なかったことの責任を問われているのだ。この時、御家人側よりも範頼——統率者側が厳しい処分を受けていることも注目に値する。それにしても、たとえ弟であっても例外なく厳重に締めあげられるあたり、東国武士団にとって、このピラミッド運営がいかに大きな意味を持っていたかがわかろうというものである。

ピラミッドの危機は、その後の西国の平家攻めにも現われた。西海に逃れた平家を追討すべく東国武士団は、まず中国地方に進出する。このときの総大将も範頼である。が、何しろ西国は平家の地盤である。周防《すおう》まで辿りついたものの、食糧は尽《つ》き、地元の武士の協力も得られず、一大危機に陥った。

「米を！　船を！　すぐ送って下さい」

範頼は悲鳴に似た手紙を頼朝に送りつけて来た。これに対して頼朝が与えた懇切きわまる返事が、『吾妻鏡』に残されている。

「船や米はまもなく送る。在地の者に憎まれるようなことは決してするなよ」

その内容の虚実はともかく、遠征軍が泥沼にのめりこんでいたことは想像がつく。そしてこのときは、東国武士団の過半数が本国が恋しくなり、逃げ帰ろうとさえしたらしい。その中には、軍奉行たる和田義盛まで混っていた（このとき範頼に従ってこの役にあたったのは土肥実平ではなく義盛だったらしい）。大体この男、向っ気は強いが、単細胞でこらえ性がない。長旅と苦戦に嫌気がさして、こっそり帰国しようとしたという。

まさに東国ピラミッドは危機に陥った。が、まもなく、義経に率いられて京都から出陣した別働隊が西国の屋島を急襲し、平家に大打撃を与えたために戦局の様相が変った。一方、その前後に、周防国の武士の中に範頼に応じて米や船を提供する者も出てきて、やっと範頼勢も九州へ渡ることができた。そしてその後、壇《だん》ノ浦《うら》の勝利によって、危うく東国ピラミッドは崩壊をまぬがれるのである。

これによってみても、ピラミッドの維持はなかなか容易なものではないことがわかる。この一一八五（元暦二）年の合戦は外に対しては平家攻めだが、彼ら自身の内部問題としては、このピラミッドが存立し得るか得ないかの戦いだったといえるだろう。

組織、このふしぎなるもの

幾多の困難はあったとしても、ともかく東国ピラミッドは確立した。この決定的に新しい組織はなぜ出現したか。これについてはいろいろの見方ができると思う。このピラミッドの確立はこの時点だったとしても、それには、長い長い東国の歴史がかかっている。その中ではてしなく繰りひろげられた豪族間の戦いと、その中で育てられた忠誠心――。それが上からの命令に対する服従を強いた、とする見方もあるだろう。あるいはもっと広い土地を、そして富を、という本源的な経済要求が根底にあり、それに自己規制をかけながら、終局的には勝利、すなわちより多くの富をめざしたのだ、とも見られるだろう。

つきつめていえば、物が先か心が先か、ということにもなるのだろうが、しかし、私はそういう一方的な割切り方はしたくない。いや、できないと思っている。人間というものは、どちらかに割り切れるほど単純にはできてないと思うからだ。熊谷直実に見るごとく、一人一人を突き動かしたのは、もちろん恩賞への欲求であったに違いない。もしそれがなかったら――一人一人がこの戦いに出ることにメリットを感じなかったら、東国武士が大挙して国外遠征などなし得ないはずだ。平家が頼朝追討のために富士川に出陣したときは、国々の「かり武者」の寄せあつめだったと『平家物語』は書いていたが、権力で駆り集めたような烏合《うごう》の衆では、戦いをしても勝つ見込みはない。逆にもし東国の誰かが、東国ピラミッドを頭の中だけで考えだし、これを実地に試してみようといっても無理な話なのである。

私は多分、それまでに、それぞれの武士団の中にはその統率者を中心に、忠誠心で結ばれた組織ができていたと思う。いわば小ピラミッドがたくさんあったのだ。これが、この時期に一本化されて、巨大な東国ピラミッドとなり得たところに人間というもののおもしろさがある。

ではその組織者は誰か。源頼朝か？　これまでそういう見方をする人が多いようだが、私にはどうもそうは思えない。頼朝は、むしろ「据《す》えられた人」だ。やはりこの巨大ピラミッドを支えたのは、東国武士団の総意、というよりほかはない。その一致がなければ、とうてい東国ピラミッドの西国進攻は不可能だ。

早い話が、頼朝の眼代、土肥実平は、たしかに挙兵以来の功臣だが、その実力の程は、湯河原から真鶴《まなづる》半島あたりを領する中クラスの領主にすぎない。小山、千葉、畠山などの大豪族に比べると動員能力は遥かに劣る。にもかかわらず、眼代である以上、彼の指揮によって、大豪族は布陣、進軍、合戦を行わねばならないのだ。日頃、「俺が、俺が」大豪族は、そのことに文句を言わず、よくも納得したものだ。

と競争心にみちみちた彼らが、それを了承したところが、じつにおもしろい。私は決して彼らを理性的な精神の持主とは思っていない。いずれ劣らぬ土臭い、喧嘩好きの、強欲な男どもがよくも納得したものよ！　人間が組織を作るということのおもしろさをつくづく感じさせられる。そしてこの組織とは、心と物の化合したところに生れた、とはいえないだろうか。そしてこれが、理屈でも何でもなく――いや高邁《こうまい》な理論とは程遠い、東国の土の臭いのする実力者たちの血と肉の間から生れたからこそ、この組織は絶対的な強みを持つのである。頭で考えただけでは、幻想と大差はない。そうではなくて、理屈ぬきに、気がついてみたらそうなっていた、というものが本当に強いのだ。そしてそれこそが、歴史を動かすエネルギーになり得るのである。

ところで、ちょっとつけ加えると、このピラミッドはのちに少し強くなりすぎる。お蔭で、それは日本人の心をがんじがらめに縛り、それが唯一絶対の、日本人のあかしか何かのようになってしまう。

君に忠。直属上官への忠義はすなわち上部への忠義、ひいては最高統治者への忠義――。こうした考え方は、じつはつい三十年前まで生きていた。軍隊で下士官が新米の兵士をいじめるとき、「俺の命令は天皇陛下の命令だ。お前それに逆う気か！」

と言ったというのは、この東国ピラミッドの後遺症にほかならない。いや、軍隊がなくなった今も熾烈《しれつ》に残る会社への忠誠心。命令系統へのよりかかり、いわゆるタテ社会的な構造なども、広い意味ではこの後遺症の現われといえるだろう。

この東国ピラミッド方式を、現在は封建制と呼ぶ。そしてあるときは、旧弊《きゅうへい》なもの、悪しきものの代名詞のように使われる。が、それも封建制への正当な評価とはいえないだろう。これまで見て来たように、東国ピラミッドは生れるべくして生れたものであって、その当初においては、むしろ旧勢力を打倒し、古代的な体制を破壊する新しい原動力でさえあったのだ。

ただ、歴史の変転に従って、それは次第に新しさを失い、役割を変えてゆく。かつて変革のエネルギーだったものが、逆に大ブレーキともなり得るのだ。「万物は流転す」という言葉はたしかに正しいのである。

私は決してこの東国ピラミッドを手放しで礼賛しようとは思わない。これを人間の編み出した永遠の原理だなどと言うつもりは毛頭《もうとう》ない。ただ、この時期にこうした組織が実現し、歴史を突き動かしたことに、ある感動を覚えずにはいられない。組織——人間に与えられたこの能力のふしぎさよ。それが時間という別の次元と組合わされて一つのエネルギーとなる。理屈ぬきに歴史のおもしろさを感じるのはこういうときである。そしてそれが、いつかは変り果て、矛盾を露呈し、まったく違う意味を持つものになってしまう——これも歴史のおもしろさである。

しかも、それ自身の持つ矛盾が露呈するのは、何も八百年後の現代だけとは限らない。いや、ありていにいえば成立したとたんに、早くもそれは矛盾をはらんだ性格をさらけだす。それについては章も改め、登場する人物もこれまでとは違った顔ぶれを揃えて、とっくりと眺めたほうがよさそうである。

第五章　「忠誠」の組織者　梶原景時の場合

「本躰ノ武士」登場す

史料の関係で東国ピラミッドの運営者として、まず土肥実平と和田義盛を登場させたが、実をいうと、彼らは二番手である。軍奉行、あるいは軍監としてあますところない活躍ぶりを見せる人物はほかにいる。

その人物とは？　かの悪名高き梶原景時《かじわらかげとき》だ。軍奉行になるためにわざわざこの時期を狙って生れて来たような男——彼はまさにそういう存在である。その彼の名誉のために付加えておくならば、現在、源義経の敵役《かたきやく》、腹黒い讒言者《ざんげんしゃ》という評価が固定してしまったかに見えるが、むしろ当時の人々は、必ずしもそう思ってはいなかったようだ。いや、それどころか、彼こそ鎌倉の代表的人物といった評価さえある。

そういう批評を下したのは、大僧正慈円《だいそうじようじえん》。同時代の目撃者であり、鎌倉幕府に対しては比較的客観的な立場をとることのできたはずの彼が、その著『愚管抄《ぐかんしよう》』の中で、そう言っているのだからおもしろい。彼の言葉を借りていえば、景時は、

「鎌倉本躰《ホンタイ》ノ武士」

だそうである。この「本躰」をどう解釈するかは問題のあるところで、

「鎌倉武士中の鎌倉武士」

といってしまってはいささか行き過ぎかもしれないが、まず、「鎌倉の主流派」、あるいは「代表的人物」くらいにとっておけばいいのではないか。当時の一流の知識人であり、時としてかなり痛烈な人物評をやってのける慈円が、景時をこう評価していることには目をとめていい。

それにしても、讒言者か、代表的人物か——。とかく話題の多い男だが、その彼にふさわしく、歴史への登場のしかたもかなりドラマチックである。

例の一一八〇（治承四）年の伊豆における頼朝を担いでの旗揚げの折、彼は最初、反頼朝側にいた。というのも、このときの頼朝討滅の総大将、大庭景親は彼の従兄《いとこ》だったからだ。もっとも系図についてはいろいろの説があるので、はっきりした事はわからない。彼も景親も、その名がしめすように、鎌倉の開発領主である鎌倉権五郎景正《ごんごろうかげまさ》（政）の子孫を称している。当時、景親が一族の中心的位置にいたらしく、その本拠は現在の藤沢市にあった。景時はその東側にいて、現在の鎌倉市の梶原山あたりを本拠にしていた。

周知のように、いったん伊豆で平家の目代山木兼隆を討って気勢をあげた頼朝も、その直後、大庭景親に率いられた大軍と石橋山で戦って大敗する。が、景親とともに、敗

走する頼朝を追って来た景時は、なぜか「有情《ウジヨウ》ノ慮《オモンパカリ》ヲ存シテ」（『吾妻鏡』）、かくれがをそこと知りながら、

「もうここには誰もいない」

と言って、景親の手を引っぱって別の方角へ行ってしまった。そしてそのために後日形勢逆転して頼朝が勝利者となったとき、景親が捉えられて梟首《きようしゆ》されたにもかかわらず、景時は御家人として出仕するようになった、というのである。

これはどうもお話くさい感じがする。あるいは後に景時の頼朝側近としての活躍ぶりがめざましすぎたためにできた伝説ではないかという気もするのだが、これについては、私自身『相模のもののふたち』の中でいくらか触れているので、ここでは省《はぶ》く。ただ、当時の情勢を考えあわせていうならば、このとき頼朝は敵対行動をした者に対しては比較的寛大な処置をとっている。大庭景親のような責任者や、最後まで抵抗した者は殺されているが、それ以外については、案外あっさりと罪を許しているのだ。だから景時についても頼朝の命を助けたから罪を免れた、というふうに、無理に考えなくてもいいのである。

能吏景時

身近において使ってみると、景時は実に頼朝にとって重宝な存在だった。何しろ彼は鎌倉の地元の有力者だ。土地の事情には通じているし、新府建設に必要な労働力の動員

などにはみごとに実力を発揮する。

それに――。

彼は、周囲の荒くれ武士にない才能を持っていた。そしてそれによって、たちまち頼朝の信頼を得てしまった。『吾妻鏡』はそのことを、

「文筆ニ携《タッサ》ハラズトイヘドモ言語ニ巧ミノ士ナリ」

と書いている。「文筆ニ携ハル」というのは、現在の文筆業という意味とはちょっと違う。公文書を起草したり、その処理をする一種の文官的行政能力と見ればいいだろう。景時自身、そうした経験はないが、なかなか口のきき方を心得た人間だ、というわけだ。「言語ニ巧ミ」というのも、とかく「言葉巧みに」などと悪い意味を連想しがちだが、むしろここでは、ものごとを筋道立てて言えるとか、表現能力を備えた、というふうに見るべきである。

頼朝は初対面で彼のこうした才能を見ぬき、

「この男は買える」

と思ったようだ。それはそうだろう。軍事的勝利の後に、頼朝がまず必要としたのは、そうした行政能力を持つ人間だったからだ。以後、景時はその期待に応《こた》えて、鎌倉御所きっての重宝な男になってゆく。『吾妻鏡』を見てみると、それまで御所の雑用を引受けていたのは、大庭景義（能）だった。彼は景親の兄だが、源義朝（頼朝の父）の部下で保元・平治の乱にも従軍し、伊豆の旗揚げにも最初から参加している。ただしすでに

かなりの年齢だったので、景時が登場すると、働きざかりの彼にその座を譲ったようだ。

それにもう一つ。私がちょっと考えているのは、鎌倉御所内での微妙な人間のバランスだ。御所発足にあたって、三浦一族の和田義盛が侍所の別当に任じられたことはすでに書いた。この義盛も父の代からすでに鎌倉の地元の杉本城に進出して来ている地元勢だ。この杉本城は現在の杉本寺——十一面観音の古仏で名高い——の裏山にある三浦氏北進の最前線である。この三浦氏も鎌倉景正の一族を称してはいるが、大庭方とは必ずしも利害が一致していない。頼朝の父義朝の若いころ、これを担いで大庭氏の所領である大庭御厨《みくりや》に乱入した事もある。その大庭氏の東進の最前線が梶原景時のいる梶原山あたりとすれば、まさに現在の鎌倉市はその両者の接触地点にある。そこに本拠をかまえた頼朝とすれば、この両者の上に載《の》ってうまくバランスをとってゆく必要があったのではないだろうか。それかあらぬか、景時はやがて侍所の所司《しょし》（準長官）に任じられる。所司というポストは、むしろ名目的長官である別当よりも、実務の運営者である場合が多い。彼の行政能力の真価を発揮するにはうってつけのポストである。

それにしても、三浦と大庭——義盛と景時をかみあわせたのはかなりの名人事だ。これを企画したのが頼朝だとすれば、彼もなかなかの名政治家ということになる。

悪評への出発

剃刀《かみそり》に似た景時の凄《すご》みが最初に発揮されるのは、上総《かずさ》広常《ひろつね》暗殺事件だ。このことはすでに広常について書いたところで触れておいたが、とかく頼朝を蔑《ないがし》ろにする傾きのあった広常を、双六《すごろく》の喧嘩と見せかけて殺してしまったのは、この景時である。

喧嘩はもちろん口実だ。鎌倉御所成立後まもなく、まだ安定した力を持つに到らなかった頼朝は、正面切って兵を動かして広常一族を討つだけの自信がなかったのだ。このことについて、景時と頼朝の間には、多分事前の打合せがあったと思う。もしなかったとすれば、それこそ恐しいほど景時は人の心を読みとおせる男だということになるわけであるが……。ともあれ、このとき彼が頼朝の眼で広常を眺めていたことはたしかだし、まさに眼代の名にふさわしい人物であったわけである。

事件後「広常には叛意があったから」と誅殺《ちゅうさつ》の理由が発表されたようだが、これには当然、広常一族から猛烈な抗議が出た。

「そんなことはない。これ、この通り……」

彼らは広常が上総一宮に、頼朝の武運を祈って奉納した鎧を突きつけて来た。と、頼朝は手もなく広常の無罪を認めてしまう。

「それは知らなかったな、気の毒なことをした」

内心、広常を片付けてほっとしていながらも、そう言うことのできる頼朝は、やはりなかなかの政治家である。しかし、それも景時という人間がいたからこそ出来る演技であろう。その代り、憎まれ役は景時だ。

――出しゃばって、とんでもない事をしおった。

――あれは景時の讒言から起きたのだ。

批難は彼に集中したに違いない。が、景時のしたことは、結果としては頼朝の権威を確立するために大きなプラスになっている。東国ピラミッド構築のためには、広常のような存在は邪魔なのだ。景時の剣がピラミッドを強化し、同時に悪評の種を蒔《ま》いたという意味で、この事件は後の彼の人生のすべてを象徴している。

ちなみに――。この事件で彼が頼朝に叱責された様子はない。いや、それどころか、彼への信頼は一段と深くなったと思われる。かくて彼は、木曾攻め、平家攻めにあたって、軍奉行の大役を割当てられる。彼が一方に悪評を背負いつつ、いよいよ敏腕を振いだすのはそれからである。

飛脚参着

一一八四(寿永三)年正月、木曾義仲に圧勝したとき、東国武士団の主だった武将たちは、争って頼朝の許《もと》に勝利の報告を飛ばせた。安田義定《やすだよしさだ》、範頼、義経、一条忠頼《いちじょうただより》(甲斐源氏)……。頼朝がそれらの報告を聞いている最中、少し後れて景時からの飛脚《ひきゃく》が到着した。

迅速《じんそく》を尊ぶ報告としては、彼は一歩遅れをとったわけだが、しかしこのとき飛脚は、他の使者と違って、合戦に際して討ちとった敵の名前、あるいは捕虜の名前などの詳細を書込んだ報告書を持参していた。見るなり頼朝は、

「景時の思慮、神妙なり」

感にたえた面持でそう言ったという。他の武将たちは事を急ぐあまり、口頭の、いわばムード的な勝利報告を送って来ただけだったのに対し、景時のそれは、客観的な戦況報告になっていたのだ。もちろん、討ちとられた首の報告には、誰の手柄であったかも書き添えられてあったに違いない。頼朝が望んでいたのは、まさにこうした一々の手柄に対する報告だったのである。

このあたりに、景時の抜群の事務能力を窺《うかが》い知ることができる。こうした報告を送るには、討たれた首が誰であるかの確認、討ちとった人間の確認（もちろんこれには証人が必要だ）といった手続きがある。文字通り兵馬倥偬《こうそう》の間にあって、これだけの仕事をこなし、かつ他の武将の使者からさほど遅れずに書類を持たせた飛脚を鎌倉に到着させたのは、なみなみならぬことといわねばならない。

以後、一ノ谷、屋島、壇ノ浦の合戦に景時は数々の報告を送り続ける。そしてその報告が詳細かつ綿密であればあるほど、頼朝は喜び、それに反比例して彼の悪名は高くなってゆく。

それはなぜか？　その報告は東国武士の手柄についても詳しかったが、また彼らの犯した失敗、過ち、規律違反についても、詳細をきわめていたからだ。これは、彼が人の悪口を言うのが好きな男だったからではない。手柄も失敗も、すべてを包みかくすことなく頼朝に報告すること、これが眼代《めがわ》りを命じられた軍奉行の任務だったからだ。

軍奉行というのは単なる恩賞局の功績認定係ではない。ときには、恐しげな検察官として味方の行動に目を光らせる存在でもあった。つまり陸軍大臣であって実戦の指揮官、賞勲局長兼憲兵、しかも占領地の治安維持にもあたる強力な権力の持主——それが軍奉行だった。そしてその権力は、板垣兼信と土肥実平の対立について見たように、頼朝から絶大な保障を得ているのだ。だから東国武士にとって、軍奉行は恩賞の証人となってくれる頼もしい人であるとともに、常に勤務評定簿《ひょうていぼ》を片手に周囲を眺め廻し、つまらぬことまで目くじらを立てる、まことに煙たい存在でもあったわけだ。

多分景時自身は、話のわかるタイプというよりも、規則を楯にちっとも融通《ゆうずう》をきかせない頑固親爺型だったのではないかと思う。そして、実は頼朝が彼に信頼を寄せたのは、その融通のきかなさ、頑固さに対してであった。

だから彼を、とかく悪口好きで、頼朝の耳にこっそりと根も葉もない噂を吹き込む、心のねじけた男と見るのはまちがいだ。彼の意地悪いほどの厳正ぶりは、つまり組織の中の人間としての使命感からである。検察官はいつの世にも厳しくあらねばならぬ。それをしも讒言者というならば、検察庁の人間はみな讒言者ということになってしまうであろう。

彼についての評価の多くはそこを見ていない。すでにこのとき東国武士団が強固なピラミッドを形造っていた組織体だということを忘れて、あまりにも「人間的な」見方をしてしまう。現代人はとかく「人間的」という言葉が好きで、「人間的」でありさえすれば満足してしまいがちだが、歴史的状況と切離した、単なる善人か悪人かといった割切り方は、「人間的」というよりも、むしろ幼児的というべきではないか。

では、客観的に見て、景時の軍奉行としてのあり方は依怙《えこ》ひいきが多かったか、というとどうもそうではなかったようである。というのは、彼が不公平だったと文句をつけられた例は、『吾妻鏡』にはめったに出てこないのだ。

一一八七（文治三）年、四国の夜須《やす》七郎行宗《ゆきむね》という武士が、壇ノ浦の合戦の時の手柄に対して恩賞が行われなかった、と訴えて来た事があった。行宗の言い分は、あのとき周防国の岩国二郎、三郎を生虜にしたのに、その恩賞にあずからなかった、ということだった。これは景時が手柄を認めようとしないためだ、という訴えについて、頼朝の面前で、行宗と景時は対決した。景時は、「岩国二郎、三郎は自発的に投降したものだ。あのとき夜須などという名の武士のいたことは聞いたこともない」

と主張した。

これに対し、行宗は猛然と反駁した。

「あの時自分といっしょの船に乗っていた春日部兵衛尉《かすかべひょうえのじょう》に聞いてみればはっきりする」

そこで春日部を呼んで問いただすと、行宗の言葉にまちがいない事がはっきりした。そこで頼朝は行宗に賞を与えることを約し、景時には罰として鎌倉中の道路作りを命じたという。

はっきりした形で残る景時のミスはこのくらいのものである。ということは、まずまず彼の裁定には大過がなかったと見ていいのではないか。しかもミスがあれば、直ちに彼自身にも罰則が適用されていることに注目したい。つまり、その判定は、軍奉行側としても命がけなのだ。まちがいがあれば、たちまちそれは彼自身の責任になる。頼朝から絶大の保障は得ているものの、決していい加減なことはできないのである。

もっとも後に彼は鎌倉中の武士を讒言したという嗷々《ごうごう》たる批難を浴びるのだが、この事には、むしろ政治的な色彩が強いので、いずれ後から再検討を加えようと思う。

恩賞権の問われるとき

ところで、東国ピラミッドの西国侵攻にあたって、景時は、なぜかくも詳細に、かつ公平といっていい態度で武士団の行動を一々チェックし、頼朝に報告したのか。

綱紀粛正は用兵の妙諦《みょうてい》だから……。もちろんそれもあろう。一人一人の自制がなければ、ピラミッドの運営がスムーズにゆかないのはたしかである。

が、こうしたいつの世にも通用するような軍紀論のほかに、ここにはもっと差迫った問題がひそんでいた。さきに触れたように、東国武士の根本的な要求は恩賞にある。東国ピラミッド構築にあたって、頼朝はその頂点に立ち、恩賞権を独占した。つまり東国に関するかぎり、頼朝が唯一の恩賞給付者となったのである。そして続いて起った西国出陣とは、いわばその恩賞権が試される時期だったのである。

妙なことを言う——といわれるかもしれない。では言い方を変えてみよう。東国では頼朝は恩賞を与える唯一人《ただ》の人だった。しかし西国では違う。別に恩賞を与える人物――機関がある。すなわち形式的には朝廷であり、実質的には院であり、そこの代表的人物は後白河法皇である。

この合戦にあたって、頼朝は後白河法皇の命をうけて出陣する、という形をとっている。命令による戦闘である以上、勝てば恩賞が出る。そこに配分問題がおこる。

では、これをどうするか――。

じつはこれこそ、対平家作戦以上に東国ピラミッドが直面した重大な問題であった。なぜなら西国は、この東国ピラミッドをまだ認めていない。もちろんピラミッドといっても形に見えるものでも何でもないし、古来恩賞というものは、天皇（または院）が独占しているものだから、これを与えるのは自分たちの勝手だ、と思っている。

が、この恩賞権を勝手に行使されては困るのである。せっかく一本にまとまった東国ピラミッドなのに、例えば、その中の下に厚く、上に薄い恩賞のふりまき方をしたら？あるいは頼朝がB級と評価した者にA級の恩賞を与え、A級とした者にC級の恩賞を与えたとしたら？……東国ピラミッドの内部には、たちまち動揺が起り、できたばかりのそれはまたたくうちに崩壊してしまうであろう。

それに西国側は、頼朝のまったく手の届かない、別種の恩賞権を持っていた。それは言わずと知れた官位、官職である。残念ながら、今日の我々は、その甘やかな、一度捉えられたら離れられないほどの魅力を理解することはむずかしい。現在の定期叙勲で、例えばA氏が勲一等を貰おうとどうであろうと、嬉しがるのは本人と周囲ぐらいのもので、一般の人間から見れば何のことはない。その翌日から勲一等殿に対してお辞儀の仕方を変えねばならぬ義理はないのだし、貰った後と前とでその人間に変りはない、と思うからである。

が、当時はそうではなかった。肩書にはメリットがあった。といっても、兵衛尉あるいは馬允を貰ったところで、実質的にそこの役所で実務をとるわけではないのだが、帰国すれば、その肩書がものをいう。前にも触れたように、例の平将門を考えてみればよくわかる。彼もその肩書を貰うべく上洛したのだが、要領が悪くてそれにありつけずに帰国した。が、一方のライバル、平貞盛はちゃんと肩書を手に入れている。その差が後で大きな意味を持つことは、二人の辿った人生を比べてみればわかることである。

誰でも一度は手にしてみたい。そして手にしてしまうと、もっと欲しくなる――。その意味で当時の官職は、宝石とか麻薬のような魅力を持っていた、とでもいうべきか。そしてわが頼朝は、逆さに立ってもこの魅力ある宝石の所有者ではなかった。官職に関するかぎり、彼は東国の御家人と同じく朝廷からこれを貰う立場にあったのだ。

そこで、彼はこのとき巧妙な手を打つ。

「東国武士の手柄に対する恩賞については、私がまとめて上申いたします。それに従ってお与え頂きたい」

これは一一八四(寿永三)年二月、木曾義仲を討ち、一ノ谷に平家を破った直後に朝廷に行った申入れの中にある。このときも彼は朝廷から国司を任命して頂きたいとか、社寺領はそのまま領有を認めるし、朝廷からも保護を加えて頂きたい、といった口あたりのいいことを並べている間に、そっとまぎれこませた一条だったのである。

つまり恩賞はいただきますが、分け方は頼朝に任せていただきたい、というわけだ。こうして彼は、朝廷が官職という麻薬を自由にばらまくことを封じたのである。それと同時に、彼が部下に釘を刺したのももちろんだ。

「勝手に朝廷から恩賞を貰うなよ。まとめて申請するからな」

この恩賞権の防衛は頼朝にとっては必死の要求だった。なぜなら、彼が今手にしているのは恩賞権、それだけだったからだ。数年前まで彼は伊豆の流人だった。東国武士団の棟梁と仰がれているものの、自分で切りとった領地を持つわけでもなし、平家のような海外貿易による富を持つわけでもない。東国武士団に「御所様」とあがめられるのは、ひとえにこの「恩賞権」を独占しているからなのである。

見えざる戦いは始まった

ところで、ものごとには必ず両面がある。頼朝にとってぎりぎりの要求だった恩賞権の確保は、東国対西国という大きな時代の流れから見るとき、これは東国に生れた巨大なピラミッドを認めるか認めないかを賭けた、攻防のポイントだったともいえる。

さきに、東国においては家来の手柄は主人の手柄として、頼朝が上官に恩賞を与え、さらにこれを上官が部下に分け与えるシステムが確立されたことを書いておいたが、朝廷への要求は、いわばこの応用編でもある。

「部下の手柄は、この頼朝の手柄であります。恩賞をまとめて下されば、これを分けるでありましょう」

というわけだ。

それにしても、この巧妙な要求はいったい誰が考え出したのか。頼朝の側近にあって、対朝廷工作のブレーンとなった大江広元あたりかと思うのだが、『吾妻鏡』に彼の名がはじめて登場するのはこの少し後なのである。もちろん名前が出なくても、その時来ていなかったとは言えないわけだが、決め手を欠くと推測の域を出なくなってしまうから、このあたりでやめておく。

ただ、ここで一見動きの大きい平家攻めの蔭に、見えざるもう一つの戦いが行われていたことは絶対に見過してはならない。東国武士団にとって、表面上の敵は平家だが、このとき彼らはもう一つの敵――つまり西国そのものとの戦いを始めていたのである。

東国ピラミッドを認めるかどうか。

頼朝の恩賞権が確立できるかどうか。

この二つを賭けた戦いの持つ意義は大きい。ここで東国武士団が問いかけているのは、中世的論理が通用するかどうか、ということだ。つまりこれこそ中世社会の古代社会への壮絶な挑戦なのだ。

この中世の論理を貫徹させるためには、動き出した東国ピラミッドは、いささかの罅《ひび》割《わ》れも許されない。そう思ってみるとき、梶原景時の任務はもう一度大きくクローズ・アップされてくるはずである。

「御所様（頼朝）への忠誠を！」

「東国の武者よ、団結せよ」

これが景時の掲げたスローガンだ。彼の許で忠誠は完全に組織されている。が、彼らの立向おうとしている西国国家は、依然強大だ。その甘やかな官職の魅力に毒されないために、統制はいよいよ厳しいものとならねばならない。景時が恩賞の申請よりも、むしろ規律違反摘発に熱心であったかに見えるのは、このためではなかったか。

そして、この息づまるような見えざる戦いの中に、かの有名な景時と義経の対立をおいてみるとき、今までとはまったく違った捉え方をしなければならないことに気づくはずである。

景時と義経

英雄義経が哀れにも失脚したのは、兄頼朝に憎まれたためだという。判官《ほうがん》びいきという言葉があるくらい人気のあるこの武将の悲劇的な末路に、日本人はとりわけ同情的である。

義経は兄頼朝の代官として西国攻めに出発し、その期待に応えて木曾義仲も平家一門をも滅亡に追いこんだ。ところが、である。その彼に頼朝はろくな恩賞も与えない。それどころか、いったん与えた恩賞もとりあげてしまった。さらに鎌倉まで来て弁明しようとした義経を、腰越に止めて対面もせずに都に追い返す。その上討手を差しむけて彼を殺そうとする。ついにいたたまれずに義経は叛旗を翻すが、挙兵に失敗し、追われ追われて、以前よしみのあった奥州に逃げて藤原氏の庇護を求める。しかし、ここにも頼朝が圧力をかけて来たために藤原泰衡《やすひら》はついに彼をかくまいきれず、死に追いやってしまう……。

この経過を見れば、誰しも同情を抱きたくなる。彼は兄のために働いたにもかかわらず、兄に追われて非業《ひごう》の最期をとげるのだから……。

ではなぜ彼はそのような道を辿らなければならなかったか。その原因として人々がまずあげるのは、景時の讒言である。軍奉行として義経に従っていた彼は、義経のあまりにもあざやかな勝ちぶりを妬み、あることないことあしざまに頼朝に報告した。一方の頼朝も疑い深い人間で、勝利を機に義経が後白河に接近するのを妬み、いずれは自分が追い落とされるのではないかと恐れて、彼を討つ気になったのだ、と見るのである。

これらの見方がまったく根も葉もない誤解だ、と私は言うつもりはない。多分、景時の心の底には幾分かの嫉妬はあったかもしれず、孤独に育った頼朝の中には、義経に対する不信の念があったかもしれない。が、こういう心情的な問題にすべての原因を求めるのは、あまりに「人間的」な解釈でありすぎる。そして、彼らが歴史的人間であること、意識的あるいは無意識的に行う行動それ自体のもつ歴史的な面があまりにおきざりにされている。

この問題は単なる兄弟喧嘩でもなければ、功名争いでもない。私が東国ピラミッドの存在や軍奉行の役割を眺めて来たのは、じつはこのことをみつめなおすためでもある。

東国ピラミッドが西へ向って進発するにあたって、頼朝が身代りとして範頼、義経を選び、そこに眼代りの実平（または義盛）、景時を配したことはすでに書いた。これはなかなかうまくできた組織である。眼代りの実平、景時は、頼朝の腹心であり、近臣として東国武士団に顔も売れている経験豊富な武将だ。頼朝自身も全幅の信頼を寄せているし、なればこそ出陣にあたって絶大な権限を与えたのである。

が、一面、彼らは鎌倉御家人の一人にすぎない。動員能力を比べれば、彼に数倍する兵団を抱えた有力武士もいるから、心中、実平や景時に指揮をうけるのを潔《いさぎよ》しとしない連中もいるだろう。何しろ実力本位の潰しあいには馴れている連中だ。昂奮すれば何をしでかすかわかったものではない。

頼朝はだからこれに配するに、権威の象徴として血縁の異母弟たちを以てしたのである。この二人は東国武士たちとは異種の人間だ。源家嫡流の血をひくという意味で、直属の部下の多少を超えた絶対的権威として、彼らに君臨する資格を持つものと考えられた。

すこし簡単な割切り方が許されるならば、範頼、義経は「権威」であり、実平、景時は「権力」としての存在だったといえるかもしれない。そしてじつは、この「権威」と「権力」が、一組となって存在するというのが、日本の政治社会のありかたの一つの特色なのである。この事は後にもっと詳しく述べるつもりだが、こうした特色が、新たに生れた東国ピラミッドの中に早くも存在したということは注目に値する。

ところで、この「権威」と「権力」の関係はどうか。これはおもしろいことに二つの面を持つ。「権威」は「権力」を後からバック・アップする。東国武士団の中で、

――実平、景時のごとき連中の言うことなど聞くものか。

という風潮が起きたとき、

――彼らの命令は頼朝代官としての命令だ。

と、ぐっと睨みをきかせるのは、範頼、義経の役なのだ。

ただし、これは両者の関係がきわめて順調にいった場合のことである。もし、これがまずくなると、両者は拮抗《きっこう》関係に立つ。たとえば、範頼、義経が、頼朝との血のつながりをいいことに、独断専行しようとしたときは、

――それはなりませぬ。

と側からブレーキをかけるのが、実平、景時の役目なのだ。もちろんその逆の場合もあり得るわけで、「権威」と「権力」が別々の人間によって荷《にな》われているために、それぞれの独走に歯止めがかけられる。ある意味では、両者は二人三脚の相手でありながら、ある意味では牽制しあう存在でもあるのだ。

頼朝はだから出発にあたって、範頼や義経に、よくよく軍奉行に相談し、自分とも緊密な連絡をとるように、と命じているし、じじつ『吾妻鏡』には範頼がしばしば義盛と協議しながら戦さをすすめたと書いてある。

ところが、義経と景時の間はこんなふうにはゆかなかった。協議どころか、日を追って二人の対立は露骨になってしまったのである。

逆櫓論争

両者の対立をおもしろおかしく伝えるのは『平家物語』である。屋島の戦いに先立ち、景時は軍船に逆櫓《さかろ》をつけることを提案した。そうしておけば、前後左右、自由自在に動ける、というのである。これを聞いた義経は言下に言った。

「戦さのはじめから、退くことを考えるなんて呆れた奴だ。つけたい奴は百挺、千挺でも櫓をつけるがいい。俺はいらない」

と。景時は苦々しげに言う。

「大将軍にあるまじき言い方だ。進むのみで退くのを知らないのを猪武者《いのししむしゃ》というんだ」

「何をっ、猪か鹿《かのしし》か知らんが、勝てばいいんだろう」

俄然両者の雲行きは悪くなる。じじつ義経はこの後、荒天の海を小船で突切り、四国へ奇襲上陸して平家を屋島から追落したのだから、結果から見れば、義経の勝ちということになる。

さらに壇ノ浦合戦のとき、梶原景時が先陣を承《うけたまわ》りたい、というのを義経が遮《さえ》ぎって、

「俺が先陣だ」

と言う。

「いやいや、あなたは大将軍、先陣に立つような軽々のお振舞はなりませぬ」

景時が止めると、義経はせせら笑った。

「大将軍は鎌倉殿よ、俺はただの代官にすぎない。お前たちと同列さ」

「何ということを仰せられる。大将軍ともあろうお方が――」

さらに景時が、

「このお方、やはり大将の器《うつわ》ではないな」

と呟いたのを聞きつけ、義経が血相を変え、あわや大喧嘩になりかけたのを、傍の人々が仲裁に入って、やっと事なきを得た。

この話には多少解説が必要であろう。

「俺は大将軍じゃない。代官にすぎない」

というのは義経の皮肉である。屋島の勝利以来、とかく義経には独断専行の傾きが多かった。そしてその度ごとに景時から、

「そのような事は、鎌倉殿に御相談なさってからなさるべきではありませぬか」

と文句をつけられていたのだ。それを腹にすえかねていた義経が、景時に嫌がらせを言ったのである。

『平家物語』のこのあたりの描写は生き生きとしてじつにおもしろい。が、いったんこれを史料として見ると、やはり東国武士団や彼らの構築したピラミッドに対する理解は底まで届いていないという感じがする。

東国ピラミッドは、すべてが頼朝という頂点に集まる、ということを至上命令としている。なのに頼朝の許可をうけずに義経が勝手に処理するとすればどうなるか。あたかも頂点は二つあるような形になり、東国ピラミッドは崩壊のおそれがある。景時の心配したのはそこなのである。『吾妻鏡』には、戦いが終ってまもなく景時が頼朝に送って来た書状が載っている。

判官殿（義経）は、御所様の御代官として御家人たちを添えて西国に遣わされたにもかかわらず、今度の勝利は自分一身の手柄のように申しておられます。しかし人々は皆、判官殿のためではなく、御所様の仰せをうけたまわって心をあわせて働いたのであります。が、平家討滅後、判官殿は以前に益して行過ぎた行いが多く、人々も判官殿に心服する気になっておりません。とりわけ景時は、御所様に近侍《きんじ》し、御意向の程を承っておりますので、判官殿のこうした行いを見るにつけ、これでは御所様の御意志に違う、と諫《いさ》め申したりするものですから、ひどくお気に障《さわ》って、ともすれば処罰されかねまじき有様であります。もう戦いも終ったのですから、早くお許しを得て帰国いたしとう存じます。

この手紙をどう読むかで、景時が讒言者であるかどうか、評価も分れて来る。私は、彼を悪意のある讒言者とも思わないが、といって、彼を百パーセント正しいとも思っていない。ただ言えるのは、東国ピラミッドの内蔵した矛盾——さらにはっきり言えば、身代り眼代りそれぞれの持つ問題点がここに露呈されているということであろう。

独走する義経

合戦というものはやり直しがきかない。現地司令官の決断によって、臨機応変に事に処してゆかねばならない。その意味で、逆櫓論争で義経のいうことは、ある真実性を持っている。ここ一番というときは、捨身《すてみ》の大勝負に出る。それを将軍が陣頭指揮することで全軍の士気は振いたつのだ。

もっとも、景時の言うことも理がないわけではない。平家打倒という大きな目標を抱えている以上、冷静に事態を判断し、玉砕を避け、出血を少なくして、最終的勝利をめざすのもたしかに大切だ。つまり義経は局地の戦術について言い、景時は戦略について述べているわけで、はじめから話は食いちがっているともいえる。

が、あの場合の状況判断からすれば、やっぱり義経の言い分に分があるように思われる。戦線が膠着《こうちやく》状態に陥《おちい》っているとき、一か八かの奇襲に出て突破口を開く。これが戦さの妙諦だ。そしてこの義経という年若き武将は、こういうことにかけては天才的な勘がある。例の一ノ谷の鵯越の奇襲もそうだ。よもやここからは攻めては来まい、と思っていた所を衝《つ》いて平家を狼狽《ろうばい》に陥れ、あざやかな勝利を摑んだではないか。が、この卓越した戦術的才能が、ある意味ではこの若者を不幸にする。彼はこの勝利に酔う。

——ほれ見ろ、俺のおかげで戦いは勝ったじゃないか。俺が勝ったのだ。文句があるか。

二十をいくつも出ない若者に、そう思うなと言うのは無理というものだ。が、その自信はいつか彼を独裁者にしてゆく。そこに景時は文句をつけたのである。

しかし占領地行政というものは、戦いの延長である。一々鎌倉殿の指令を仰げ、といっても、飛脚の往復などは待っていられない場合が多い。しぜん義経が自分の名において決定してしまうことが多いのはやむを得なかったかもしれない。そしてこのときも、彼はやりすぎた。頼朝は占領地行政について、一応四国に関する処置は義経、九州は範頼、ときめていたらしいのだが、義経はその枠を破って、九州のことにも口出しをしはじめたのだ。こうなれば命令系統は混乱するし、範頼をトップにいただく将兵の中にも不満が生れて来る。景時の報告書はまさにこの時点で書かれたものなのである。

ここに東国ピラミッドは内包していた矛盾を露呈する。身代りと眼代りの二人三脚はアイディアとしてはみごとだったが、生身《なまみ》の人間を縛る絆《きずな》としては弱すぎたようだ。しかも一方の身代りは、ともすると代理人であることを否定し、トップ自身になりそうな気配までしめす。平家を倒したとはいうものの、ピラミッド自身の危機はむしろ深まったといっていい。

かといって、東国ピラミッド自体が幻想だったとか、誤りだったと思うのは早計というものである。人間はとかく白か黒かを性急にきめたがるが、そしてそのほうが通りがいいのだが、歴史の見方としては当を得てるとはいえない。が、今でも人間はその考えを捨てきれない。たとえば戦後三十年経《た》ったいま、戦後民主主義はまちがいだったと言わんばかりの議論がまかり通っているのも、その一つである。諸矛盾がさらけだされたからといって、それはまったく価値を失ったわけではない。いや、義経をめぐる諸問題についていえば、むしろ矛盾が出たことで、より東国ピラミッドの性格ははっきりしたと思う。

もしこのとき、身代り眼代りを両立させる独得のシステムがなかったら、あるいは義経はもっと独走してしまったかもしれない。が、傍にいた眼代り景時は、事ごとにそれをチェックした。頼朝にしてみれば、眼代りをおいただけのメリットはあったのである。ここまで来れば、景時と義経の対立が戦功の奪いあいや景時の嫉妬によるものではないことがわかると思う。すでに事は個人を超えた、歴史的な組織の問題になっているのだ。

頼朝と義経

しかし中には、景時のこの目くじらの立てかたをやや意地悪すぎる、と思い、なおも義経に同情を寄せたい方もあるかもしれない。が、じつをいうと、義経をめぐる問題は、それより以前に重大な段階に立ちいたっていた。

さきに、私は東国ピラミッドの頂点に立つ頼朝が握っていたのは恩賞権ただ一つだと書いた。そして西国攻めにあたって、この唯一の権利を固守するために、

「恩賞はまとめて朝廷に申請する。勝手にもらわぬよう」

と釘を刺したことにも触れておいた。これが頼朝一人の我欲によるものではなく、東国ピラミッドを維持する決め手であったことも想像していただけたと思う。

ところが、義経はこの規制を犯した。一一八四（元暦元）年八月、頼朝に断りなしに、左衛門少尉《さえもんのしょうじょう》に任官してしまったのだ。これは明らかに重大な規律違反である。合戦にあたって積極策に出るか、消極策をとるか、などという問題ではない。根本的な、東国体制を揺りうごかすような大事件なのである。

もっとも、義経にも多少の言い分はあった。その二月前、異母兄の範頼はじめ、頼朝の姻戚や源氏の血をひく人々数人が頼朝の推挙によって官職を与えられている。

源範頼　　　三河守《みかわのかみ》
一条（藤原）能保《よしやす》　讃岐守《さぬきのかみ》（頼朝の姉婿）
平賀《ひらが》（源）義信《よしのぶ》　武蔵守（甲斐源氏）

ほかに平家一門でありながら都落ちに同調しなかった平頼盛《よりもり》・光盛《みつもり》父子はそれぞれ権《ごん》大納言《だいなごん》と侍従《じじゅう》になった。これは頼盛の母、池禅尼《いけのぜんに》が、平治の乱で捉えられた頼朝の命乞

いをしてくれたことへの返礼である。ともあれここで頼朝は西国国家に対し、始めて恩賞を請求し、これを実現させたのだ。

が、このとき義経は何の官職も与えられなかった。『吾妻鏡』によると、義経もしきりに推挙を望んだのだが、思うところあって、頼朝はすぐには許す気になれなかった、とある。

と、それに逆うかのように、二月後、義経は無断で任官してしまうのだ。

「別に望んだわけではありませんが、度々の勲功を見逃してはおけない、という院の仰せでしたので、やむなくお受けしました」

というのが報告だったが、これを聞いて頼朝がおもしろかろうはずはない。

「凡《オヨ》ソ（義経ガ）御意ニ背《ソム》カルルコト、今度ニカギラズ」

と『吾妻鏡』は書いている。身代り義経は、すでにこれまでも意に背くことが多くて、そのため推挙にもあずからなかったのだが、またしても……というわけである。もちろん言い分は双方にあろう。しかし客観的に見て、義経の任官はやはり彼の大過失というよりほかはない。この時代の一連の合戦の意味するものは東国の一種の独立運動であり、東国ピラミッドの確立にあるとしたら、ここはぐっとこらえて、一応頼朝の命に従うべきなのだ。

義経はこの時代の意味がわかっていない。百年に一人、いや数百年に一人といってもよい用兵の才を身に享《う》けて生れて来たこの若き武将は、その反面、気の毒なほど政治的才能や歴史的感覚を欠如していた。

こういうタイプは、いつの世にも武将の中にはいるものである。いや、武略の才と政治的才幹を兼ね備えた人間の方が珍しい存在なのだ。とりわけ日本人においては……。

義経、牛車に乗る

それもあるいはやむを得なかったかもしれない。義経は東国育ちではない。幼いころは鞍馬山《くらまやま》にいたというが、そこから奥州藤原氏の許に奔《はし》った彼には、東国武士団を貫く御恩と奉公の論理や、この出陣にあたって、彼らが理屈ぬきに自己規制をかけて東国ピラミッドを構築したことへの歴史的理解が届いていなかったのだ。若さにまかせて、彼は、

――俺が勝ったんだもの、恩賞を貰うのがあたりまえだ。

と簡単に思いこんでしまう。

しかも、このとき与えられた左衛門少尉というのは、さほど高官ではないが、このとき彼は同時に検非違使《けびいし》を兼ねている。これは、

「使の宣旨《しせんじ》を蒙《こうむ》る」

といって、なかなか名誉なことであった。西国社会の絢爛《けんらん》たる官僚機構の中にあっては、検非違使尉というのは警察関係の第三等官――これを判官《ほうがん》という――だからまず中どころの役にすぎないが、しかし当時、この役は人の注目をあびる華かな役だった。今

で言えば、ちょうど警視総監というところであろうか。官僚機構の中にあっては、これより上の役はたくさんあるが、新聞にも載り、何となく行動が噂になるのはこの役である。

しかもそれを追いかけて、彼は従五位下《じゅごいのげ》に叙せられる。五位を大夫《たゆう》と言い、以後彼は大夫尉と呼ばれる。五位のまま検非違使尉にとどまるのを叙留《じょりゅう》といって、西国社会ではとりわけ名誉なことととされていた。今の常識からいえば、位が上ったのに役職が変らないのはむしろ不当なような気がするが、ここが当時と今と感覚の違うところである。いわば、現代の会社組織の中でふつうの営業部長と取締役営業部長の違い、といったらいいかもしれない。

その上、彼は内裏《だいり》と、当時の実力者後白河法皇の御座所である院の昇殿《しょうでん》を許される。もうこうなれば、れっきとした西国官僚社会の一員である。そのためには、公家なみに八葉《はちよう》の車に乗り、供をつれ、しかるべき行儀作法をマスターした上で参内《さんだい》（参院）しなければならない。平家追討に先立って、大騒ぎで公家交わりに憂身をやつす義経について、景時は刻々報告を鎌倉に送ったらしく、例の大江広元が逐一これを頼朝に披露《ひろう》している。

ほんとうにまずい。まずいことをしでかしてくれたものだ。私はこの天才的な武将の軽挙を惜しむ。と同時に歴史を見る眼のなさがどんなにひとの人生を狂わせてしまうか、その恐しさが身に沁みる。

――たかが位ぐらいもらったって何のことがあるか。頼朝も心の狭い男だ。
などといった感情的批判ではすまされない重大な問題なのだ。あえて現代にひきくらべてこの事を解説しておく。

義経が無断で任官した、というのは、対立する別会社で役職を与えられたようなものである。しかも一方の京都株式会社は老舗《しにせ》、一方の鎌倉株式会社は創立早々の不安定な会社だ。その鎌倉の専務が、京都に鞍替《くらが》えしたら、鎌倉はどう思うか。

あるいは、これは組合幹部が会社側にひきぬかれてしまったようなものだ。誰だって内心出世はしたい。が、組合の団結と組合員の給料のレベル・アップを要求するために立上ったはずの幹部が、さっさと会社の部長に収まってしまったら？……。

もっと適切なのは、植民地と本国の関係だ。独立運動の闘士の弟で、それまで片腕だった男が、爵位を与えられ、「サー」などと呼ばれて、のこのこ本国側に寝返ったとしたら？……。

もちろん、この時代の東国と西国の関係は厳密にいえば、そのどれでもない。そしてそのことが鎌倉時代を鎌倉時代たらしめているわけなのだが、義経任官について、当時の東国側の受けたショックはおおむねこうした感じのものであった。

頼朝は義経を平家攻めから外そうとしたらしい。

――こういう男に総大将は任されぬ。

しかし、範頼軍が泥沼にのめりこみ、動きのとれぬ状態となったのを見ては、やはり義経に出陣を命じるほかはなかった。それが屋島、壇ノ浦の合戦にとつながるわけだが、しかし、この間の独断行為により、義経と頼朝との乖離《かいり》は決定的なものとなってしまう。このとき、頼朝は独断で事をやりすぎる義経に対する怒りとともに、言い知れぬ不安を覚えていた。それは義経のこの軽率さがひきおこす、東国ピラミッド崩壊への危惧《きぐ》であった。そしてこの予想に違わず、まもなくピラミッドの中で、危険きわまる雪崩《なだれ》現象が起きるのである。

サマデ刑部ガラナシ

東国武士にとって、任官への誘惑はいかに甘やかなものであったか——。さきに頼朝があれほどはっきり禁止したのにも拘らず、まもなく彼らは、我も我もと西国国家の与える辞令にとびつく。もちろん、そのお手本は義経である。

——弟君さえ勝手に任官なさったのだから……。

これを口実に、彼らは続々と任官してしまうのだ。頼朝の恐れた雪崩はついに起きたのである。『吾妻鏡』はこれに対する頼朝の激怒ぶりを逐一記録している。冷静でなかなか本音《ほんね》を吐かない頼朝が、ここでは、日頃のつつしみを忘れて、任官した一々の侍を悪罵し、頭から湯気を立てて怒っている。

兵衛尉義廉　鎌倉殿ハ悪主ナリ、木曾ハ吉主ナリト申シテ父ヲハジメ親昵《シンジツ》等ヲ相具シ

テ木曾殿ニ参ラシメント申シテ、鎌倉殿ニ祗候セバ終《ツヒ》ニハ落人トナサレナントテ候
ヒシハ、何ニ忘却セシムルカ。希有ノ悪兵衛尉カナ。
兵衛尉基清　目ハ鼠眼《ネズミメ》ニテ只《タダ》候フベキノトコロ、任官希有ナリ。
刑部丞友景　音様シワガレテ、後鬢サマデ刑部ガラナシ。
馬允時経　大虚言《オホソラゴト》バカリヲ能トシテ、エシラヌ官好ミシテ、揖斐庄《イビノシヤウ》云ヒシラズ。アハレ水駅《スイエキ》ノ人哉《カナ》、悪馬細工シテアレカシ。
右衛門尉季重　顔ハフワ〳〵トシテ希有ノ任官カナ。

まだまだある。その数二十数人。ここは原文で読まないとおもしろさがわからないのだが、一応訳しておく。

「鎌倉殿はだめだ、木曾はいい、と言い、一族を語らって木曾につこうとし、鎌倉殿についたら落人になるにきまっている、などとほざいたことは忘れていないぞ、めったにいない悪い奴め」

「鼠のようなきょときょとした眼付の奴め、おとなしくしていればいいのに任官したとはとんでもない」

「しわがれ声で、後鬢の様子、刑部丞っていうがらかい」(後が禿げていたのだろうか)

「大うそつくばかりが能の呆れた奴め。身分不相応の官好みして、もう揖斐庄はおあずけだ。まったく、粗忽なおっちょこちょいめ。下手な馬具細工でもしてるんだな」

「ふわふわした顔つきで、任官するとはまったく！」

まだこのほかにもある。が、読んでみると、前に自分に楯ついたのを許してやったのに、その恩を忘れたのか、というようにしつこく前歴を持ち出して責めているのがかなりある。そうした前歴のない人間は、鼠眼だのふわふわ顔だの、臆病者のくせに、などと手当り次第罵声を投げつける。かと思うと、西国へ出陣の途次、京都で任官した者には、「駘馬《たいば》（駄馬）の道草食うがごとし」とこきおろしている。

度のすぎた激怒というものは、むしろ第三者から見ると漫画に近くなる。前後不覚に取乱している頼朝は、『吾妻鏡』のどこに登場する彼よりも人間的である。が、当の頼朝にしてみれば、笑い事ではない。彼の唯一の権威はみごとに否定されてしまったのだから。これは彼にとっては石橋山の敗戦以上に大事件だった。しかもその顔ぶれを見ると、有力な御家人の子弟がずらりと顔を並べている。

——ああ、あいつも、こいつも！

腹の底は煮えくりかえるばかりである。そして彼は言う。

「任官したものはもう東国へ帰って来ないでよろしい。京都で仕えるがいい、もしこの命令に反して、尾張の墨俣川《すのまたがわ》を越して東へ入って来たら、本領は没収、その身は命のないものと思え」

文字通り東国武士としてはクビだ、というのである。ここで彼が墨俣川を持ち出しているることは、ちょっと目をとめておいていい。私のいう西国と東国の意識が明らかに彼らの中に存在し、このあたりが両国の国境と思われていたことを証拠づけているからである。

手当り次第悪罵を投げつけつつ、多分このとき頼朝は義経の顔を思いうかべていたに違いない。

――むむ、これもみな義経が蒔《ま》いた種だ。

張本人たる異母弟への憤りは止まるところを知らなかったであろう。が、義経は事の重大さに気づいていない。

腰越状の周辺

御家人の任官騒動の翌月、ついに義経は勘発《かんほつ》された。つまり譴責《けんせき》処分に付されたのだ。ちょうど壇ノ浦から凱旋した直後のことである。愕然とした義経は慌《あわ》てて起請文《きしようもん》を持たせた使者を鎌倉に走らせた。

鎌倉はしかしこれに対してきわめて冷淡だった。いわく、

「これまで範頼は西国から度々飛脚をもって仔細を報告し、気ままに事を取計うようなことは決してなかった。だから御所さまも懇《ねんご》ろに意志を通じあっておられた（例の手紙はその証拠か）。が、義経はややもすると独断専行が多く、今、不興を蒙ったと聞いて、はじめて使を送って来た。こんなことでは許せない。むしろ御所さまのお怒りをまねくようなものである」

これと前後して、東国は範頼を戦後処理官として西国に残し、義経には捕虜となった平家の総帥、宗盛とその子清宗を鎌倉に護送して来ることを命じた。ときに一一八五（文治元）年五月、相模の酒匂《さかわ》の宿に一行が到着し、明日は鎌倉入り、という知らせがあると、鎌倉から至急の使者が飛ぶ。捕虜の宗盛父子は迎え取るが、義経はうかと鎌倉に入ってはならぬ、という厳命を携えて……。

鎌倉に来れば何とかなる。頼朝に会って話せば許して貰える。いや、改めて追討の賞を貰える、と思っていた義経はみごとに期待を裏切られる。そこで鎌倉の西の入口である腰越駅《こしごええき》まで来て書いたのが、ふつう腰越状と呼ばれている、大江広元にあてた款状《かんじよう》（弁明書）である。

もっとも、学者にいわせると、この書状は様式から言って、ほんものかどうか、疑わしい所もあるのだという。が、ともかく何かの形で一身の弁明のための書状を書いたことは、たしかだと思う。なかなかの名文でもあるが、かいつまんで現代語訳すると次のようになる。

恐れながら申しあげます。私は鎌倉殿の御代官として、勅命《ちよくめい》をうけ朝敵を滅ぼし、かつて父が平家に敗れた恥を雪《そそ》ぎました。当然お賞めいただけるものと思っておりましたのに、根も葉もない讒言にあって悲しみの涙にくれております。その上、鎌倉に入れて頂けないようでは、申し開きもできません。これでは骨肉の間の愛情がないも同然ではありませんか。こんなとき頼りにすべき父はすでになく、哀れんでくれる人は一人もおりません。

私は幼いとき父に死別し、母の懐ろに抱かれてやっと命をつなぎ、以来一日として心安らかに日を送ったことがありません。時には諸国をさすらい、土民、百姓にこきつかわれることさえありました。いま幸いに機熟し、義仲や平家を滅ぼすために、命をかけて戦い、ここに勝利を得ることができましたが、これというのも亡《な》き父上のお恨みを晴らすため以外の何者でもなく、他に一切の野心はありません。

また、このたび朝廷から五位の尉に任命されましたが、これもまさに当家の名誉だと思ってお受けした次第であります。

さきに私は神かけて野心のない旨、起請文を出しましたが、それでもお許しがありません。なにとぞ貴殿からも兄上によろしくおとりなしを。

が、それでも頼朝は許さなかった。彼が冷たいと言われる所以《ゆえん》はここにある。この書状はたしかに切々たる訴えに満ちている。が、よく読んでみると、これでは頼朝として許せるものではない、ということがわかるはずである。

頼朝が怒っているのは、彼の独断専行、わけても五位尉に無断任官したということなのだ。が、義経はその非をまったく認めていない。それどころか、

「五位尉に任じられたのはわが家の名誉じゃないか。それに文句があるか」

といわぬばかりの書き方をしている。たしかに検非違使尉に任じられたのは、祖父の為義以来のことで、まさに源氏復活の象徴のように見えるが、これまで述べたとおり、頼朝が問題にしているのは、まったく別のことなのだ。

――東国ピラミッドを認めるのか認めないのか。

――そなたの重大な過失をどう考えているのか。

が、それについての義経の謝罪は一言半句もない。

――あいつ、ちっとも俺の気持がわかっとらん。

頼朝が舌打ちする様《さま》が目にうかぶようだ。ここでも二人は完全にすれ違っている。義経は、平家討滅を父の仇討《あだうち》だ、源氏の名誉回復だ、といっている。そしてそれをやったのは自分だ、ということを、しつこいばかりに繰返す。

異母兄弟というもの

不幸な生い立ち、非業の死をとげた父への鎮魂――。個人的心情に訴えるには十分すぎるほど道具立てはそろっている。が、今度の合戦は、単なる源氏の平家への復讐戦ではないはずだ。そのことに気づかなかったとすれば、この英雄にはまったく歴史への理解が不足しているし、もし気づいていて眼をそむけているとすれば、これは巧妙な問題のすりかえである。

頼朝の期待していたのは、そのような泣き落しの自己弁護ではなかった。全面降伏であり、検非違使尉の辞退であったはずだ。その問題とまともに向きあわぬかぎり、聞く耳は持たなかったのである。

と書けば、あるいは不当に義経を批難し、頼朝を弁護するように見えるかもしれないので、ここで腰越状周辺の問題を、いくつか付加えておく。

一つは、これが単なる兄弟喧嘩ではない、ということである。個人的には頼朝は義経の兄だが、公人としては東国ピラミッドの頂点にある人だ。その組織を根本からゆり動かすような事をしでかした男は弟たりといえども許すことはできないのだ。

もし情にほだされて許したとすれば、無断任官した他の連中の処分はどうするか。これ以後続出するであろうこの種の問題にどう対処したらいいのか。つまりこれは個人の情を超えた政治としての問題なのだ。これまでの、とかくこの問題を兄弟のレベルにおきかえ、

「弟に門前払いをくわせるとは！」

という批難は当時の歴史的状況を理解したものとはいえない。

まして、義経の出世を頼朝が妬んだとするのはあたらない。この時点ですでに頼朝は正四位下であり、義経より数段上位にある。さらにこの事件のさなかに従二位に昇進しているから、従五位下の義経を羨むはずはないのである。

さらにいえば、腰越から義経を入れなかった、ということも考え直す必要がある。先の御家人たちへの叱責を思い出していただきたい。

「尾張の墨俣川より以東へ来たら命はないものと思え」

こう頼朝は言っているではないか。宗盛護送の任があったからとはいえ、義経を腰越まで入れたというのは、むしろ特別のことなのである。

もう一つ——。ここで当時の兄弟関係をふりかえっておく必要がある。当時、母の違う兄弟は他人も同然だった。彼らはそれぞれの母の家で育ち、顔をあわせることも少ない。多分頼朝と義経は平治の乱が起るまで顔を合わせずに過していたと思う。だから黄瀬川に義経が駆けつけてきたときに彼らは初めて対面したわけだ。異母兄弟は、むしろライバルである場合が多い。お互に警戒を怠らないのが常で、ここに現代の「兄弟仲よく」のモラルを適用することじたい無理があるのだ。とりわけ東国では、日本史はじまって以来のピラミッドが成立したばかりの時期である。ピラミッドに複数の頂点はいらない。いやそれはむしろ危険な存在である。兄弟のなれなれしさよりも、主君と臣下のルールを守って貫わねば困るのだ。ここが平家をはじめ古代藤原氏の政権のあり方と根本的に違うところである。

私は時々、平家は仲よく一門が繁栄したのに、源氏はなぜ殺しあいをしたか、という質問をうけるが、これは清盛が親戚思いで、頼朝が冷血漢だ、ということでは決してないのである。ここで古代社会の政権構造を詳説する余裕はないが、頼朝を中心とする東国の組織がピラミッド型なのにくらべ、平家のそれは、平面的に重なりあった環のようなものだ、といってもいい。つまり持ちつ持たれつ、の社会なのだ。藤原氏に対抗するためにも、清盛は多数の同族を押しあげる必要があったのである。

ここでもう一度、あえて現代社会を例にとっておく。頼朝は東国の社長である。義経はいわば専務格であるが、かといって、絶対に社長名で小切手を切ることは許されない。いくら弟でも社長印を勝手に持出して押してはいけないのである。

官職は「烙印」に似て……

さて、こうして叱責された義経は、前に与えられていた平家没官領（平家の所領で、没収されたもの）二十四カ所も取りあげられてしまう。怒った義経は、

「関東に怨みのあるものは、俺についてこい」

と言い放って都へ帰ったと、『吾妻鏡』にはある。それが真実であるかどうか、とかく義経に点のからい『吾妻鏡』の記事を頭から信じるわけにもゆかないが、かくて頼朝と義経の間は完全に決裂してしまう。

さて、それから先、義経は周知のような道を辿るのだが、これは章を改めてふれたい。というのは、もうこれから先は単に頼朝と義経の問題ではないからである。そこにはもう一つ、東国と西国、あるいは東国と奥州国家との問題がからんで来る。今までのべて来た事が内政問題とすれば、ここからはいよいよ外交問題に入るわけである。

終りにちょっと気になることを付加えておく。義経はそれとして、すさまじい叱責を加えられた御家人たちはどうなったか。義経のように鎌倉を追放された気配もなく、そ

のままその多くが御家人として史料に登場して来る。これはどういうわけか。義経を見せしめのために罰して、後は許したのか、それとも彼らは頼朝の罵声に縮みあがり、腰越状とはまるきり違う全面降伏ともいうべき起請文でも出したのか、そのあたりははっきりしない。このとき官職を貰った中で、後まで義経と行動を共にしたのは、佐藤忠信《ただのぶ》(兵衛尉になっている)だけである。彼はむしろ例外の存在で、奥州藤原氏の郎等であり、義経が奥州から頼朝の許にやって来たとき、藤原秀衡《ひでひら》の命をうけて義経について来た男である。だから頼朝は彼の任官について、

「秀衡の郎等が衛府の官人に任じられるなどはその例がない。分にすぎたことだ」

と言っている。

ところで、もう一つ、注目しなければならないのは、頼朝がいかに不服に思い、御家人たちがその非を認めたとしても、いったん貰ってしまった官職はもうその人間から離れないということだ。だから『吾妻鏡』は彼らについて語るとき、必ずといっていくらい、兵衛尉基清というふうに肩書をつけて書く。もう無官の庶人には戻れないのである。つまり肩書は膏薬《こうやく》のようにはがしてとれるものではなく、火傷《やけど》の跡のように後まで残るのだ。たとえやめても、「前《さきの》何々」というふうになる。いわば烙印のように、一生取り消しがきかないからこそ頼朝の怒りも深かったのだ。

そういえば、あんなに叱責された義経が、おもしろいことにその三カ月後には東国武士五人とともに頼朝の推挙によって伊予守《いよのかみ》に任じられている。これはさきの範頼らの任

命に続く第二回目の申請の結果で、このときそれぞれの国守に任じられたものを源氏の六人受領という。頼朝のやっていることに矛盾があるようだが、どうも経過を見てみると、第二回目の申請をしてしまった後で、例の腰越状にからむ事件がおきて、完全に二人は決裂してしまったらしい。

が、いまさら取消すわけにもゆかず、頼朝は渋々これを認めざるを得なかった。ここでわかるのは、官職の任命は、西国側の一方交通に等しいもので取消しがきかなかった、ということである。だからこそ、頼朝はひどく神経質になり、必死で自分の恩賞権を防衛しようとしたのであろう。

第六章　大天狗論　東国対西国

王者果して権謀の人なりしや？

源義経の没落を、これまで東国、とりわけ頼朝とのかかわりあい方だけから眺めて来たが、じつはこれについて、もう一つ別の原因を指摘する見方がある。後白河法皇がこれにからんでいる、という説だ。西国の代表者、後白河法皇は、頼朝の勢力を伸ばすまいとして、意識的に義経にてこ入れし、二人の間を割《さ》こうとした、義経はうまうまその手に乗ってしまったのだ、というのである。

この見方はたしかに正しい。頼朝からの申入れを無視して、義経に検非違使尉を押しつけ、甘い汁を吸わせ、両者の対立を深めたのは、まさに後白河を頂点とする西国国家だからだ。それまでの梶原景時讒言説や頼朝やきもち説に比べると、ずっとましな政治的、歴史的な解釈といえるだろう。

ただし、私はこの考え方に対して双手をあげて賛成というわけにはゆかない。これが行きすぎると、この問題の本質を見失うし、ひいては時代の流れを読みちがえる恐れがあるからである。

この考え方を押しすすめてゆくと、危うくコップの中の嵐のとりことなる。つまり後白河という人を稀代の権謀の人と見るあまり、義経はもちろん頼朝さえもそれに操られてむざむざ弟を死に追いやってしまった、というふうに見ることにもなりかねないのだ。

後白河の生涯には、そう思われても仕方のないような所もある。保元の乱では平清盛、源義朝らの上に乗って、崇徳《すとく》上皇側を敗北させ、次で清盛を使って義朝を追い払い、平家の専横が著しくなると、木曾義仲にこれを追落させ、その木曾と平家は義経に命じて討たせるが、その義経をも結局死に追いやってしまう……。その間三十年、死骸は累々としてその身辺に転がり、その中で後白河一人は悠々として天寿を全うして死んでゆく。これが権謀の人でなくて何であろうか、というわけだ。

戦後強まったこの見方には、心強い援軍があった。その一つは、デスポット論議である。これは主に学界から起った。後白河にかぎらず、古代末期の上皇、法皇中の実力者をデスポット——つまり古代的専制君主とみるのである。

たしかに当時の上皇・法皇の一部は、政治的にも経済的にも大変な力を持っていた。それまでは天皇が譲位すれば一応隠居役になってしまうのだが、このころの上皇（法皇）は天皇の後見役として強大な政治力を持つ。従来の政治の運営者は天皇の外戚たる摂政《せっしょう》、関白《かんぱく》だったが、上皇はこれを抑えて自らの御所である「院」で政治を行う。これが院政である。

そこには院の近臣と呼ばれる側近者が群がる。その中から擡頭したのが平家政権だが、ともあれここで、それまでの体制とは別の政治機関が出現したのである。その政治をバックアップするのは、院の握っている広大な荘園《しょうえん》だ。以前は荘園の多くは主として藤原氏主流の摂関家などに集中したのに対し、天皇家は国家財政によって支えられていたのだが、院は自らも藤原氏を凌《しの》ぐ大荘園領主となったのである。その豊富な経済力で個人的にもたっぷりお道楽を楽しみながら、政治の中心も握っている、というのが当時の院のあり方であった。

もっとも譲位すれば誰もがこうした権力者になれるわけではない。上皇（法皇）の中でたった一人、いわば天皇家の家長として、天皇に対して父権を持つ人に限られていた。これを「治天《ちてん》の君」という。中でも気ままな王者として有名なのは白河法皇で、「朕《ちん》の意のままにならぬのは、賀茂川の水、賽《さい》の目、山法師（比叡山の僧兵）」と言ったという有名な話がある。白河の没後、治天の君となったのは、その孫、鳥羽《とば》法皇だ。そしてその後が、鳥羽の子、後白河——つまり三代目のデスポットだ、というわけである。

それにもう一つ、強力な援軍らしきものがある。源頼朝自身が後白河を、
「日本一の大天狗」
と評した、というのである。それが一つの決め手になって、後白河権謀説はにわかに脚光を浴びるようになって来ているのだが、私が異議を唱えたいのは、実はこのあたり

なのだ。あるいは、

「ちゃんとした史料にあるのを否定するのか」

と言う批難が出るかもしれない。が、これに対しては、史料による二つの後白河評を反証としてあげておく。その一つは、

「あれは天皇になる器《うつわ》ではない」

という言葉である。こう評したのは、ほかならぬ後白河の父、鳥羽法皇だ。もう一つは、

「わが君は和漢に比類なき暗主だ。謀叛《むほん》の臣がそばにいてもわからないし、人がそれを注意しても気がつかない。こんな愚昧な君主は古今、見たことも聞いたこともない！」

この徹底的なこきおろしをやったのは、後白河の側近《そっきん》で権力を振った藤原通憲《ふじわらみちのり》――のちの信西《しんぜい》入道である。

父と側近のこの酷評と、後世の評価と、はたしてどちらを信ずべきか。後白河はほんとうに権謀の王者だったのであろうか。

院宣の周辺

それについて、頼朝の言葉をもう一度検討しなおす必要がありそうだ。まず、彼が「大天狗」と言わざるを得なかったのは、例の義経問題に関してである。

一一八五（元暦二）年六月、ろくに謝りもしないで、義経が都へ引揚げると、鎌倉方

では、まもなく彼の身辺を探索しはじめる。そして東国への叛意疑いなし、と見きわめをつけると、まず討手として土佐房昌俊《とさのぼうしょうしゅん》をさしむけるが、これはみごとに失敗した。と、その直後、義経と同様に頼朝に不満を抱いていた彼らの叔父、源行家《ゆきいえ》（為義の子、義朝の異母弟）は、義経とともに頼朝追討の院宣を後白河に乞い、西海へ行って旗揚げをしようとする。木曾義仲が平家追討の院宣を乞い、さらに東国武士が院宣によって義仲と平家を追討したのと同じ手を使おうとしたのである。

もしもこのとき、後白河が義経をけしかけて、「やれ、やれ！」と言ったのなら、まさに煽動者であり、権謀の人というべきだが、そのときの事情はどうやらそうではなかった。むしろ宣旨をくれ、と強要したのは義経の方だった。

「もしお許しがなければ、院をはじめ天皇や朝廷の方々を西海へお連れしますぞ」

半ばおどしをかけられ、後白河および西国政府は、あわてて頼朝追討の院宣を渡し、その上、山陽、西海の年貢の取立及び輸送を任せてしまう（この権利を握れば、彼らの経済的基礎が確立する）。この間の事情を詳しく伝えるのは、右大臣九条兼実《かねざね》の日記『玉葉《ぎょくよう》』である。それを見ると、後白河が義経を操るどころか、その場逃れで院宣を与えている様子がよくわかる。ここには権謀の人、後白河というおもかげはまったく見られない。

つけ加えておくと、兼実は後白河のこの決定にはまったく不賛成である。

「頼朝にさしたる落度もないのに追討の宣旨など出すのは筋が通らない。事は義経との不仲から起っているのだから、義経の言い分だけ聞かずに、鎌倉にも問いあわせの使を出したらどうか」

一見堂々たる正論のように見えるが、じつは兼実は前から後白河とは反《そ》りがあわず、右大臣とは名のみで、政治的にはまったく無視されていたのだ。いわばその不満が後白河批判の言葉を吐かせているのだが、その彼とても、正面切って後白河に反対はしない。院議に参加するわけでもなく、意見を聞かれても、兼実は、

「すべては叡慮《えいりよ》による」

などと言って逃げてしまう。というのも、これまで陽のあたらなかった彼は、そのころ、頼朝寄りの立場にあると見られていたので、

――何か密約があって頼朝を弁護しているのではないか。

と、痛くもない肚《はら》をさぐられたくないと、口をつぐんでしまったのだ。

こうして頼朝の追討の宣旨は義経に与えられる。が、出してしまった後で、後白河は心配になり、兼実に使をよこして、

「この間の事情を頼朝に知らせてやろうか」

と言って来る。兼実は鼻先でせせら笑う。

「もう遅いですな。それなら宣旨を出す前に使をやるべきでした」

それ見たことか、言わぬことじゃない――というわけだ。使に来たのは藤原泰経《やすつね》という能吏だが、彼もげっそりした顔で、

「ここだけの話ですが……」

と声をひそめて言う。

「法皇は天下をしろしめす方ではありませんな。あの方の御世となった保元以後、兵乱つづきでろくなことはありませんでした。これから先が思いやられます」

そこで、兼実が尋ねる。

「法皇が天下を治められぬとすれば、誰がやるのです」

「臣下の会議できめたらいいと思いますが」

「そりゃいけません。やっぱり法皇が世の中をお直しになるべきです」

「いや、そう言っては恐れ多いが、あのお方じゃ、直すことはまずできませんよ」

かくまで臣下に見放された王者が、権謀の王者などと言えるだろうか。

天魔往来

一方、義経と行家は、周知のように挙兵にはみごとに失敗する。宣旨をふりかざしたものの、ついて来る武士はまったくいなかったのだ。その上、大物浦《だいもつうら》から四国へ渡ろうとして大暴風雨《おおしけ》に遭《あ》い、辛うじて命だけは助かったものの軍を編成する力もなく、義経は吉野の山へ逃げこんでしまった。

これと同時に都に伝わって来たのは、頼朝軍上洛の噂である。追討の院宣に怒った彼が大軍を率いてやって来る、というのである。じじつこのとき、頼朝はみずから義経を討つべく動員態勢に入っていたから、根も葉もないことではなかったのであるが、この噂は後白河以下の西国政府を縮みあがらせた。

慌てふためいた彼らは、手の裏をかえすように、今度は義経、行家追討の院宣を出す。先に頼朝追討の院宣が出たのが十月十八日、義経追討の院宣はそれから一月あまり後の十一月二十五日には出ているのだから、呆れるほどの無定見というよりほかはない。同時に、鎌倉へむけて、例の泰経から弁明の使が飛ばされた（そのころすでに義経没落の噂は鎌倉に届いていて、頼朝は出陣を中止している）。

使者のもたらした手紙にはこうあった。

「義経や行家の謀叛はまったく天魔のしわざのようなもので、院宣を下さなければ、宮中へ参上して自殺する、などと申しましたので、一時の難を逃れるために、やむなく渡したまでのことで、これは決して法皇の御意志によるものではありません」

これに対して、頼朝は泰経にこう返事をしている。

「ほう、義経、行家の謀叛が天魔のしわざですって？　これはおかしい。私は天魔とは仏法の妨げをして人間に煩《わずら》いをもたらすものだとばかり思ってましたがね。政治的なことまでやるというのは、いささかお門ちがいじゃありませんか。頼朝は朝敵を降した上で、政治を法皇の手にゆだねるというように、ずっとお役に立つ働きをして来たつもりです。それを、理由もなしに謀叛人にしてしまうとは承服しがたい。法皇の御意志でもないのに院宣が下されたとおっしゃるが、そんなことができるものなのですかね。義経、行家に院宣を下されたおかげで、世の中にはまた一騒ぎが起りそうです。これでは国も人民も滅びてしまう。してみると人々に煩いを及ぼす大天狗とは、いったいどこの誰方なのか。あるお方以外の何者でもない、と思われますが……」

かなり痛烈な皮肉をこめた手紙である。例の「大天狗」が出て来るのはここなのだ。念のため原文をあげておく。

「日本国第一之大天狗ハ更ニ他者ニアラズ候カ」（『玉葉』による。原文は漢文）

つまり、相手が「天魔」といったから「大天狗」と応じたまでのことであって、頼朝が後白河を恐れているのでも何でもない。むしろ臣下の言い分としては高姿勢で、嫌味たらたら脅しをかけている、といってもいい。それを「大天狗」という言葉だけを取りあげて問題にするのは、史料の読みちがいというものである。

風流廃《すた》れ皇子《みこ》

では従来の「大天狗」にこだわらずに、後白河の治世を検討してみよう。すると、一見権謀にたけ、平家、義仲、義経を手玉にとったように見えるこの王者の姿勢は、実は頼朝、義経事件への対応と同じパターンの繰返しにすぎないことに気がつく。

平家が強ければ平家に、義仲が強ければ義仲に——。いつも強い者に結びつく。そして、その政治は常に現状追認でしかない。頼朝に対してもそれは同様であって、はじめは謀叛人として追討しようとするが、強大になってしまうと、たちまち平治の乱このかたの罪人扱いを取消してもとの位に復帰させている。

では、現状追認はどのような結果をもたらしたか？　これは後白河の初世と最後を比較すればはっきりすることで、結局白河以来蓄積した院政の権力は、ずるずるとなし崩しに減退してしまったではないか。そして一方で、東国ピラミッドの確立を許してしまったことを思えば、後白河を稀代の権謀の人などとはとうていいえないのである。ここで思い出されるのは、実父・鳥羽法皇の、

「あれは天皇になる器ではない」

という評である。やはり子を見ること親にしかず、というべきか。こういう人物が、西国国家の危機にあたって治天の君になっていたということは、歴史の皮肉としか言いようがない。

後白河が政治に不適格な性格の持主だったことは、その生いたちを見るならば、よりはっきりする。雅仁《まさひと》親王として生を享《う》けたこの皇子は、鳥羽天皇の第四子、帝位などははじめから望むべくもない立場におかれていたこともあって、若いころは気ままな遊蕩の生活にあけくれていた。当時の皇子としてはごく当然なありかただったが、一つだけ特色があったのは、この皇子が稀に見る凝り性で、その興味が専《もっぱ》ら「今様《いまよう》」に注がれていた、ということだ。今様とは当世ふうということで、つまり当時はやりの流行歌、今ならさしずめ、フォーク、ロックのたぐいであろうか。その耽溺《たんでき》ぶりについて、

「昼はひねもす、夜は夜もすがら、歌い続けて喉を破ることも二度、三度――」

と、後白河は後にみずからそう言っている。常軌を逸した愛着ぶりで、しかも今様の名手と聞けば白拍子《しらびょうし》や巷間《こうかん》の老婆でも御所に招いて歌わせ、せっせとその曲を覚えた。しきたりに捉われないこの自由さ、宮廷の枠を踏みこえてしめされた芸能への深い愛着ぶり、民間芸能へのこの関心が集大成されたのが、『梁塵秘抄《りょうじんひしょう》』である。もし後白河の偏執に近い愛好ぶりと蒐集癖《しゅうしゅうへき》がなかったら、おそらく古代末期の庶民の息吹きを伝えるこの一大アンソロジーは後世に伝えられなかったであろう。

だからもし帝位につかず、芸能愛好者としての生涯に徹したら、この人は日本史上稀に見る風流皇子として名を残したかもしれない。ところがその人が、およそふさわしくない帝位に偶然押しあげられてしまったのだから、歴史のめぐりあわせというものは奇妙なものである。

器ならざる即位

後白河即位のいきさつは、いささか屈辱的な色彩をおびている。当時の治天の君、鳥羽法皇は自分の思うままに子供を帝位につけることのできる立場にあったのだが、帝位につけたわが子、近衛天皇は十七歳の若さで早逝してしまった。そこで仕方なしに後白河に白羽の矢が立ったのだが、それもすんなり決ったわけではない。

鳥羽の最初の意向は、後白河の皇子、守仁《もりひと》を立てることだった。が、現存の父をさしおいて子供を即位させるのは前例がない、という意見が出て、渋々雅仁を即位させたのだ。

「彼は天皇になる器ではない」

という発言はこのときのもので、いわばわが子に帝位を譲る、という条件で即位が認められたのだ。あまり名誉にはならない歴史への登場ぶりだが、しかしいざ即位してみると、その直後に治天の君の鳥羽が死んだという事情もあって、結局「帝位不適格者」と烙印《らくいん》を押されたこの王者が、三十数年治天の君の座に坐りつづけることになるのである。

もちろんその即位には、後に演出者がいる。当時きっての学識にたけた藤原通憲――信西入道がその人だ。彼は藤原氏といっても血筋があまりよくない。とうてい廟堂《びょうどう》の権力を握れる人間ではない。地位に不満を持つ、才はじけた人間がよくやるように、彼は、さらば、と裏口コースを狙う。治天の君、鳥羽に近臣として近づき、一方では後白河の乳母《めのと》、紀伊局と結婚して、接触をはかるのである。この乳母が天皇や高級貴族にとっていかに大きな存在であり、時には政治の推進者になり得るということは、いずれ鎌倉幕府内部の問題として書くつもりだが、頭の切れる信西は、当時の力関係から見て、帝位の候補にもあがらない廃れ皇子雅仁にも案外望みがありそうだと狙いをつけ、秘かにこれに近づき、絶えず即位への根廻しをしていたのだろう。

はたして彼の思惑通り後白河即位が実現し、その野望は達せられたわけだが、その時点から、信西の活躍がはじまる。即位の翌年に起った保元の乱――これは後白河から守仁へという政治プランに不満を持った崇徳上皇との武力対決だが、このときも信西は清盛や義朝と手を組んで、みごと相手を屈伏させてしまう。

こうして蔭の宰相として腕を振いだした信西だが、まもなく彼自身、後白河の政治的才幹のなさに歎息せざるを得ない状態に追いこまれる。何しろ治天の君はある意味では独裁者だから、全部信西の言いなりになるわけではない。いや、かなり気まま勝手で、全く政治的には無能な（と信西には思われるような）連中を寵愛《ちょうあい》し、そういう連中にねだられるままに官職を与えたりする。例の後白河への酷評が放たれたのは、その時点である。しかも信西自身が、まもなく起った平治の乱で非業の死を遂げて以来、後白河は背後の梶取役もないままに、古代末期の荒海に漂流を余儀なくされるのだ。

その意味ではむしろ後白河個人を権謀の王者と見るのはお門違いなのだが、しかしこういう見方が戦後登場したことに、私はある感懐を持つ。もちろん、第二次世界大戦前は蔭ではささやかれても、こんな事は大っぴらには言えなかった。天皇（または上皇）を正面から批判することなどはできなかったからである。

だからこそ――。後白河権謀論は、戦後ひどく新鮮なものとして迎えいれられた、というふうに私には思われる。そこにはそれまで日本人をおさえつけていた近代日本の天皇制への反作用もあったであろう。その体験を通して見たとき、風流皇子後白河が、巨大かつ悪辣《あくらつ》な権謀の人に見えたのもやむを得ない。が、すでに戦後三十年、当時の評者の言をかえりみつつ、もう一度、この「大天狗」なる王者の像を構築しなおす必要はあるのではないだろうか。

この王者は、このほかにも時々政治的感覚のなさを露呈する。少し後のことだが、頼朝がなかなか上洛しないのにしびれをきらせ、

「何ならこちらから出かけてゆこうか」

などと口をすべらせて、例の九条兼実に、

「何たる軽忽《けいこつ》」

と眉をひそめさせたりしている。じつは私自身十年ほど前、『絵巻』という作品でこうした後白河像を書いているのだが、その批評に、「作者がいくら軽忽な後白河像を描いても、字間から無気味さがにじんで来る」というのがあったのには閉口した。

ただ、この後白河権謀説の中で、認めなければならない部分がある。それは義経問題をめぐって、はからずも露呈された西国国家の体質についてである。

「あれは朕の意志ではない。やむを得なかったのだ（あるいは誰かの責任だ）」

という責任逃れは、この先も何度となく繰りかえされる。そういう形で、これまで頼りにして来た者を切捨ててゆく態度を、ロイヤルファミリーの冷酷さと見るか、日本の政治の体質の中に潜む問題点と見るか、それぞれ意見の分れるところであるが、これが日本の歴史と政治の本質にかかわる問題であることはたしかであろう。

私自身、後白河自身を権謀の人として過大評価することには不賛成だが、そういうあり方を許しつづける日本については、まだ考えるべき問題があると思っている。

ところで、この大天狗の一件はいわば序曲である。政治というものは、一方がうまい言いのがれを言ってひらりと身をかわしたり、相手方がそれを逆手にとって言いかえす、というようなやりとりだけで終るものではない。その丁々発止《ちょうちょうはっし》は見ている方にはおもしろいが、問題はそこでいかなる実効がもたらされたかということである。つまり、大天狗が恐るべき存在だったかどうかということより、注目すべきは、ここに展開される東国と西国の相剋《そうこく》の姿なのではあるまいか。

たしかに、院宣問題では西国は味噌をつけた。義経と頼朝を対立させ、同士討ちをさせようという狙いは心のどこかにあったかもしれないが、そういう小手先の細工は、今度という今度は通用しなかった。しかも東国は、西国のこの失点ミスにつけこんだ。単に頼朝追討の院宣をひっこめさせて、代りに義経追討を宣言させるだけでなく、北条時政に千騎の兵を率いて上洛させ、さらに強行な申入れを行わさせた。『玉葉』によると、その内容は次のようなものであったらしい。

「北条時政以下東国の武士を五畿、山陰、山陽、南海、西海の諸国に分置し、義経、行家の探索にあたらせたい。その費用として、荘園、国衙領の区別なく、一段あたり五升の兵糧米をとりたてる。それだけでなく、田地の知行《ちぎょう》も行いたい」

西国国家は動顛した。

「なんだって、俺たちの土地に東国武士が押入って来るというのか。その上に、兵糧米をとりあげると？　と、とんでもない！」

これというのも、後白河が、義経と行家の都落ちに際して、山陽、西海の荘園、国衙領の年貢の取立て、輸送を任せたことに原因がある。

「これを命じられた義経、行家らにはすでに追討の宣旨を下された。従って彼らの命令をうけた現地の年貢の徴集役はやめさせ、代って自分の側の人間を入れるべきである」

これが頼朝の論拠である。考えてみればこれはまことに重大な申入れだ。いわば東国以外の所にまで、頼朝の権力を及ぼそうというのだから。とりわけ、荘園の中には不輸《ふゆ》不入《ふにゅう》――つまり年貢もおさめず、警察権をはじめ公権力の介入を拒否しているものも多いのに、頼朝はそこまで土足で踏みこもうというのである。

ところで、これと同じ趣旨の記事が『吾妻鏡』にももちろん出ている。ただ『玉葉』と違うのは、このことを、

「諸国平均に守護地頭《しゅごじとう》を置き……」

と表現していることだ。この守護と地頭はいうまでもなく鎌倉幕府によってはじめて置かれたもので、『吾妻鏡』はその起源をこのときにあると見ているわけだ（もっとも、それ以前に、土肥実平や梶原景時が播磨《はりま》や備前《びぜん》、備中《びっちゅう》の守護を命じられている記事があるので、守護という言葉はこのときはじめて出て来るわけではないのだが）。

ところがこれについて、学界で詳細な検討が加えられるに従って議論が百出した。何

しろ『吾妻鏡』は後世の編纂物だ。そこに「守護地頭」とあるからといって、そのまま信じることはできない。従って守護地頭制がこのとき発足したといってよいかどうか……。

その詳細な論争は専門の分野に属するので、私にはそれに加わる資格はないようである。現在はここに出て来る地頭を、のちの荘園や郷におかれる地頭とは別の「国地頭《くにじとう》」だ、と見る見方が有力らしい。これは、義経や行家が与えられた権限を、九国地頭、四国地頭と表現していることから考えても肯《うなず》けないことはないようだが、素人にはちょっと納得のゆかないところもある。というのは、このとき頼朝から送られて来た手紙というのがあって（形式的には右中弁《うちゆうべん》光長という官吏にあてているが、右大臣兼実にお目にかけるよう、とあって、鎌倉寄りの人間と思われている兼実宛のものである。当時の手紙はよくこういう形式がとられる）、その文中にしばしば出て来る「地頭」なる言葉はどうも国地頭と解釈するのは無理なようにも思われるのだが、今はその詮索はやめておく。

たしかに、これがすなわち守護地頭制の成立といえるかどうかは問題だし、まだ問題は持越されている感じだが、ともかく大筋から見て、東国が、西国を愕然とさせるような申入れをしたことだけは事実である。

それればかりではない。頼朝は具体的に朝廷内の人事について意見を具申している。義経に同情的だった公家、あるいは頼朝追討の院宣に関係した官僚群の解任――例の泰経もその中に入っている——、廟堂のメンバーから院の役人まで一々候補者をあげている。今まで後白河に疎外されていた兼実を首班とし、内覧《ないらん》の宣旨を蒙るべきだ、と言っていることはいうまでもない。内覧というのは、太政官《だいじようかん》、つまり当時の政府が天皇に提出した文書を、天皇が見る前に下見をしたり、逆に天皇が太政官に下す文書を内見することで、つまり政治のすべてをチェックする権利を持つわけで、実質的には関白と同じ力を持つ。頼朝は兼実に政治の統率者になることを期待したのである。

　が、それにしても主な政界のポストに、一々候補者を指名するきめのこまかさ！　さらに知行国主についても、伊予は兼実、越前は誰、と指示し、頼朝自身もちゃんと豊後《ぶんご》を希望する周到さ。たった数年前まで一介《いっかい》の流人《るにん》として、伊豆の小天地に押しこめられていた人間のすることとは思えない。もちろんその後には優秀なブレーンがいたに違いない。その人を、今度こそは自信をもってあげることができそうである。

　その人の名は大江《おおえ》広元《ひろもと》。すでに鎌倉にあって活躍をはじめていることはまちがいない。長年中流官僚として西国国家の裏表を見聞して来た彼にしてははじめてなし得るあざやかなプランニングである。彼の頭には政界の複雑な人脈もちゃんと叩きこまれている。だから要所をきちっと押えたリストを作りあげもしたし、義経事件で責任を問うべきところは容赦なく問いつめ、解任を迫ったのだ。

　彼は西国国家の急所を知っている。どういう時は妥協し、どういう時は強く突張るべきか。突張ってしまえば、案外脆《もろ》いものだというようなことを知っているからこそ、ここではぐっと高姿勢に出たのだ。もしかすると、例の「日本一の大天狗云々」も彼あたりの入知恵で書かれたものかもしれない。

注目すべきは、この書状の中で、頼朝が「天下草創《そうそう》」という言葉を二、三度使っていることである。前後の文章から見て、そのまま武家時代の到来を謳歌しているものととることはできないように思うが、ともかく彼はこれを機に新しい世に入ったと考えていたようである。

——平家の世は終った。義経の問題もかたがついた。世直しのときが来た。

しきりにこれを強調している感じなのだ。『平家物語』はこの時期を、

「たけき者もつひにはほろびぬ」

と書き、諸行無常《しよぎようむじよう》を謳いあげた。そのために、この時代を滅びの時期、混乱した終末時代のように受取りがちだが、一方には、「天下草創」の意識があったことは見落せない。そして多分東国武士は、頼朝が都に書き送ったよりもいっそう単純、素朴な形で、「われらの時代」の到来を信じて疑わなかったのではないだろうか。

東国ははたして勝ったのか

どうやらここまで来て、歴史は一段落の時期を迎えたようである。では東国は、西国に対して勝ったのだろうか？

軍事的な面から見れば、彼らはたしかに勝ったといえるだろう。が、はっきりいえば、

彼らが制圧したのは、西国の中の平家の軍事力のみである。そしてその威力をもって、後白河を中心とする西国政権に圧力を加えるところまではいったけれども、それ以上ではなかった。これを東国の勝利といえるかどうか……。

結論的にいえば、私の答はノウである。しかし負けたのかといえば、さらに答はノウであろう。どうも歯切れが悪い答だが、どうしてもそうとしか言いようがないのだ。このことをすこし言葉をかえて眺めてみよう。

この時期について、一般には次のような言い方がされている。

(1)　今までの平家が倒れて源氏の世になった。つまり源平交替が行われた、と見るわけである。その考えは昔から随分根強くひろまっていて、その後も権力者は北条（平氏）、足利《あしかが》（源氏）、織田《おだ》（平氏）、というふうに交替する、と考えられた。家康が（秀吉は豊臣の姓を貰ってしまったから別として）、それではわが家は源氏でなければまずいわい、と考えて、源氏の血をひく新田氏の系統だという系図をでっちあげるのはこのためである。

(2)　頼朝が旗揚げし、幕府を開き、武家の世が始まった。

これは私たちが子供のころからよく聞かされている言葉である。年表などでも、ここから鎌倉時代として別の色に塗られている場合が多い。

(1)の説は、一種の政権交替説だ。天皇を中心とする日本の国は変らず、その中の実質的な政権担当者が交替しただけで、藤原氏から平氏へ、あるいは北条から足利へという移りかわりと大差がないとする見方である。

(2)はここの変り目を大きく認める意味で(1)とはまったく異なる立場に立つ。

私はそのどちらにも賛成できない。藤原氏から平氏へという変り方と、一一八〇年のそれとはまったく違う。今まで西国に従属していた東国がはじめて歴史の表面に出て来たこと、しかも東国ピラミッドという、今までなかった組織をひっさげて登場したということで、ここには画期的な変化があったと思う。

とはいうものの、(2)の立場にも賛成はできない。この言い方は、かなりずさんでまちがった印象を与える恐れがある。第一、頼朝が征夷大将軍に任じられ、鎌倉幕府を開くのは少し後のことだが、それを別としても、たとえば明治維新のとき徳川幕府が倒れて、明治時代が始まるようなパッとした様変《さまがわ》りは、この時期にはなかったのだ。武家の世になったといっても、ここで日本全体がガラリと変ったわけではないし、さらに言えば、頼朝が御家人として掌握したのは、武士の中のある部分であって、決して武士全体ではなかった。その実数はよくわからないが、せいぜい現在の国会議員くらいの数ではあるまいか。頼朝の威令が行われたのは東国の範囲内であるが、それも土地の所有関係からみれば、公家や寺社の荘園もたくさんまじっている、という有様で、見方によっては、平安朝以来の状態がさして変っているわけではないのである。

とはいうものの、一一八〇年以後の状況がそれ以前とどこも変っていないかといえば、そんなことは決してない。そこには明らかな変化がある。数年前まで一介の流人だった頼朝が西国政府のメンバーにまで口出しをするということも、その一つの現われである。これが東国ピラミッドをふまえての発言であることはいうまでもないし、それを西国国家が受入れざるを得なかったということは大きな変化といわねばならない。しかも、頼朝自身は西国の政府メンバーには加わっていない。これが清盛の行き方とはまったく違うところである。かつて上洛しようとした頼朝を抑えて顔を東に向けさせた上総広常、千葉常胤らの行為が（それが自己の利害のためであったにせよ）、改めて大きな意味を持ちはじめるのだ。たしかにここには大きな変化がある。私が勝ったのでもなければ負けたのでもない、というのは、このあたりのことなのである。

では、学者はこれをどう見ているかといえば、源平交替だの武家の世の始まりなどということは、今やまったく問題にもされていない感じである。といっても、新しい定説が出ているというのでは決してない。それどころか、社会、経済、政治の分野で、研究が詳細になればなるほど、議論百出、素人が聞けばあれよあれよ、ということになってしまっている。

たとえば、ふつうには、この時期に封建制度が始まったと言われているが、一方では、とんでもない、封建社会の実体が生れるのはもっともっと後だ、と言い、それを室町以後、あるいは戦国の太閤検地以降と見る人もいる。かと思うと、荘園制の出現の中にその萌芽を見て、すでに十世紀ごろからこの体制がはじまっている、という見方もある。その見方に従えば、一一八〇年以降、今までの院や公家、寺社のほかに、頼朝も知行国を持ち荘園領主の仲間入りしただけにすぎない、ということになるらしい。別の観点から、この時期に大きな変化を認めないわけである。

かと思えば、この時期に大きな節《ふし》をみとめ、とりわけ東国においては頼朝が特殊の行政権を握ったとして、そこを大きく評価する人と、いやいや、彼にはそれまでの王朝国家の枠組を越える意志はなかったし、あくまでも京都政府に従属していた、と見る人もある。

およそ天と地ほどの開きのある意見だが、しかもこれはみな有力学説である。性急に結論を出したがる向きには、無用の長談議と見えるかもしれないが、しかしこういう論議はとことんやっていただいた方がいいと思う。学問というものはそうしたものだし、私自身、そこから多くのものを得ている。ただ私は歴史学者ではないので、素人の自由さから、この問題を別の角度からとりあげてみているのである。

別の角度というのは、つまり小説ということだが、小説の登場人物として、頼朝や義経、あるいは東国武士団の誰彼を追ってゆくと、私はやはりここに大きな変革を認めざるを得ない。これは、大げさに言えば、東国植民地の独立ではあるまいか。

もちろん東国の中には西国の荘園はあるし、国衙組織もそのまま残っている。その中の幾つかは頼朝の知行国として、彼の息のかかった人間が国守になっているが、そうでないものもたしかにある。これでいったい独立国といえるか、という疑問があると思うが、これが前にのべたように中世時代の「くに」の特色なのだ。近代の国家は国境線を明確にし、一メートルでもこれを犯せば大問題になる。今や海の上までその線を引こうとしているが、中世にはその辺はかなりぼやけていて、所有権が幾重にも重なりあっているのだ。つまり一枚の色分け地図では塗り分けることはむずかしく、強いて試みるとすれば、一枚の白地図に所有者別に色分けにした何枚もの透明な紙を重ねていって、それを上から眺めてみればいいかもしれない。

そのかわり、東国側は東国以外の土地にも守護、地頭を置いている。これを西国国家は直接解任することはできない。人のつながりからいえば、西国にもちゃんと東国の拠点はできているのだ。こうした土地と人との交錯した支配関係こそ中世そのものなのであって、こうした関係の出現する前と後は、やっぱり区別しなければならないだろう。頼朝は事あるごとに、天皇家、公家、寺社領には手をつけない、とか、国からの徴税は怠りなく納める、と言っている。これを忠誠とか従属とだけ見てしまうのはどうだろうか。ここにある真意は、西国分と東国分ははっきり区別するし、そこには踏みこまないかわり、一一八〇年以後に獲得した東国の権利は手放しはしない、という一種の共存宣言であると思うのだが……。

さらにもう一つ、官職のことを言っておきたい。一一八〇年の旗揚げのとき流人だった頼朝は、前にふれておいたように、従二位を与えられている。さらに、後に上洛したときには権大納言、右大将に任じられた。このことから結局頼朝は朝廷に従属したのだ、と見る人もいるようだが、これは少し違うと思う。頼朝は伝説上の将門《まさかど》のように自分で文武百官の任命をするといった愚かな茶番劇はやらない。一応西国国家の宗主権を認め、官職の任命権までは奪いはしなかったけれども、その代り部下に対する恩賞権は独占し、それに違反した義経やその他の武士たちのことは酷しく難詰した。逆にいえば、西国国家は任命権は持ってはいたが、東国武士に対してこれを勝手に行使することはできなくなってしまったのだ。表面その枠組を認めながら、実質的叙任権はわが手に保留する、という態度は、さきの所領や年貢に対する態度と共通している。そして逆に機会を捉えれば、西国の政府人事にも介入を辞さなかったのだから、東国は決して膝を屈して西国に従属していたわけではない。

両者の間にあるのは、一種の緊張関係だ。一見平和共存を装いながら、押しつ押されつ、戦いはこの後も続く。いや、平家討滅が終ったその時点から、新たにホットな戦いが始まったといってもいい。その間、東国の苦闘は続く。数百年来保たれた西国国家の権威は一朝一夕で倒れるものではないのだ。私が東国が勝ったのでもなければ負けたのでもない、というのは、じつはその意味なのである。

この領土関係のあいまいさ、叙任権の微妙さは、しかし日本に限ったことではない。むしろ、ヨーロッパ中世ではざらに見られる。たとえば英国はフランス国内に所領を持っている。実質的には英国の植民地であるわけだが、一応、フランス国王から封地を与えられたという形をとっている。その限りにおいては英国王はフランス国王の封臣というわけだが、だから英国がフランスの属国だなどとは決していえない。またこの土地がフランスのものなのか、英国のものなのかは両国の争点であって、これをめぐって百年戦争が起きるのである。また例の聖職者に対する教皇（法王）と皇帝の叙任権闘争の経過の中にも、この後に現われる日本の西国国家と東国国家、公家と武家の対立に似たものがないとはいえない。もちろん、ヨーロッパと日本では事情が違うにしても、もうすこしこうした視点をとりいれて、近代国家と違った中世の「くに」のありようを柔軟に考えてみる必要があるのではないだろうか。

第七章　奥州国家の落日　征夷大将軍とは何か

義経、国外へ逃亡す

さて、東国と西国が押しつ押されつ相剋《そうこく》を続けているうちに、問題の種を蒔いた義経は奥州へ逃げてしまっている。それまで吉野、あるいは多武峯《とうのみね》、あるいは叡山《えいざん》、と神出鬼没の行動を続け、ときには洛中に潜んでいるという噂も立つが、東国側はなかなかこれを捉えることができない。まさに大胆不敵、英雄義経の面目躍如と言いたいところだが、しかし、これはどうも彼の個人プレーではなさそうだ。まず彼の現われた所を見ると、吉野とか叡山とか有力寺院が多い。この後、伊勢に現われたというような噂もある。この事は有力な寺社が、義経を受入れていることを意味する。義経に忍者的才能があったというより、強大な受入れ態勢があったわけで、言いかえれば、寺社側は、根強い反頼朝、反東国感情を持っていたということになる。

それはそうかもしれない。頼朝は度々、

「僧が兵仗《へいじょう》を帯びて横行するのはよろしくない」

と言っているし、例の兵糧米徴収は寺社側の激しい反感を買ったはずである。これまで寺社領の多くは不輸不入——徴税権も警察権も拒んで来た。それを頼朝ごときの要求に何で応じられようか、という思いが強かったに違いない。

こうした抵抗に遇って東国側はどうしたか。例の兵糧米はあっさりと取りやめにした。このほか、西国から、義経捜索に名を藉《か》りて武士たちが各地で物資をかすめとったり、勝手な行いをしているという文句が来ると、頼朝はむしろ武士を叱りつけ、ついに平家の没官領（官に没収された領地）や謀叛人のいる所以外の地頭職を停止してしまっている。義経を捉え得ないまま、東国はずるずると後退を続けている感じである。この間、義経に同調した行家を誅殺することはできたが、かんじんの義経は依然として姿をくらませたままだ。そしてそのあいだにやったことといえば、義経を改名させることぐらいであった。

というのは、例の『玉葉』の筆者九条兼実の息子に三位中将良経《よしつね》がおり、同じ呼び名ではよろしくない、というので義経を義行《よしゆき》と呼ぶことにしたのだ。が、これにまた文句が出た。義行とはつまり「よく行く」ことだ。だからなかなか摑まらないのだという意見が出て、今度はすぐ出て来るようにと、義顕《よしあき》と改名させた。といっても本人に会って言い渡したわけでもないのだから、現代の感覚から見れば、何やらお笑い番組的でさえあるのだが、ともかくこんなことを大まじめにやっているうちに、義経はかつてゆかりのあった奥州へ逃げていってしまったのである。

この噂が鎌倉に届いたのは一一八七（文治三）年二月、彼がどの道をどう辿ったかも興味のあるところだがここでは省く。それより注目すべきは、義経の奥州入りは一種の国外逃亡だということだ。東京で罪を犯したものが、九州や北海道に高飛びしたのではない。飛行機で外国へ高飛びしたようなもので、奥州には西国国家の主権は直接は及ばない。つまり義経は西国国家から奥州国家へ逃亡してしまったのだ。さきに私が西国と東国のほかに奥州国家が独立した存在としてあったことを指摘しておいたのは、このあたりのことをはっきりさせたかったからである。

奥州三代

独立国家としての奥州の歴史は古い。私たちは、古くから度々行われた東北遠征、ことに坂上田村麻呂の事蹟を教えられているので、その時点で現在の東北地方全体が中央政権の版図に入ったように考えがちだが、辺境の地に十分な勢力浸透は望むべくもなく、他の諸国とは違った特例がいくつか残されていた。とりわけ陸奥国《むつのくに》の北部の六郡――胆《い》沢《さわ》、和賀《わが》、江刺《えさし》、稗貫《ひえぬき》、紫《し》（志）波《わ》、岩手の六郡は、奥六郡と呼ばれて、土着豪族がなかば自治領として領有することを認めざるを得なかった。この豪族を俘囚《ふしゅう》の長《ちょう》という。

俘囚とは、西国国家に帰順した蝦夷《えぞ》のことで、文字面《づら》だけみると、何やら卑められた感じがあるが、実質的には辺境豪族の半独立を認めたということである。

何しろ当時は、彼らのほかに帰順を肯《がえ》んじない蝦夷があちこちにいた。西国側はまず俘囚の長を手なずけ、彼らの力で抵抗しつづける連中を制圧させる政策をとったのだ。こうして俘囚の長は然《しか》るべき地位を与えられる。ここはほかの諸国のように租税の取りたてや徭役《ようえき》労働は行われない。いわば西国国家は宗主権を保留し、他は俘囚の長の支配に任せたのだ。西国側と奥六郡との境は、大体衣川《ころもがわ》のあたりと考えればよい。だから西国国家から任じられた陸奥守の統治範囲は、実際にはこれより南の地域に限られていたのである。

平安朝時代に、この奥六郡に強大な支配者が現われた。安倍《あべ》氏である。総帥頼良《よりよし》が衣川の館に、息子たちが奥六郡の各地に柵《さく》（城）を構え、さらに南下して衣川以南に進出しようとした。これを制圧するために陸奥守に任じられた源頼義と彼らの間に行われた戦いが、いわゆる前九年の役である。その経過は省略するが、結局頼義の力では安倍一族に対抗しきれず、出羽《でわ》の俘囚の主である清原氏の力を借りて、やっとこれを滅ぼすことができた。

その結果、清原氏は鎮守府《ちんじゅふ》将軍に任じられ、出羽の領地とあわせて奥六郡の主もかねるようになった。後にこの清原氏に内紛がおきる。頼義はすでに死に、息子の義家が陸奥守になっていたときのことだが、義家がこの内紛に介入したのが、いわゆる後三年の役である。この経過もかなり複雑なのだが、結論からいうと義家の応援した清衡《きよひら》が勝利を得る。この清衡の出自《しゅつじ》もかなりややこしく、清原家に養われていたものの、母は先に滅んだ安倍氏の娘、父は陸奥の豪族で安倍氏と共に滅んだ藤原経清という人物であるところから、以後は藤原氏を名乗る。これが奥州藤原氏の祖である。

かくて清衡は奥六郡と清原氏の出羽の所領をあわせ領有する奥州国家の王者となるわけだが、さらに西国国家の摂関家・藤原氏の奥州における荘園の総預《そうあずかり》となって、西国政権との結びつきを深める。何しろ奥州は古来、産金の地であり、かつ名馬の産地である。清衡はそれらを西国の藤原氏に送って喜ばせ、代りに広大な奥羽の自治権を手に入れたのだ。

以来、奥州は独立国家として、一種の安定期に入る。平泉に本拠を定めた清衡、その子基衡《もとひら》、その子秀衡《ひでひら》の三代は文字通り黄金時代である。有名な金色堂《こんじきどう》のある中尊寺《ちゅうそんじ》は、清衡の時に作られた。豪奢な金色の寺などは、西国国家の権力者・藤原氏でさえ及びもつかぬものであった。このとき、実質的には彼らの権力は衣川どころか、その南部に浸透し、白河関以北をその版図におさめていた。もちろん西国国家から陸奥守は派遣されていたが、彼らがその介入を拒否することは度々だったらしい。また西国の権力者・藤原氏も、彼らに任せた荘園の管理が意のままにならず、しばしば手を焼いている。たとえば、藤原頼長は、奥州の荘園の年貢の増額を要求したが、とうとう要求の半額に値切られてしまった。頼長といえば、平安末期の貴族には稀なきびしい政治家なのだが、彼にしてそのていたらくだったのである。

してみると、白河関以北の現在の東北の地は、ほとんど奥州藤原氏の勢力範囲内にあったと見ていい。それでも当時は形式主義だから、依然として西国国家は自分たちの官僚機構の中から陸奥守は任命しつづける。そして奥州藤原氏に対しては昔ながらの「奥六郡の主」というみとめ方しかしていない。彼らに鎮守府将軍の称号を許すのは、三代目秀衡のときになってからである。しかも心の中では彼らを依然夷狄視《いてきし》している。

といっても、現在の差別観との間には少し違いがある。当時、中国生れの中華思想は日本にも及んでいて、中央政府（中華）は四方に夷狄の国を従えていることが理想の姿でもあったのだ。中国ではそれらの国を東夷《とうい》、西戎《せいじゅう》、南蛮《なんばん》、北狄《ほくてき》と呼んだ。それと同じく、西国国家も、奥州に夷狄の国を持つことによって権威づけられるように考えていたのである。それが「奥六郡の主」の存在を許した一つの根拠である。かくて、衣川以南の地帯の所属はあいまいなまま、実質的には奥州国家の根底はいよいよ強化されてゆくように思われたが、やがて、西国国家がそのあいまいさにピリオドを打たねばならないときがやって来た。今まで現状に眼をつぶって来た彼らが、しぶしぶながら藤原秀衡を陸奥守に任じなければならなくなったのだ。

そのきっかけは何か。例の東国の挙兵である。そしてそれを機に、奥州は動乱の時代に巻きこまれる。これまでの歴史ではとかく西国との関係に眼を奪われがちだったが、東国挙兵の歴史的な意味の大きさはここにもあることが近来は評価されて来ているようだ。

王者秀衡の計算

藤原秀衡の陸奥守任命は一一八一（養和元）年八月十五日、このことを聞いた右大臣九条兼実は、

「天下ノ恥、何事カコレニ如《シ》カンヤ。悲シムベシ、悲シムベシ」

と慨嘆している。当時政局から疎外され、すべてに批判的になっていた彼のこの評言は、多少割引きしなくてはならないだろうが、夷狄視していた秀衡に陸奥の行政権までも委《ゆだ》ねてしまったことは、たしかに西国国家にとっての大事件であった。

ではなぜ、彼を陸奥守に任じなければならなかったか——。それは任命の日付がすべてを物語っている。一一八一年八月——。まさに東国に変革が起った一年後のことである。はじめは義朝の遺児が騒ぎを起したくらいに思っていたその運動が容易なことでは潰れないことに、やっと西国国家は気づきはじめたのだ。その間の事情をまざまざと物語るのは、兼実の日記『玉葉』である。ここには種々のデマやら希望的観測やら、それと裏腹な絶望やらが登場する。

「秀衡が頓死したらしい」

「武蔵国の有力武士が頼朝に背いた」

「これに不安を抱いた頼朝が、今のうちに上洛しようと準備をととのえたそうな」

これらのデマに一喜一憂する都人を嗤《わら》うことはたやすいが、それよりも前にテレビや

ラジオのない当時の状況を復原し、その上で情報の持つ意味を考えなおす必要がありそうである。

中でもおもしろいのは、奥州藤原氏の総帥、秀衡の死が伝えられたかと思うと、たちまちそれが打消され、それと同時に頼朝が秀衡の娘をめとるらしい、という噂が流れることだ。東国の情勢と関連して、秀衡の動向に西国がいかに神経質になっているかがわかろうというものである。

秀衡が陸奥守に任じられるのはその四カ月後のことだ。頼朝と秀衡の同盟を恐れた西国政府は、秀衡の奥州における施政権を認めるかわり、背後から頼朝に圧力を加えさせようとしたのである。

これを言いだしたのは平家——清盛はすでに死んでいるから宗盛と思われるが、その言い分がふるっている。

「陸奥国は大略秀衡がかすめとっているのだから、陸奥守にしてやっても、現状とさして変るわけでもないからかまわないのじゃないか」

それまで、わざと眼をそむけていた現状を、理屈をつけて認めようというのだ。しかし兼実のような批判組は、ここでの政策転換を見逃がさない。じつはこのとき平家は、甲斐《かい》や信濃《しなの》の源氏の蜂起に対応させるために、越後の豪族城資永《じょうすけなが》を越後守に任命しようとしている。今まで中央ががっちり押えて来た国司のポストを地方豪族にゆだねることを、兼実は、

「此ノ事等、惣《ソウ》ジテ道理ノ推《オ》ストコロニ非《アラ》ズ」

と言っている。後の害を考えず、行きあたりばったりのやり方だ、と批判は手きびしいが、しかしこの兼実、後白河法皇から、意見を聞かれると、

「私の口出しするところではありません」

などと逃げてしまった。ほんとうに責任をとる者のいない公家社会の末期的な症状は、こんなところにも露呈している。

さて、こうして陸奥守に任じてはみたものの、秀衡はおいそれとは動かない。実質的な独立王国の主である彼は、うかうかと西国の要求には応じないのである。一方の城資永が、平家の命のままに木曾から進出して来た源（木曾）義仲と対決しようとした矢先、頓死してしまったのとは対照的だ。

この限りにおいて、秀衡はまさに奥州国家の王者たる貫禄をしめした。しかもこのときすでに彼は、その庇護《ひご》の下《もと》にあった義経を頼朝の許《もと》に送り出している。これには彼の郎等、佐藤継信《つぐのぶ》、忠信兄弟をつけてやっている。西国と東国とを睨みあわせて巧妙な手をうったともいえるが、しかし長い眼でみれば、これが奥州国家の命を縮めることになったのだから、歴史というものは皮肉である。

なぜなら、頼朝は、西国国家が上洛の誘いをかけて来たとき、

「奥州藤原氏の動向に不安があるので」

ということを口実にこれを断った。じじつ頼朝は秀衡の存在に脅威を感じてはいたの

だろうが、結果的にはこれはなかなか賢明なやり方だった。もし、うかうか上洛していたら、西国の公家たちに手玉にとられて、もみくちゃにされてしまったかもしれない。秀衡はだから頼朝の地盤を確立させるために一役買ってしまったともいえるのだ。

もう一つは義経の問題である。頼朝との対立のはてに、義経は奥州国家に舞いもどって来た。その庇護をうけて成人した彼としては当然のことだろうが、これが東国との対立を決定的なものにする。義経との関係がなかったにしても両者の対決はいずれは行われなければならなかったかもしれないが、しかし、恐らくそれは別の形と経過をとったものと思われる。じじつ義経逃亡以前には東国と奥州国家との間には、ある種の和平が成立しかけていたのだから。

一一八六（文治二）年の春、頼朝は、秀衡にこんな申入れをしている。

「あなたは奥六郡の主であり、私は東海道の惣官であります。これからは魚と水のような親しい交わりをいたしたい。ただし遠く離れていて、なかなか思うにまかせないが。ともあれ、そちらの馬や金は天下の貢物《みつぎもの》であるから、私としても管領しないわけにはゆかない。今年からは私が都へ取りつぎましょう。これは勅定《ちょくじょう》でもあります」

これに対して秀衡からは、貢馬、貢金はそちらから都に取りついでくれ、という意味の返事が来て、まもなく馬も送られて来ている。

ここでもおもしろいのは、頼朝が秀衡を「奥六郡の主」と言っていることだ。彼の独立性を認めながらも、その主権を衣川以北に限定しようとしている趣がある。

宣旨往来

ともあれ、それからしばらくの間は、奥州と東国の間は小康状態が保たれるのだが、一一八七（文治三）年になって、義経が奥州に逃げこんだとわかると、俄然様相が変って来る。まず東国は、西国国家に対し、

「奥州に厳命を下し、義経の件を糾明していただきたい」

と申入れる。今となっては後の祭の感もあるが、義経に同調した形跡のある廷臣や僧侶についても文句をつけている。が、西国国家と奥州国家との交渉は遅々として進まない。どうやら西国はこの問題を本気でとりあげる気になっていないようである。東国にせっつかれて陸奥へ出した使が帰って来たのはその年の九月、これには東国の使も同行している。秀衡は、彼らに対して異心のない旨を答えたようだが、帰国した東国の使は、

「いやいや、こっそりと戦さの準備をしております」

と頼朝に報告した。

「ふむ、やっぱりな……」

頼朝は肯き、早速《さっそく》彼を京都へ出発させた。面従腹背の秀衡の言をそのまま受取っては困る、と申入れをさせたのである。

ところが、そんなやりとりのあった後、まもなく秀衡は重病に陥り死んでしまった。ときに十月二十九日、没年については六十六歳、七十三歳、九十二歳などの説があるよ

うだ。その死にあたって、彼は母の違う息子たちに一致和合を誓わせ、義経を主君として頼朝を襲う計画を樹《た》てよ、と遺言したという。これは『玉葉』の記事だから、あるいは西国側の希望的観測も入っているかもしれない。

東国は、秀衡の死を聞いて、討つなら今だ、と思ったらしい。西国国家にさらに催促して義経追討の宣旨《せんじ》を下させる。

「義経らは、さきに院から頂いた頼朝追討の院宣《いんぜん》をふりかざして事を起そうとしている。あれはすでに無効である。それを悪用するのは征伐に値する。又、秀衡の子の泰衡がこれに同調しないというなら、ただちに義経を召取るように。そうでなければ官軍を派遣するであろう」

といった趣旨のものである。その文中にちょっと注目すべき個所がある。

「普天ノ下、寰海《カンカイ》ノ内、何《イツ》レカ王土ニ非ザル、何レカ王民ニ非ザル」

がそれだ。日本国はどこでも天皇の領土だし、誰でも天皇の臣民だ、という意味だが、ことさらこれを強調するのは異例に属する。ほかの場所では使われないようなこういう表現を使うのは、むしろ現実には奥州国家の版図内の土地、人民は王土、王臣ではなかったからではないのか。この院宣は東海・東山道の国司や陸奥・出羽の国衙にあてて出《じ》されたものだが、当の泰衡は、依然としてこれに応じる気配はない。東国はいよいよ焦れてくる。矢の催促をうけて、再度追討の宣旨が出されたのが一一八八（文治四）年十月。頼朝のところにその文案が送られて来た。

「義経追討につき、泰衡らに彼の身柄を召進すべき旨の宣旨を出したが、まだ実現していない。すぐさま実行するように」

という文面だが、まだこの段階では、西国国家はこれを奥州国家内の問題とし、泰衡に義経逮捕を命じているにすぎない。これでは東国はうかつに兵を動かすことはできないわけで、またしてもこの悠長《ゆうちょう》なやりとりを指をくわえて見ているよりほかはないのである。いわば国外逃亡した犯人の逮捕を相手国の警察に依頼しているわけで、しかもその国には犯人の同情者ばかりというのだから、摑えられるはずはなかった。

翌年の正月、宣旨をもって奥州に使にいった西国の男は、鎌倉に立寄ってこう言った。

「泰衡は義経を捉えて進上しますと申しておりましたよ」

頼朝は苦りきっている。

「あの嘘つきめの言うことなど、あてになるものか」

かねてそういう答を予期したとみえて、じつは東国側は使の立寄る数日前、先手をうって西国に申入れをしている。

「すでに泰衡が義経をかくまっていることはまぎれもありません。これは謀叛も同然でありまます。お許しを得て、誅罰を加えようと思います」

このあたり、現代の外交交渉を見るような息づまるやりとりである。さらに奥州国家は、西国の使を追いかけて、必ず義経を尋ねだして召進するという請文《うけぶみ》を後白河あてに出している。その情報が東国に届くや否や、今度は鎌倉からの使が西国へ飛ぶ。

「泰衡の言うことをお許しあってはなりませぬ。直ちに追討の宣旨を下すべきであります」

が、西国は依然期待するような決断を下さない。

——もはや、これまで。

東国は合戦の決意を固める。折ふし、鎌倉の鶴岡八幡宮では塔を建立《こんりゅう》中だったので、この落慶法要が終ったら出撃ときめて、この旨を西国の公家にも申送っている。

ところが、これに肩すかしを食わせるように、泰衡は衣川の館にいる義経を襲って自害させてしまう。一一八九（文治五）年閏《うるう》四月、義経三十一歳、このとき二十二歳になる妻と四歳の女児がこれに殉じた。『吾妻鏡』で「妻」と書いている女性は、多分、以前頼朝の肝いりで、義経と結婚するべく都に送られた河越重頼の娘ではないかと思う。ほかの女性——例えば舞姫静《しずか》については、『吾妻鏡』は「妾《しょう》」と書いて区別しているからである。

義経の死をめぐって

肉親を死に追いやった冷酷な男、頼朝——。

こうした評言は、この事件に原因するところが多い。その執拗な追いつめ方、敗残の身を奥州にひそめた弟を、そこまで追及しなくてもよいではないか……というのが、おおかたの意見である。

が、じつはこれは兄弟相剋のホーム・ドラマではないのだ。そのことをはっきりさせようとして、これまで義経問題の経過をすこしくわしく書いておいた。表面義経を追いつめるかに見えて、そこに微妙な外交問題がからんでいることは今改めて指摘するまでもないと思う。いわば義経は口実なのだ。本筋は東国対奥州国家の問題だが、いまひとつ西国対東国の問題がからんでいる。これは現代の政治犯の引渡しにからんで起る国家間の外交戦争と同じことなのだ。そう見なければ、義経の死後に行われる東国の奥州侵攻が解釈できない。さもないと、

「頼朝はしつこい男で、義経が死んだ後まで、彼をかくまった泰衡への怒りがおさまらず、ついにこれを攻滅ぼしてしまった」

というようなことになってしまう。これでは歴史的な見方にはならない。じつをいうと、義経問題に東国対奥州の問題がオーバーラップし、いつのまにか、後者が本筋になってしまっている、というのが実情なのだ。歴史の問題に仮定は禁物だが、あえていうならば、義経の問題が起らなくとも、いずれ両国は対決しなくてはならなかった。そのことを東国はすでにはっきり自覚しはじめていた、といっていいだろう。

付加えると、義経についてはこの後で、さまざまの伝説が生れる。泰衡に襲われて自殺したのは嘘で、実際は北へ向って逃れたと言われ、さらに秋田から青森へ、そして北海道へ渡ったとされている。一方、鎌倉に送られた義経の首は偽物だったという説もしきりに囁かれている。それも考えられないことはない。何しろ義経の死んだのは閏四月

三十日、鎌倉に首が届いたのは六月十三日だ。なぜこれほど遅くなったかといえば、ちょうど鶴岡八幡宮の落慶供養が始まったので、死の穢《けが》れを嫌って、わざと到着を遅らせるように命じたからである。鎌倉の腰越《こしごえ》にその首が着いたとき、黒漆の櫃《ひつ》におさめて酒漬けにしてあったというが、どの程度人相が見定められたものか、これははなはだ疑わしい。

が、こうした詮索は、私の分野ではない。はっきり言えば、その首が偽かどうか、あるいは秋田や青森に逃げたかどうかに関係なく、義経という人間の、政治的、歴史的生命は終りを告げているからである。ここから新たに生れるのは伝説の世界のヒーローとしての義経であって、一応これは区別したほうがよさそうである。

たしかに「判官《ほうがん》びいき」という言葉があるほど、義経の人気は大きい、敗者への同情は美しいが、これを歴史的な評価と混同させたり、ひいては頼朝への感情的な反撥をあおって、彼の歴史的役割を読み違えるようになるのは考えものだ。中には義経びいきを庶民の反権力志向、ささやかな体制批判と見る向きもあるが、これにも私はついてゆけないところがある。もしあったとしても、せいぜい感情的な次元での鬱憤晴らしではなかったか。いやそれよりも、作りあげられた伝説の中の英雄は、むしろ民衆にとって毒薬の作用を及ぼすことさえある。

その一つの例は、義経ジンギスカン説だ。これは義経が北海道からさらに大陸に渡ってジンギスカンになったというもので、ひところ、爆発的に話題をさらった。これが荒《こう》唐無稽《とうむけい》な説であることはいうまでもないが、ここには笑いすてられない問題がひそんでいる。

この説が起ったのは、近代になってからだ。すなわち、日清・日露両役に勝ち、日本の大陸進出が軌道に乗った時期に、満洲事変に先立って登場したということは、恐ろしいまでに象徴的ではあるまいか。日本人はここに自分たちに先駆けて大陸を席巻《せっけん》した英雄を見出して狂喜したのだ。ここでは義経はすでに虐げられた悲劇の人でもなければ、反権力のヒーローでもない。そして「庶民」なる存在もまた、これに批判も加えず喝采を送ったのだ。幻の英雄のロマンなどと言ってすまされない問題に、当時気づいた人は何人いただろうか。その愚を繰りかえさないためには、歴史に登場する人間については、もう少し冷静にその位置づけをしておく必要があるだろう。

大庭景義の主張

義経が死んだと聞いて、ほっとしたのは西国国家である。早速、東国に対して、

「義経が誅殺されたことを聞こしめして院は喜んでおられる。これで国内は静かになる。もう戦さはおしまいですな」

と言って来た。

が、東国は知らんふりで、どんどん奥州侵攻の準備を進め、重ねて泰衡追討の宣旨を要求した。

西国がなおも難色をしめしている間に、侍所《さむらいどころ》の動員令に応じて続々武士たちは集合し、出撃の態勢はととのってしまった。

『吾妻鏡』はこのときのこととして、言いわけがましい記事を載せている。六月三十日、多数の軍兵が鎌倉に集合したところで、頼朝は故実を知る老武者、大庭景義《かげよし》（能）を呼んでたずねた。

「奥州征伐のことを朝廷に願い出ているのだが、いまだ御許しがない。すでに御家人を集めてしまったのだが、どうしたものか」

と、景義は決然として言った。

「昔から戦さの事に関しては、将軍の命令は聞くが、天子の詔は聞かないということになっています。もはや奥州追討のことは申しあげてあるのですから、御返事を待つ必要はないでしょう。それに泰衡は歴代御家人だった侍の後を継いだものですから、綸旨《りんじ》がなかろうと、征伐することに何の差支えがありましょうや」

頼朝は大いに我が意を得たとばかり、景義に褒美の馬を与えた……。

泰衡を家人だと言ったのは、義家時代、その祖、清衡を助けたことからそう言ったのであろう。主人が家人に誅罰を加えるのに遠慮はいるものか、というわけだが、これは一種のごまかしだ。義家以後、源氏と奥州藤原氏の縁は切れてしまっている。

また、軍事について将軍の命令は聞くが天子の詔を聞かない、というのも現実の事態とは少しあわない。というのは、頼朝はこのとき、正式に将軍ではないからである。しかし、この言葉は重要な問題を含んでいる。古来、将軍は軍事行動にあたっては非常大権を与えられ、副将軍以下が軍法に違反したときは、法にあわせて死罪以下の刑罰を科することができた。つまり軍事行動の間は彼はオールマイティであり得たのである。その象徴として、将軍は出征にあたって節刀《せっとう》を天皇から貰ってゆく。古くは東北遠征の征夷大将軍たちや、将門《まさかど》の乱のときに征東大将軍となった藤原忠文の例がある。また奈良朝から平安朝にかけて中国に派遣された遣唐使《けんとうし》――彼らは武官ではないが、同様に節刀を貰って出発した。旅行中の部下に対しては司法権を行使することを許されたのである。もちろんこの大権は将軍も遣唐使も任期中だけのことで、帰国して節刀を返したとき、その権限は消滅することになっている。

厳密にいえば、『吾妻鏡』がここに奥州出兵の根拠を求めるのはちょっとおかしい。頼朝はさきに書いたように将軍にはなっていないから、坂上田村麻呂や藤原忠文のような非常大権を与えられてはいない。また、この非常大権は戦争が始まってから軍事行動中のことに限られるわけだから、奥州出兵を決行する根拠にするのは拡大解釈だ。

しかし、東国側は多分、これを木曾義仲や平家討滅に続いた一連の軍事行動ということにして出兵を強行しようとしたのだろう。それにしても故実を知った老将とはいえ、せいぜい保元の乱に従軍した程度の大庭景義が、本当に律令《りつりょう》に定められた将軍の非常大権を知っていたかどうか、これもはなはだ疑問である。

ここで考えられる裏面の演出者は、例によって大江広元とか三善康信だ。彼らはこうした法律に詳しい。出陣にあたって長老格の大庭景義の口を藉りてそう言わせ、集まった将兵に出陣の大義名分を納得させたのではあるまいか。

泰衡の首

さて、いよいよ出陣である。七月十九日、鎌倉勢は東海道（茨城県から福島県の太平洋側の道を辿るもの）、北陸道（新潟県から日本海沿いに進んで山形県北部で東進するもの）、中央内陸部を進んで、東海道軍と合するものの三手に分れて北進を開始した。今度は頼朝みずからが中央軍を指揮している。

七月二十九日、頼朝は白河関を越えた。奥州国家の勢力範囲に突入したわけである。やがて戦闘は開始されたが、激しい攻防戦の末、第一陣が破られると、後は意外なくらい奥州勢は脆《もろ》さを露呈した。残敵を追って頼朝は八月十二日多賀の国府へ着く。以来東国勢は怒《ど》濤《とう》の進撃を続け、二十二日は彼らの本拠平泉に達した。すでに泰衡の手によってその大半は焼かれていたようだが、中で金色堂が災禍を免れたのは幸だった。

本拠を捨てた泰衡は、降伏を乞い、「陸奥・出羽は頼朝に任せるから家人《けにん》にして欲しい。それが不可能なら命だけは助けて欲しい」と言って来たが、頼朝はこれを許さなかった。進退きわまった泰衡は、数代の郎従で肥《ひ》（比）内《ない》郡の贄柵《にえのさく》を守る河田次郎《かわだのじろう》の許に身をよせたが、河田は年来のよしみを忘れて、敗軍の将となった主人を殺してしまった。栄華を誇った奥州国家は、ここに完全に終止符をうたれたのである。

それにしても、何とあっけない敗け方であろう。後三年の役から約百年、金と名馬という巨富を手にした北の王者は、一月間の戦いで東国武士に完全制圧されてしまったのだ。平家の息の根を止めるまで、東国武士は数年の歳月をかけている。これに比べてあまりにも脆い崩れようではないか。逆にいえば、奥州国家ほどの富を持たない東国武士は、なぜやすやすと彼らを降し得たのであろうか。

この答は二つながら泰衡自身の死の中に用意されていると思う。彼は他ならぬ部下に裏切られて死んだのだ。ということは、とりもなおさず、東国の中で見て来た「御恩と奉公」の論理でつながるあの壮大なピラミッドが奥州では未発達だったということではあるまいか。

東国ピラミッドが、直属上官には絶対服従というきびしい掟に貫かれていることを、くどいほどに書いておいたのは、じつはこのためだ。それが一つの組織として成立っていたら、奥州国家はこれほど脆い崩れ方はしなかったろうし、少なくとも、総大将泰衡が部下に殺されるといった惨めな終り方はしなかったであろう。

そう思ってみるとき、泰衡の首を下げて恩賞にあずかろうとやって来た河田次郎に対する頼朝の処分は、大きな意味を持っている。

彼は軍奉行《いくさぶぎょう》、梶原景時を通じて河田次郎にこう言っている。

「そなたのやったことは一応大手柄のようにみえる。が、自分の所にいた者を殺したのだから苦労して首を獲たわけでもない。第一、譜代の恩を忘れて主人の首を獲るとは、罪八虐に値する。恩賞などはもってのほかだ」

即刻部下に命じて首を刎《は》ねさせてしまった。

この処置を、頼朝一流の冷酷、かつ狡猾《こうかつ》なやり方だ、と評する人がいるが、これはまちがっている。泰衡の首を得たいのは山々だが、しかし部下の主人殺しを、東国ピラミッドの主《あるじ》は絶対に許すわけにはゆかないのだ。もし河田次郎を褒めでもしたら、東国ピラミッド自身が崩壊してしまう。頼朝にあっては泰衡の首よりも組織防衛が優先したのである。

『吾妻鏡』の史料性

考えてみると、『吾妻鏡』はこうした東国の原則を文中で口を酸っぱくして説いている。たとえば、ずっと以前のことだが、佐竹攻めに際して、『吾妻鏡』は河田次郎とは対照的なエピソードを語っている。上総広常や千葉常胤にすすめられて、佐竹秀義を討ったとき、頼朝はその一族の義政《よしまさ》をおびきだし、だまし討ちに近いやり方で殺してしまった。後日、捕虜になった家人の一人が、面と向って頼朝を難詰したことがあった。彼は敢然として言ったのだ。

「あなたは平家討滅のために旗揚げをなさったはずなのに、源氏である佐竹一族を先ず討つとはまちがっています。佐竹一門に罪はない。それを殺してしまったら、いったい御子孫の守りは誰がするのだ。これでは、誰も不安になってうわべだけは服従するでしょうが、心から従うことはない。後代に禍根を残しますよ」

それを聞いた広常らは、謀叛の輩だとばかり誅しようとしたが、頼朝はこれを押しとどめ、御家人の列に加えた、というのである。

うっかり読みすごすと、頼朝の寛仁さを称えているようにみえるが、この話の根本は、捕虜が佐竹に逆意はなかった、と命をかけて主人を弁明しているところにある。たとえ頼朝の意に逆《さか》らっても、主人を徹頭徹尾弁護しているところが、頼朝の感動を誘ったのだ。

そう思って読むと、『吾妻鏡』はなかなか周到な配慮をもって編集されていることに気づかされる。後代の我々はこれを歴史史料と見て、その信憑性《しんぴょうせい》を云々するが、その名のごとく、これは彼らにとって、まさしく「あずまの鏡」、つまり東国武士のお手本とすべき書物でもあったのである。

史は志なり、という言葉がある。日本の、いや中国やその他を含めて昔の史書には、多少とも倫理的規範をのべているようなところがある。そのころは歴史というものにもう少し広い意味を含めていたともいえるだろう。歴史意識の違いといってもいい。それだけに後世の我々は書かれていることが事実かどうかの吟味《ぎんみ》をきびしくする必要があるが、しかし、それが厳密な意味での事実かどうかという詮索とは別に、たとえそれがフィクションであったにしても、彼ら歴史の書き手がそこで何を言いたかったか、をみつめなければならない。その意味で河田次郎をめぐるエピソードは、単なる物語ではない。ここで奥州国家と東国国家は火花を散らして対決しているのである。

もちろん、奥州国家にも濃《こま》やかな主従関係が存在していた、という説がある。それを知らないわけではないが、やはりこれが組織化され、一つのパワーにまで高められてはいなかった、と私は思っている。これは奥州における農業の発達段階にも関係がある。具体的なことを摑んでのことではないが、奥州国家は一方に驚くべく巨富を握った支配者がおり、他方には極めて貧しい人々がたくさんいるといった、古代的な形態をより強く残していたのではないだろうか。一説によると、彼らは広大な耕地面積を持っていたともいうが、広さは必ずしも質のよさを意味しない。この事は東国の武士団についてもふれておいたが、同じような状況がさらに後進的な形で残っていたのではないかと思われる。

土地に対する執着《しゅうちゃく》と、「御恩と奉公」の論理は、すでに見て来たように二人三脚でやって来る。奥州にはまだそれが定着していず、古代的な、いわば奴隷制的な性格が多く残っていて、それが藤原氏の栄華をもたらした、と私は見たい。奥州の黄金の輝きは、いわば古代国家の落日の輝きだ。奥州における東国武士団の戦いは、この古代国家に対する中世国家の対決だったのである。

現状追認の論理

泰衡の首を見るに先立って、東国は戦勝を西国国家に知らせている。当時西国における窓口は一条能保《よしやす》——頼朝の姉の夫である。さらに九月八日、詳しい合戦の報告を持って御家人の一人、安達新三郎《あだちしんざぶろう》が都へ出発する。と、行違いに都から泰衡追討の院宣を持った使者が到着した。すでに泰衡は死んでしまっているのだから、現代の眼からすれば奇妙な処置だが、これこそ当時の現状追認の典型なのだ。院宣の日付は七月十九日、頼朝たちが鎌倉を発った日付にしてある。形の上では東国勢はこの院宣によって行動を開始したことになる。

こうした形式主義を、しかし嗤うことはできない。西国側は、日付を小細工してやっと面子《メンツ》を保ったが、これはたしかに一歩後退だ。東国国家は奥州国家をめぐる駆引では、ともかく西国国家に勝ったといえる。

義家の時代、例の後三年の役について、西国国家はこれを私闘と見なして、義家の恩賞の申請を認めなかった。が、このときの頼朝は自分の裁量でどんどん御家人たちに地頭職《じとうしき》を与えてしまっている。一般住民や投降者の本領を安堵し、御家人の統轄者《とうかつしゃ》として留守職《るすしき》を任命した。この時点で奥州国家は完全に東国国家の中に組入れられたわけである。

古代以来、西国国家が手を焼き続けていた奥州問題は、ここでやっと終止符がうたれたのだ。坂上田村麻呂は現地の豪族と妥協し、その自治を認めた。源頼義は、俘囚の長、安倍氏を討つために、出羽の俘囚の主、清原氏の手を借りた。義家は清原氏の内紛に介入したものの、結局得るところはほとんどなかった。しかし、頼朝を頂点とする東国国家は、まったくの独力で、徹底的にこの地の統轄権を獲得した。領土的な広さからいえば、東国は従来の倍以上のひろがりを持つにいたった。

かくて東国は完全なる勝利を得たと言いたいところだが、しかしそうも言ってしまえないところが、この時代の複雑なところである。ここにいたっても、西国国家はまだはっきりとこの事態を認めたわけではない。泰衡追討の宣旨は確かに出したが、これはじつはもう一つの意味がある。西国はかろうじて現状を追認して面目を保つと同時に、

「奥州征伐は自分たちの許可があって始めてなし得たのだ」

という主張をしたのだ。それは逆にいえば、

「自分たちの承認なしに勝手な処分は許さない」

という意思表明でもある。

さて、これと現実をどう嚙みあわせるか、ふたたび東国と西国は武器なき相剋の時代を迎えるのである。

頼朝上洛

奥州問題が一応けりのついたところで、頼朝はいよいよ上洛の途につく。時に一一九〇（建久元）年、旗揚げからすでに十年の歳月が流れている。準備は入念に行われた。従うもの一千余騎。十月三日、頼朝がすでに懐島《ふところじま》（茅ヶ崎市）に着いているのに、まだ後陣の武士は鎌倉を出発していないというほどの大がかりなものであった。十一月七日、いよいよ一行は都入りする。全員が三列に並んでの行進は都人の眼を奪うものであった

らしい。後白河法皇もひそかに牛車《ぎつしや》の中からこれを見物した。以後頼朝は一月余り滞在する。後白河法皇、後鳥羽《ごとば》天皇にも謁した。九条兼実にも会ったし、氏神である石清水《いわしみず》八幡《はちまん》にも参詣した。金や馬や絹を手土産《てみやげ》として景気よく法皇はじめ寺社などにばらまきもした。第一回の顔見世上洛は各方面に強烈な印象を与え、まずは大成功だったといっていい。

受入れ側も後白河はじめ、下へもおかぬもてなし方をした。何しろ度々の上洛の催促にも応じなかった頼朝が、やっとおみこしをあげてやって来たのである。入京した翌々日、後白河は早速頼朝に会い、他人を交えず、長時間じっくり話しこんだ。しかもその日のうちに権大納言《ごんだいなごん》に任じた。さらに十一月二十四日には右近衛大将《うこんえのだいしょう》（右大将《うだいしょう》）に任じている。

まさに双手《もろて》をあげての大歓待——と見えるが、じつはこれがまったくそうでなかったというのが、当時の公家社会の意地の悪いところである。じつは上洛に先立って、西国国家は、頼朝に度々の追討の賞としてどういう官を与えようか、希望はないかと聞きあわせている。では権大納言、右大将という官は頼朝の希望にそったものであったのだろうか。この任官をめぐる宮廷劇はじっくり見物する必要がある。

九日、暗くなるまで後白河の御所にいた頼朝が退出しようとすると、

「ま、ちょっと待つように、と仰せられておいでです」

取次の公家がしきりに彼をひきとめた。と、頼朝はたちまち相手の意図を察したらし

く、

「いや、また参りますから」

逃げるように立去ってしまった。公家が仕方なしにその旨を報告すると、

「そうか」

後白河はうなずき、

「では、権大納言に任じるから、といってやれ、ただし」

口早につけ加えた。

「頼朝は辞退するにきまっているからな。請文《うけぶみ》を待たずに、今夜のうちに辞令を出してしまえ」

西国国家の王者の頰には、多分このとき、皮肉な嗤いが湛《たた》えられていたのではなかったか。じじつ『吾妻鏡』に載せられた頼朝の請文にはこうある。

「権大納言に任じられることは有難いのですが、やっぱり御辞退申し上げたいと存じます」

後白河の推測は的中していた。西国国家は、その後、頼朝を右近衛大将に任じるのだが、これは左近衛大将とならんで武官としては最高に近い顕要の地位だ。父祖、頼義・義家以来、一人として任じられなかった地位を、後白河は二つながら気前よくくれてやったのである。

頼朝はしかしこのときも極力辞退した。しかし西国国家は、

「まあまあ謙遜なさらずに」

無理やりこれを押しつけてしまった。十二月の帰国に先立って頼朝はこの両職を辞している。

――遥か東国にいてはお役に立ちませんから。

というわけであろうか。

辞任劇の裏表

さて、この押しつけ任命と辞任劇をどう見るか、である。ふつうの公家社会のルールに従えば、押しつけも辞退も習慣的ゼスチュアである。一方が「やろう」といえば、他方は「その任ではありません」と言い、それを繰返した上で受けとるというのが一種のエチケットになっていた。

また、一度貰った官を辞退することも珍しいことではない。辞めてしまっても前官の肩書がつくから、箔《はく》はつく。そのために辞めることを前提にして任官する例もある。つまり一つの格付けなのだ。頼朝の権大納言という肩書は左右大臣に次ぐポストだからまず閣僚クラスだ。右大将ももちろん顕官だ。これはいわゆる近衛《このえ》軍の大将だから、左大将と並んで天皇の親衛軍の司令官だが、このころの近衛府は、軍事力はあまりなくて、儀仗隊《ぎじょうたい》の色彩が強い。そして大将は軍隊指揮官というより、名門の高級貴族が兼任する名誉あるポストと見なされていた。

では、頼朝は公家社会のルールに従って、格付けをされたことで満足したか。彼がこの任官をどう受止めたかはきわめて判定のむずかしいところである。現代の贈物のやりとりでも、ゼスチュアで辞退しているのか、本気で迷惑がっているのか、その見分け方はなかなかむずかしいが、これはそれ以上に微妙な問題を含んでいる。

しかし、これを解く手懸りはある。例の『玉葉』がそれだ。筆者兼実はこう書いている。

「辞ストイヘドモ、推シテ之ヲ任ズト云々」

権大納言任官についての記述である。つまり押しつけだ、というのだが、兼実のようなその道のヴェテランのこの判断は、まず信用してもいいだろう。

さらに、頼朝と会見した後で、兼実は頼朝の言としてこんなことを書きとめている。

「現在は法皇が天下を治めておいでで、天皇は春宮《とうぐう》のようなものですな。とにかく法皇御万歳（死去）の後でなくてはどうにもなりませんよ。あなたのことも決して疎略に思っているわけではないのですが、法皇に遠慮してわざとよそよそしくしていますので、あしからず。まあ、あなたもお若いことだし、私も運があったら二人で世直しをやりましょう。今のところは法皇にお任せしているので、万事思うようになりませんが……」

かなりはっきりした本音を頼朝は吐いたようだ。いかにも親しげに語りあったものの、法皇と頼朝とは決して意見が一致したわけではないのである。そして彼にとって「意のままにならなかったこと」の中に、官職問題も入っていた、と思ってまちがいはないだろう。してみれば、この権大納言、右大将は決して彼の望むものではなかったことになる。

では、彼が最も欲しがったのは何か。

それこそ征夷大将軍という肩書だ。このことは多くの学者の指摘するところだが、このことを、私は奥州問題との関連において、もっと重要視したいのである。

征夷大将軍の権限

当時の公家の常識からすれば、征夷大将軍と右大将では、もちろん右大将の方がずっと格がいい。が、頼朝にとっては、右大将という格付けよりも、征夷大将軍という肩書のほうが絶対に必要だった。

すでに書いておいたように、征夷大将軍は、刑罰権を持つ戦時体制下における独裁者だ。彼の持つ権限は帝王に等しい。さきに恩賞権を手にいれた頼朝は、この地位を得ることによってさらに権限を補強し、公然と東国の帝王となることができるのだ。天皇の親衛隊長か、東国の独裁者か、を比較すれば、彼の欲するところが何であったか、たちどころに理解できる。かつて大庭景義の言ったといわれる「軍中将軍ノ命ヲ聞キ、天子ノ詔ヲ聞カズ」という権限を、彼ははっきり西国国家に確認させたかったのだ。

さらにもう一つ、私は「征夷大将軍」という言葉のもつ意味を重視したい。奥州征服に際し、この肩書が用いられるようになったのは奈良朝以来であるが、中でも有名なのは桓武朝の坂上田村麻呂である。彼はその権限において、蝦夷と折衝し、奥州の天地の支配形式をきめたのだ。

そのゆえに……。まさにそのゆえにこそ、頼朝はその称号を望んだのだ。彼は第二の田村麻呂だ。いや田村麻呂以上に完全に奥州国家を征服した。この現状を追認し、奥州を東国の版図と認めよ、というのが彼の言い分なのである。すでに実質的に奥州支配を完了していながら、何をいまさら……と見るとしたら、この解釈は現代的すぎる。実質の黙認と現状追認との政治的な意味の違いは、これまで度々触れて来たから繰りかえさないが、当時の人にとってこの両者の間には大きな差があったのである。

思うに、頼朝は西国国家から官職の希望を聞かれたとき、征夷大将軍を、と答えていたに違いない。もちろんこれにはブレーンの知恵付けがある。度々引合いに出す大江広元、三善康信らが後についていて、大納言や右大将なら辞退、征夷大将軍こそ！　と筋書を書いていたに違いない。

それに、幸いなことにこれには身近に前例があった。頼朝に先立つ数年前、彗星のように都に現われ、たちまち没落した木曾義仲に、西国国家はこの称号を与えているのだ。

「木曾義仲と同じものを——。そう願い出たら如何です。法皇もいやとは言えますまい」

ブレーンたちは、そんな作戦をたてたのではないか。

しかし、木曾義仲と頼朝との場合では状況はまるで違っている。西国国家が義仲にこれを与えたのは、むしろ彼の無智につけこんだ敬遠策であった。上洛して来た彼が王朝社会のルールも知らず、横暴ぶりを発揮するのに手を焼いた西国側は、平安初期以来使ったことのないこの肩書にハタキをかけて取出して、彼に押しつけたのである。

——都のことに口出しをせず、早く地方へ出てゆけ。そして頼朝と戦え。

というわけだ。「征夷」といっても、義仲にはさしあたって奥州国家と対決する実力はないのだから、いわば有名無実の肩書だ。彼らはそういうものは、気前よくくれてやるのである。義仲自身はむしろ都の官職が欲しかったのだろうが、この方はせいぜい左《さ》馬頭《まのかみ》、位も従四位下しか与えていない。そうしておいて征夷大将軍に任じられたものが、都でのんびりしていてはいけない、と早く出てゆけよがしをしたのである。

広元や康信はこのなりゆきを都でじっくりと見ている。そしてそれを逆手にとって、

「征夷大将軍をお貰いなさい」

と頼朝に献言したのだと思う。西国の法に明るい彼らは、その地位の持つ非常大権について知りぬいていたのだ。もっともこの征夷大将軍は常設の官ではなく、事あるときに任命される臨時の官なのだが、そこを知らぬ顔をして要求させるところに、巧妙なしかけがある。

虚々実々の駆引

もとより、西国国家はこれに気づかないわけはない。義仲の無智につけこんでくれて

やったこの官職にがっぷり喰らいついて来た東国の小面憎《こづらにく》さ。舌打ちする思いで、

——さらば！

と、彼らは腕に覚えの社交テクニックで立向う。頼朝を迎えた後白河側の歓迎ぶりが、ことさらきわだっているのはそのためではないだろうか。いわば彼らは、酒を飲みたいという客の前に、お汁粉や大福をずらりと並べて「大歓迎」を行ったのである。こういう官職をめぐる虚々実々の駆引は西国国家のお家芸だ。頼朝と彼らのやりとりの本音は、

「さ、東国の自治権を認めなさい。奥州国家も完全に私たちのものだということをここではっきり認めて貰いましょう」

「とんでもない。お前は西国の侍大将だ。すこし優遇しすぎるくらいだが、ま、有難く思え」

「おや、それだけですか。それならこちらも御免こうむりましょう」

といったところなのだが、それをいとも優雅な言いまわしで行うのだ。むしろ我々は頼朝が何を与えられたか、というより、何を与えられなかったかに注目すべきなのである。

頼朝はとうとう征夷大将軍は与えられなかった。法皇との話合いに時間がかかったのも、

「法皇のいる間は駄目だ」

という歎声も、じつはそこから来ている。数百年間鍛えに鍛えた手練手管の壁は厚す

ぎたのだ。ずるずると後退に後退を重ねて、西国の権威を失い続けた後白河であったが、さすがにお家芸の官職の分野だけは守りぬいたのだ。一方の頼朝も義仲とは違う。父は義朝だが、母は熱田《あつた》大宮司の娘——つまり中流貴族だけに、そういう駆引の世界も知らないわけではない。だから義仲のように短気を起さず京都で武装デモンストレーションを行っただけで引揚げていった。伊豆で二十年間流謫《るたく》の生活を送ったこの男は、待つことの賢明さを知りぬいている。果せるかな二年後に後白河が世を去ると、盟友兼実の計らいで、やすやすと征夷大将軍になってしまった。西国国家の事後追認は、ここに完結する。

すでに西国から帰って、前右大将《さきのうだいしょう》としての格式によって、政所《まんどころ》の吉書始めという儀式を行ったが、将軍になると、今度は将軍としての政所始めを行っている。政所というのは、その高官に付随した事務局というわけだが、ここが東国国家の行政の中心である。

ふつう鎌倉幕府の成立は、頼朝が征夷大将軍になった一一九二年といわれている。幕府とは、将軍の居るところだから、幕府開設はまさにこの時期ということになるが、学界の意見では、もうこうした見方は過去のものになっているという。だいたい流れてやまない時間と事態の推移にはっきり区切りをつけようというのが無理なことなのだが、しかし征夷大将軍をめぐる駆引の複雑さを見てくると、やはり西国国家の事後追認が行われたという意味で、一一九二年はエポックを作った年とはいえるだろう。私はその議論に深入りするよりも、植民地だった東国地方が、一一八〇年に変革を開始し、この年一つの節を迎えた、というふうに見ておきたい。

といっても、これを機に東国が西国を圧倒し、日本全部が武家の世の中になったというのでは決してない。国境もぼやけているし、経済的な権利も重なりあってはいる。が、東国は一応植民地的従属からは脱した。一方西国国家内には東国の御家人は地頭として根を張りはじめているし、以後、日本はきわめて不安定な二つの政権の併立時代に入るのである。

第八章　裾野で何が起ったか　曾我の仇討にひそむもの

将軍の巻狩

後白河法皇の死によって、征夷大将軍の称号を手に入れたとき、頼朝は四十六歳、政子との間には、さきに生れた大姫のほかに、長男頼家《よりいえ》、次女三幡《さんまん》、次男千万《せんまん》（幡）が生れている。名実ともに東国国家の王者となった頼朝は、その翌年の一一九三（建久四）年、関東各地で大がかりな巻狩《まきがり》を行う。すでにその準備は早くから始められていたらしく、那須（須）光助《みつすけ》という御家人は、那須野における巻狩の準備の料として、わざわざ下野国の一村を与えられている。いかにこの狩猟が大がかりに、かつ入念な準備の上に行われたかがわかろうというものだ。

これは将軍家の単なるお道楽ではない。大将軍が領国内に威風を誇示する大デモンストレーションであり、狩猟に名を藉《か》りた国内巡検なのだ。

頼朝は後白河法皇の一周忌の終るのを待って巻狩に出発する。十二歳の嫡男頼家をも連れた旅で、御家人の多くがこれに従ったが、武器を携帯するのを許されたのは、御家人たちの中で、弓馬の術にすぐれ、かつ気心の知れた二十二人に限られた。大部隊が武器を帯びて集合すれば、すぐにも戦闘行為に入れるわけで、不慮の事態の起きることを警戒したのであろう。しかし、この命令が実際どのくらいの効果を持っていたか、という疑問も十分心の隅にとめておく必要があるだろう。

三月二十一日鎌倉を発った頼朝は、二十五日、早くも武蔵国入間《いるま》野《の》（現在の埼玉県入間郡のあたりの平野であろう）で鳥猟を行う。ここで百発百中の妙技を発揮したのは藤《ふじ》沢清親《さわきよちか》であった（彼はもちろん二十二人のメンバーの中に入っている）。四月には那須に入り、二十日間ほど滞在して狩を行った。近くの有力御家人小山朝政、宇都宮朝綱、八田知家らが千人の勢子《せこ》を動員するという大がかりなもので、例の那須光助が、かいがいしく食膳の世話をしている。

さらに上野《こうずけ》を巡って狩を行い、いったん鎌倉へ戻った頼朝は、五月、今度は富士の裾《すそ》野《の》の巻狩に出発する。今度の設営主任は北条時政だ。伊豆駿河の御家人を指揮して事に当るべく、五月早々現地に向けて出発している。頼朝・頼家の出発は五月八日、『吾妻鏡』はこれに従った有力御家人五十人の名を書きつらね、そのほかにも射手として参加した人々は数知れなかった、と書いている。とすれば、さきの弓箭《きゅうせん》を帯することの制限は解除されたのか、このあたりの書き方は少しあいまいだ。

十五日、一行は富士の裾野についた。頼朝の宿所として建てられた仮屋は、南向き五間のものであったという。御家人の宿舎もこの周囲に軒を並べて建てられた。

嫡男頼家が初めて鹿を射とめたのはその翌日だった。かねて頼家につけられていた弓の名人愛甲季隆《あいこうすえたか》の巧みな指示によって大物を射とめたというので頼朝は大喜び、その日の狩猟はそれまで、ということになり、山の神を祭る矢口祭《やぐちのまつり》が行われた。

このあたりを頂点として、富士の巻狩にはいささか妖しげな翳《かげ》りが兆して来る。十日ほど後、工藤景光《くどうかげみつ》という老練な武者が大鹿に出遭った。景光はこれまで獲物を狙って外したことのない名手だったが、どうしたことか、この鹿を二度三度射ても当らず、その上、矢をつがえると、ぼうっとして妙な気持になる始末。

「これは、山の神の乗り物たる神鹿ではないか。しまった事をした。俺の命も長い事はないぞ」

はたせるかな、その夜から景光は発病してしまったので、頼朝も狩を中止して鎌倉へ帰ろうとしたのだが、宿老たちが引止めるので、そのまま続行することにした。

椿事《ちんじ》が起ったのは、その翌日の夜半である。裾野に建並んだ宿舎の一つにいた工藤祐経《すけつね》が曾我十郎祐成《そがのじゅうろうすけなり》と弟の五郎時致《ごろうときむね》の手によって殺されてしまったのだ。

すでに祐経と祐成たちの祖父、伊東祐親《すけちか》との間に、所領をめぐる争いがあったこと、わが土地を横領された祐経がこれを怨んで、狩に出た途中の祐親を家来に射殺させようとしたとき、狙いが外れて、祐親の子河津祐通《すけみち》（祐泰）を射殺してしまったことなどにはふれておいた（33ページ系図参照）。このころ、まだ幼かった遺児の十郎と五郎は、母が曾我祐信と再婚したために、曾我の地で養われることになったが、実父のことが忘れられず、以来、祐経を父の敵《かたき》とつけ狙い、この夜ついに本望を達したのである。

史上名高い曾我の仇討について、くわしく述べる必要はないと思う。彼らについての物語は、鎌倉末期にはすでに成立したらしく、それがさらに加筆されて現存の『曾我物語』となった。以来、歌舞伎にも取りあげられたし、戦前は親孝行の見本として、教科書にも必ず登場した。

いわば鎌倉時代の事件として最も有名なものの一つである曾我の仇討に、じつは私はかねてから深い疑問を抱いている。事実を疑うわけではない。二人が恨みを晴らすべく工藤祐経を殺したことはまちがいないと思うのだが、事件はただそれだけのものだろうか。いや、ここに仇討よりもっと大きい何かがひそんでいるのではないか……。

裾野の混乱

疑問について語る前に、『吾妻鏡』の語るその後の経過を見ておく。

不意を衝かれた宿舎の人々は仰天した。折しも裾野は大雷雨に襲われ、駆けつけようにも灯《あか》りもままならない有様。稲妻が闇をつんざく中で恐怖はひろがり、祐成らの手によって八、九人の御家人が疵《きず》を被り、中には殺される者まで出た。が、そのうち、祐成は新田《にった》（仁田）忠常《ただつね》によって討果された。時致の方はさらに頼朝の宿舎に突進した。頼朝も太刀を引きよせて立向おうとしたが、小舎童《こどねりわらわ》の五郎丸という者がやっと時致を取りおさえた。

翌二十九日午前八時、庭に引据えられた五郎の前に頼朝が現われ、主だった御家人の居並ぶ中で尋問が始められた。と、時致は御家人を睨みつけて言った。

「これには深いわけがあるんだ。最後の所存を申し上げるのにそなたたちの伝言は無用。直接御所さまにお話申し上げるから退っていろ」

思うところあったらしい頼朝は、時致を呼びよせてじかに話を聞いた。時致は御家人でも何でもない。頼朝と直接話ができるというのは異例のことである。このとき時致は頼朝に言った。

「祐経を討ったのは父の恥を雪《そそ》ぐためであります。兄九歳、私七歳のころから、このことは片時も忘れたことはありませんでした。又、かく御前に推参《すいさん》いたしましたのは、祖父祐親が御機嫌を損じて非業《ひごう》の死を遂げて以来（祐親は反頼朝側に立って戦ったため、後に捉えられて自殺している。誅殺されたという説もある）、お恨み申し上げていることがないわけでもありませんでしたので、そのことを申し上げてから自害するつもりだったのでございます」

頼朝は時致の言葉に感じて命を助けようとさえ思ったのだが、祐経の遺児犬房丸が泣いて訴えたので、彼に与えて梟首《きようしゆ》させた。その後も祐成、時致が実母の許に書送った最後の手紙を取りよせ、その孝心に感じ、永久に自分の手文庫に納めておくことにした。

ここに見られる頼朝の姿は実に寛容である。さきに書いておいたように、工藤氏の内紛の原因は、むしろ伊東祐親にある。親を思う情には一理あるが、ある意味で兄弟は祐

か。
のは許されない行為であるはずなのに、なぜかくも頼朝は時致を簡単に許そうとしたの白しても、そのことを深く問わない。かりにも太刀を帯びて幕舎に突進して来たという経を逆恨《さかうら》みしているともいえる。また彼らが祖父の失脚について恨みを抱いていたと告

私がこう思うのは、じつはこの仇討事件にからんで、まるで連鎖反応のように、次々と奇怪な事件が起きているからだ。

まず、祐経を討った後、祐成・時致らは、多数の御家人を殺したり傷つけたりしている。怪我をした顔ぶれの中には、頼家の弓の師範格の愛甲季隆、旗揚げ以来の功臣、加《か》藤太光員《とうだみつかず》、木曾義高に従って鎌倉に来て、そのまま御家人となっている海野小太郎《うんのこたろう》などの顔ぶれが見える。ほかに堀藤太《ほりとうた》という名もあるが、これは同じく旗揚げに参加した堀藤次親家《とうじちかいえ》の一族であろうか。

これらはいずれも当時の部隊長格の御家人だ。いかに暗闇とはいえ、彼らがたった二人の兄弟の手によって、やすやすと傷つけられるということがあり得るだろうか。部隊長が傷つくためには、その周囲を固めた部下の多くが傷つくか殺されるかしているはずだし、そんなことが、二人きりでできるわけはない。それに『吾妻鏡』は「この時殺されたのは宇田五郎已下《いか》である」と殺された人数についてはきわめてあいまいな書き方をしている。これもおかしいといえばおかしいことで、ふつうなら死んだ人間が先に書かれ、その後で負傷者が書かれるはずだ。

ともあれ、これは単なる祐経殺しではない。裾野では一大殺傷事件が起きたのだ。そのことについて、頼朝が時致をまったく責めていないのもおかしい。むしろ、これは祐成・時致のしたことではなく、これに便乗して、あるいはこれに呼応して、もう一種の別の事件が起きた、と見た方がいいのではないか。

このことが大事件だったことの片鱗を伝えるのは『保暦間記《ほうりやくかんき》』である。それによると、富士の裾野はこの殺傷事件によって大混乱が起り、一時は頼朝自身が討たれた、というデマさえ流れた。それが鎌倉に伝えられ、政子が色を失ったそのとき、留守を預っていた頼朝の異母弟、範頼が、慰め顔に、

「私がおります。御心配なさいますな」

と言ったというのである。

『保暦間記』もあまりあてになる史書ではないが、案外真相の一部を伝えている、と思われるのは、当の範頼が、その後まもなく謀叛の罪に問われて失脚してしまうからだ。この書はその原因を、

「範頼がおります」

と言ったことから、頼朝に後釜に坐るつもりと曲解された、としているが、これはあまりにも幼稚な解釈でいただけない。何かの意味で範頼が疑われるようなことはあったのだと思うが、この事については少し後でもう一度ふれたい。とにかくこのあたりに裾野の大騒動の真相がちらりとのぞいている点は認めていいと思う。

ではいったい何が起ったのか？

告白すると、こう思ったときから『吾妻鏡』に対する私の疑問と関心はたかまった。

――怪しい。

と思ったのだ。何かを隠している。もちろんこれは後世の編纂物だから、編纂時の意図が混っている。いったいそれは何なのか……。そう思うと、いよいよ『吾妻鏡』を読むのがおもしろくなって来た。

範頼失脚

あるいは、こういう言い方をすると、永井路子は矛盾していると言われるかもしれない。これまで一にも二にも『吾妻鏡』を振廻しながら、今度はそれを信用しないとは何事か、と。

しかし、これまでもできる限り『玉葉』やその他の史料との比較の上で『吾妻鏡』を使って来たつもりだし、また、対西国、対奥州といった外交折衝には文書も残っており、相手もいることだから、自分勝手にごまかせない部分がある。だから、それなりに信用していいと思うし、鵜呑《うの》みにはできないにしても、本音を読みとることは比較的たやすい。

ところが、自分自身のこと、つまり自分たちしか知らない部分には案外嘘が多いのである。これは六国史《りっこくし》の中の藤原氏関係の記事についてもいえることだし、手近な例でいえば、自伝小説くらい嘘の多いものはない――といってしまえば、よりはっきりするであろう。だから『吾妻鏡』が自己内部の問題にふれて来たときは、そのつもりで用心して読まねばならないのだ。

こむずかしく言えば、史料批判ということになろうか。歴史学者の場合は、より態度が厳格だから、それを圧倒する確実な史料を押えなければ、明言はしない。では、この事件に関して『吾妻鏡』を圧倒する史料があるかといえば、残念ながらそれはノウなのだ。『玉葉』にはこれについての記載はないし、藤原定家の日記『明月記』にもこの部分が闕《か》けている。とすると決め手はないわけだから、学者の良心に従えば、沈黙を守るよりほかはない。私はそうした学者の態度に敬意を表するし、それを守っていただかなくては学問の厳しさがなくなってしまうと思うのだが、私自身は小説書きだから、そこから先は、小説的想像を逞しくする。裏から表から、『吾妻鏡』をなめまわすのである。

すると、『吾妻鏡』がそしらぬふりをして、なかなか味な書き方をしているのに気がつく。範頼の事件についていえば、後日譚はいよいよひろがってゆく。彼が謀叛の疑いをかけられたことを心配し、その家人の当麻太郎《たいまたろう》という男が、ある夜、ひそかに頼朝の寝所の床下に忍びこんで捉えられてしまった。当麻太郎は、頼朝が範頼のことをどう思っているか、真意を摑むために、床の下にもぐって聞き耳をたてていたのであって、頼朝に危害を加えるつもりはなかった、と陳弁するが、彼が武勇の士であるだけに、頼朝の疑念はいよいよ深まった。範頼はこの事に一切関知しない、と言ったが、ついに許されず、伊豆国に流されてしまう。

「帰参其ノ期アルベカラズ」

つまり無期流刑だ、と『吾妻鏡』はそっけない書き方をしている。それからまもなく範頼は伊豆で殺されてしまったらしい。彼を預ったのは狩野介宗茂《かのうのすけむねもち》と宇佐美祐茂《うさみすけもち》という武士だが、祐茂が殺された祐経の弟だということは、目をとめておいていいだろう。

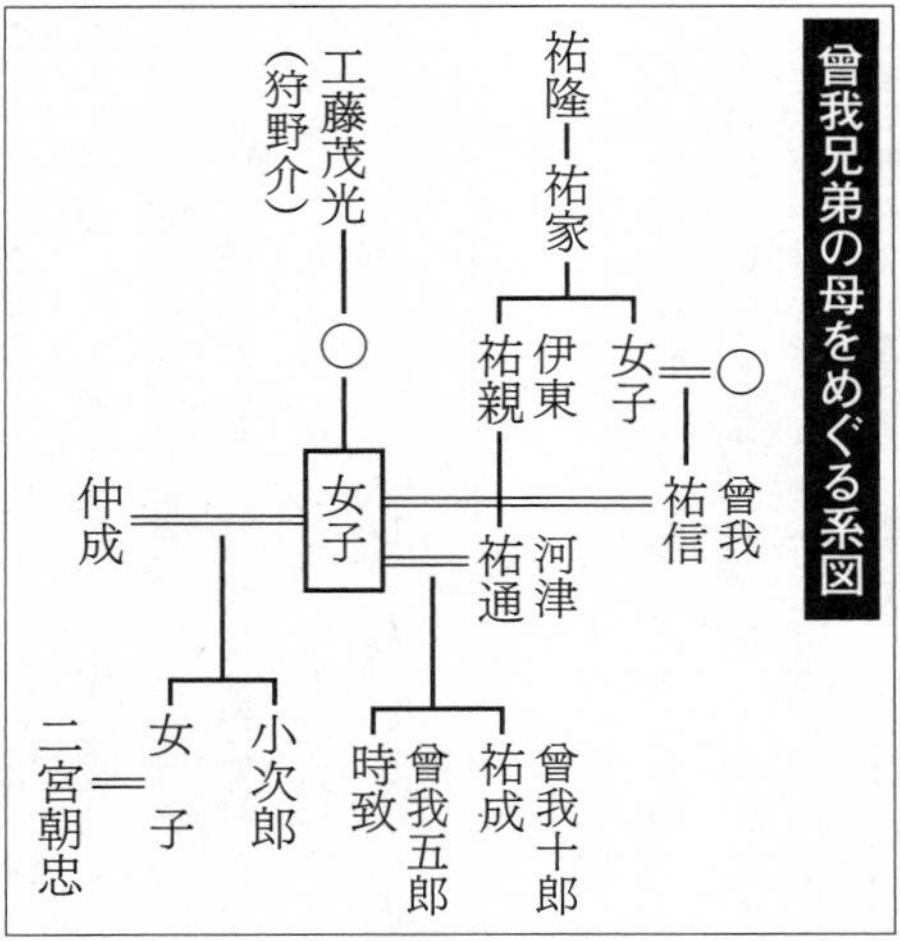

曾我兄弟の母をめぐる系図

範頼処分の原因を作った当麻太郎は遠く薩摩《さつま》に流されることになった。誅殺を免がれたのは頼朝の長女大姫が病気になったためだと『吾妻鏡』にあるが、事を起した張本人が流罪で範頼が殺されてしまうというのも妙な話である。

それを追いかけて範頼の家人数名が鎌倉で叛乱を起そうとするが、これも難なく取りしずめられる。そして、その後にぽつんと一行、『吾妻鏡』は書くのだ。

「故曾我十郎祐成一腹ノ兄弟、原小次郎誅サル。参州ノ縁坐《エンザ》ト云々」

参州とはかつて三河守だった範頼のこ

とだ。ここで俄然、曾我兄弟と範頼は、何らかのつながりのあったことが浮び上って来るのである。この原小次郎は一説によると、京《きょうの》小次郎だという。

曾我兄弟の母は、狩野介茂光（挙兵の折、頼朝に同調して戦って重傷を負って死ぬ）の孫娘で、最初に伊豆の目代だった仲成《なかしげ》という男と結婚し、一男一女をもうけたが、仲成が上京してしまったので、これと別れて、河津祐通と結婚し、兄弟を生んだ、といわれている。原（京）小次郎は最初の夫との間に生れた子供である。

兄弟の鉾先は誰に？

ではなぜ、『吾妻鏡』は曾我兄弟は範頼と気脈を通じていた、と書かなかったのか。それには書けないわけがあったからなのだ。

これについて、昔の学者で陰で事件の糸をひいていたのは北条時政だ、という説を出した人がいる。その根拠は、曾我兄弟のうち、弟の五郎時致が、北条時政を烏帽子親《えぼしおや》として元服していることにある。これは『吾妻鏡』にも書いてあり、五郎が時致と名乗っているのはこのためだと思われるのだが、こうして時政は五郎に恩を売り、彼をそそのかして、頼朝を狙わせ、クーデターを起そうとしたのではないか、というのがその説だ。

時政は、かつてはわが娘の婿でしかなかった頼朝が将軍として大きな顔をしはじめたのがおもしろからず、こういう計画を樹てた——という見方は、なかなかおもしろい。が、私はむしろ、時政が烏帽子親になったという理由で、あえて正反対の想像をしたいのである。

烏帽子親とは何か。すでにこれについて、畠山重忠と大串重親との関係を見て来た。烏帽子親を選ぶ規準は一様にはいえないが、

(1)　一族の長老のようなごく親しい関係。

(2)　将来親しくすべき人を烏帽子親に選ぶ場合。多分に利害に立った政治的含みがあり、両者は必ずしも親しくない。

(3)　言外に臣従を誓っている場合。一般の家臣よりも隷従度が少なく、その分だけ親しくはあるものの、決して親子の親しさではない。

というくらいに分けることができると思う。重忠と重親の場合は(3)に当る。そして時政と時致の場合もほぼ(3)に近いと私は思うのである。かつて伊豆一の権勢を誇った伊東家も祐親は頼朝に反抗したために没落し、その孫、祐成、時致は一人前の御家人にも取立てられない境遇にある。本来なら祐親に代って陽のあたりだした工藤祐経を頼るのが近道だが、父を殺されている二人にはそれもできない。そこで伊豆出身で勢力を持ちはじめた時政を頼って元服したが、時政は五郎時致を御家人に推挙する気配もなければ、十郎祐成の後楯として所領を世話してくれるつもりもない。それどころか、時致を臣下扱いにする。名族伊東家はいまや陪臣《ばいしん》になり下がったのである。

むしろそういう扱いに、兄弟は激しい不満を抱いていたのではないか。私がそう想像する一つの根拠は、兄の十郎祐成が新田忠常に殺された、という事実に注目するからだ。忠常は北条時政の腹心だ。そのことは後でいよいよはっきりすることだから今はふれないが、とにかく時政には影の形に従うごとくについて歩いている、いわば時政の親衛隊の一人である。その彼が、十郎を討ったということは、祐経を討った後、十郎自身が白刃をふりかざして、北条時政の宿舎に突込んでいったことを意味しないか……。

さらにいえば、このときの負傷者のメンバーの中に、堀、加藤などといった北条氏に近い武士が混っていることにも注目したい（愛甲季隆はあるいは頼家の近くにいて難に遭ったのかもしれない）。北条を狙ったのは、曾我兄弟二人だけではなく、何かもっと大きな反北条勢力が、その背景にいたのではないか……。

常陸の風雲

この事件の底流に、反北条の気運を感じる理由はもう一つある。曾我の仇討に目を奪われて、あまり誰も注目していないことだが、このとき、もう一つ容易ならぬ事件が起きているのだ。

曾我の仇討の起った直後のことだ。事件に驚いた常陸久慈《くじ》の武士たちは、頼朝に何の挨拶もせずに、裾野から引揚げてしまったのである。これは重大な軍律違反だ。将軍の許しもなしに軍を動かすとは、不服従、いや謀叛に近い。頼朝はこれを憤って、早速彼らの所領を没収してしまった。

武士たるものが、事件におびえて逃げだすとは……。あるいは彼らは頼朝殺害と聞いて、幕府もこれまでと見切りをつけ、自衛のために本拠に引揚げたのではないか。よりうがった見方をするならば、クーデターを起しかけた勢力と何らかの気脈を通じていての離脱、と見ることもできる。

その後、常陸国では、俄然ただならない動きが起る。頼朝とごく親しい八田知家は裾野の事態を知るや、ただちに現地へ駆けつけようとして、同じく常陸の豪族である多気《たけ》義幹《よしもと》に同道を呼びかけた。と、義幹の答は至極冷淡だった。

「いや、俺は行かないよ」

しかも彼自身は盛んに武備をととのえ、城に立籠る気配をしめしていた。知家は鎌倉に駆けつけ、早速この事を訴えた。

「義幹は謀叛を起そうとしております」

義幹は呼びつけられ、その気のないことを陳弁したが、兵を集め、防備を固めたという歴然たる証拠があったために、身柄は他の御家人に預けられ、常陸国筑波郡の南郡、北郡等の所領は収公されて、一族の馬場《ばば》資幹《すけもと》という武士に与えられてしまった。

もっともこれには、知家がしかけた狡猾《こうかつ》な罠《わな》があった。この事件にからんで、知家はみずから兵を集めて義幹を討とうとしているという噂を流させておいた。そう聞いては義幹もうかつには動けない。どうもうまうま知家の罠に陥ちた感じである。先にもふれておいたが、知家は宇都宮氏と小山氏の血をうける豪族で、母は頼朝の乳母《めのと》でもあった。一方の多気氏は平将門時代以来の常陸大掾《だいじょう》氏の血を享《う》けた豪族だ。両者は所領が隣合せであるところからかねて対立し、お互に隙を狙っていたのである。この多気氏と、さきに頼朝に断りなしに富士の裾野から立去った常陸久慈の人々とは何か関係がありはしないか。もしその想像が当っているとすれば、裾野の事件はもう一つ大きなひろがりを持つ東国全体に大揺れをもたらした事件だということになる。

私がそう想像する理由の一つは、その年の十二月の半ばになって、常陸国の住人、下《しも》妻弘幹《つまひろもと》という武士が、頼朝の命をうけた八田知家によって梟首されていることにある。この弘幹は広幹として系図に登場する義幹の弟と思われるが、その梟首の理由として『吾妻鏡』があげているのは、

「北条殿ニ宿意ヲ挿《サシハサ》ム」

ということである。それが義幹失脚を恨んだことを意味するのか、それ以前から北条氏に対して含むところがあったとすべきか、短い文面からははっきりしないが、何らかの形で義幹の失脚については北条氏の意向が働いていた、と見ていいのではないか。

どうやら『吾妻鏡』という史書は逆の方から読んでゆくと、秘密が摑めるしかけになっているらしい。よもや「合せ鏡」を暗示しているわけでもあるまいが、当時の書き手や読み手とすれば、まるで碁盤の上にひょいひょいと石を置くような書き方でもぴんと来たのであろう。そして最後の石をぴしりと打つことによって、書き手と読み手は声も

出さずに肯きあう——といったような筆法がとられていたのではないか。ただ数百年離れている我々には、その真意が摑みかねるだけのことであって……。

さて、そう思って、合せ鏡の手法で読み出すと、またおもしろい記事を発見した。この事件について見逃すべからざる記事が、さりげなく、さしはさまれていることに気がついたのだ。

張本人は誰か？

例によって、記事は極めてさりげなく短い。

一一九三（建久四）年八月、義幹が失脚し、原（京）小次郎が範頼の縁座で誅殺された直後、次の記事がある。

「二十四日戊午。大庭平太景義、岡崎四郎義実等出家ス。殊《コト》ニ所存無シトイヘドモ、各年齢ノ衰老ニ依リテ御免ヲ蒙《カウム》リ、素懐《ソクワイ》ヲ遂ゲヲハンヌト云々」

景義は頼朝の奥州出兵を励ました老武者だ。保元の乱に出陣し、源為朝の弓で足を射られ、以後歩行が不自由になったという経歴の持主だから、かなりの老齢であることはたしかである。義実も、挙兵の折三浦の衣笠《きぬがさ》城で討死した三浦義明（当時八十九歳）の弟だから、これも老武士だ。出家するのもふしぎはない。

ところが、である。同じ景義について、『吾妻鏡』は、その二年後の一一九五（建久六）年の二月に、こんな記事を載せているのだ。

「大庭平太景能（義）入道《にゅうどう》が中文を捧げてこう言って来た。私は挙兵の最初から手柄を樹ててまいりましたが、さるお疑いをうけて鎌倉を追放され、愁鬱を含んで足かけ三年の歳月を過しました。今はもう余命幾許《いくばく》もありません。何卒《なにとぞ》早く御許しを賜わりたい」ちょうどそのとき、頼朝は二度目の上洛を計画していたので、景義は老後の面目にそのお供をしたい、と申し出たのである。頼朝は彼を許し、晴れて都入りし東大寺の供養に参列したとき、景義に頼朝の牛車の直前を騎乗させるという光栄を与えてやった。

これで見ると、景義の出家は、「さしたる所存がない」どころではなかったのである。ある事件に連座して謹慎を命ぜられて出家したことはまちがいない。その出家の日時を思えば、どうも裾野の一件がその原因としか思えないのである。

一方の岡崎義実《おかざきよしざね》はどうか。彼は景義と違って、なかなか許されなかったようだ。彼が杖にすがって登場するのはさらに数年後、頼朝が死んで一年後の一二〇〇（正治二）年のことである。すでに八十九歳になっていた彼は、泣く泣く政子に訴えた。

「もう命旦夕に迫った今、貧窮の底に沈み、頼るところもございません。恩賞に頂いた土地は亡きわが子（余一義忠＝挙兵の折戦死）の供養のため仏寺に施入《せにゅう》しました。残る僅かな土地では子孫の安堵の計も立ちません」

政子はこれに同情し、然るべき所が貰えるように将軍頼家に口添えしてやっている。彼ほどの手柄のある者がこの沈湎《ちんめん》ぶりは合点がゆかない。どうやら先の入道一件以来、彼は頼朝に憎まれ、陽の目を見なかったのではあるまいか。政子のとりなしを得て満足

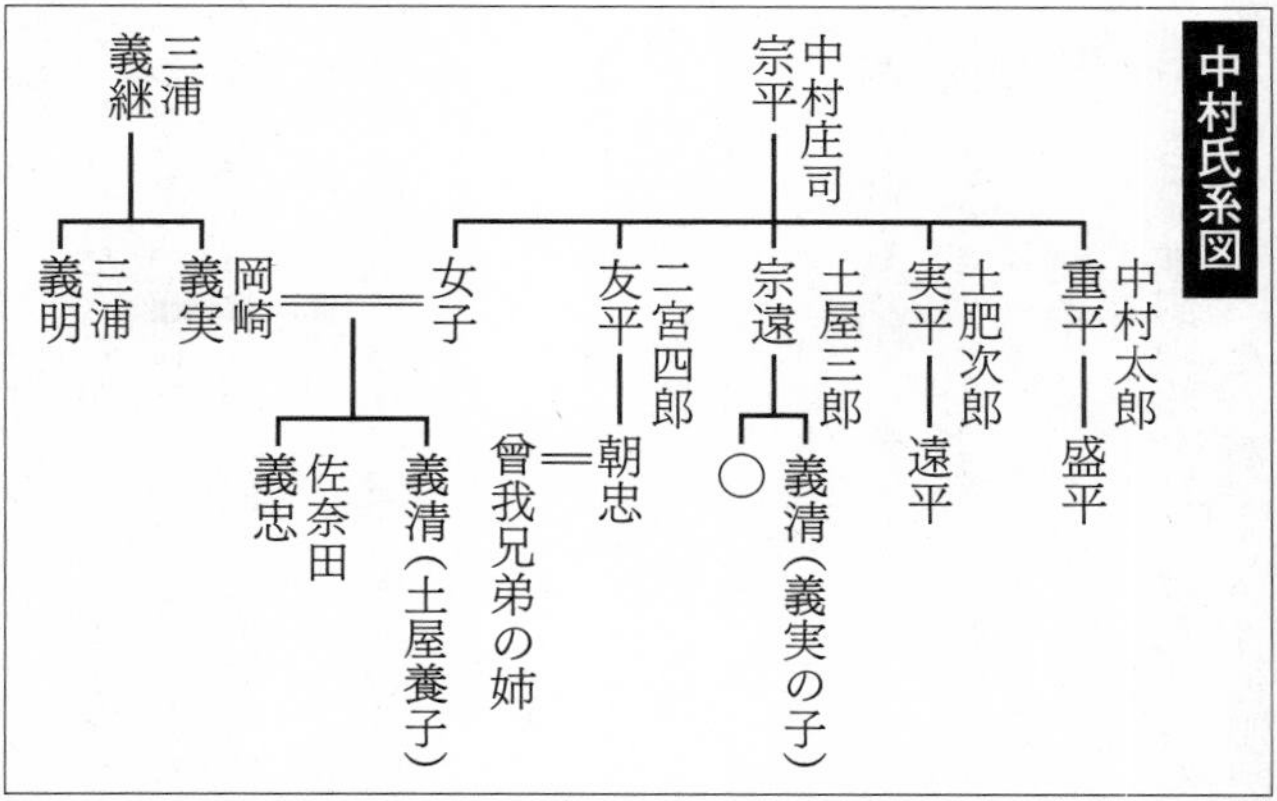

したものか、彼はその数カ月後にこの世を去っている。

「合せ鏡」の方法でこれを裾野の事件に結びつけることは、小説家の想像の分野にすぎないと言われるかもしれない。が、さまざまの事件の重なりあいから、私には裾野の事件の主謀者は、この景義、義実と思えてならない。さらに言えば、これは相模、伊豆の御家人の勢力争いであり、一方の極に大庭、岡崎、そして一方の極に北条時政がいた、というふうに取ってもいいのではないかと思う。この岡崎義実は、相模の中央部からやや西寄りに開拓を進めていた中村氏の姻戚である。この中村氏の系図は、はっきりしないところもあるのだが、中村庄司宗平に太郎重平、次郎実平（土肥）、三男宗遠（土屋）、四男友平（二宮）のほかに娘がいた。義実自身はさきに書いたように三浦義明の弟だが、この娘の所に入婿したらしい。彼の居館は、現在の平塚市岡崎——中村氏の勢力範囲内にある。彼らは挙兵当時はめざましい活躍を見せるが、どうしたものか中途から影が薄くなる。当初の実力は十分北条氏を凌いでいたのに、いつのまにか遅れをとってしまったらしいのだ。

そういうあせりが、彼らに実力行使を思い立たせたのではあるまいか。そういえば、大庭景義も老齢のせいか、しだいに活躍の舞台は狭められて来ている。この景義の居館址は茅ヶ崎市にあり、岡崎義実の本拠からも近いところから両者の間に往来のあったことも考えられなくはない。

さらにもう一つ、土肥実平は、平家攻めにあたって範頼付きの軍監——軍奉行として苦楽をともにしている。実平については、じつは事件の始まる前の一一九一（建久二）年を最後に『吾妻鏡』の記載がなくなっているのですでに死んでしまったのかとも思われるが、土屋一族、土肥一族には、漠とした範頼への親近感のようなものもあったのかもしれない。この事件に関連して土屋、土肥一族の動きは摑めないが、後に彼らが和田義盛の反北条のクーデターに一族をあげて参加しているのを見ると、徐々に北条氏への反感を強めていったような気がするのだが……。

北条氏の実力

そこまで推測の輪をひろげたゆきがかり上、ではなぜ『吾妻鏡』が、はっきりこの事件を書かなかったのか、という推測をつけ加えておく。結論をいえば、『吾妻鏡』としては、そう書くよりほかはなかったのだ。

もし、反北条氏のクーデターだ、と書いてしまえば、北条氏と彼らのその後の対決を書き続けなければならないのだが、実のところ、両者の間にはこのあと血なまぐさい対決は起らなかった。というより、北条氏の当時の実力を以てしては、それ以上積極的に相手に圧力をかけることはできなかったのだ。クーデター側にも同じことは言える。北条時政や頼朝を打洩らしてしまってはクーデターはすでに失敗だ。ここで両者は何とも割切れない形で手を退くより仕方がなかったのだ。

多分頼朝の裁定によって、クーデター側は首魁二人が頭を丸めて責任をとる代り、北条側も仲間に犠牲者や負傷者を出したことを忘れて一切を水に流す、そしてこれは曾我十郎、五郎が父の敵を討った仇討事件にすぎないのだ、ということで了解する――これが両者の妥協案ではなかったか。兄弟は死んでしまったのだから真相を喋られる心配はまったくない。さきに頼朝が、母に送った時致の手紙を手文庫に納めたというのも、真相を秘するためではなかったか。

兄弟がクーデターに便乗したのか、クーデターが仇討に便乗したのか、そのあたりはわからないが、とにかく双方とも兄弟の死によって辛うじて面子《メンツ》を保ったことだけはたしかなようだ。人々がこの事件にふれるとき、ことさら兄弟のことを声高に語ろうとしたのはそのためではないだろうか。

一方に北条氏の頼朝暗殺計画という推測のあることを承知の上で、私がこうした推測をしてみる理由をつけ加えておく。

伊豆の小土豪だった北条氏は、たしかにこのときまでに、皆に憎まれても仕方のないくらいの進出を遂げている。彼らが頭角を現わしはじめるのは、木曾攻め、平家攻めの終った段階からだ。小豪族の悲しさ、彼らは戦場にあっては目立った働きをしていない。もともと武者働《むしやばたら》きはあまり得意でない一族らしいのだ。平家討滅にあたって、時政の嫡男義時《よしとき》も西国に出陣しているのだが、さすがの『吾妻鏡』も彼に関する華々しい戦功物語はまったく伝えていない。少しでもその材料があれば針小棒大に書きたてるところなのだろうが、情ないくらいこの男は戦さは下手だったのではあるまいか。一応、範頼に従った義時が、下河辺行平や渋谷重国らと共に豊後への一番乗りをした、と書いてはいるが、どうも文章に迫力がない。結局可もなく不可もなく、命長らえて帰国したというのが真相ではないだろうか。後に政治家として図抜けた活躍をする義時だが、前半生はまったく鳴かず飛ばずなのである。

しかし、いったん戦いが終ると、父時政はなかなか鮮かな働きをする。例の義経追討の院宣をとりつけるべく、西国国家に強硬な申入れをしたとき、東国側の全権大使として上京したのは、この時政だった。例の九条兼実はこのとき、はじめて彼の名前を聞いたらしく、「北条丸」などと極めて卑めた言い方をしている。ところが、この北条丸は、例の段別五升の兵糧米徴発の権利を持出して西国国家をびっくりさせる。

以後一進一退、東国と西国は押しつ押されつの戦いを演じることは前にふれた通りだが、この間、北条時政は、手練手管はお手のものの西国貴族を向うに廻して、たくみに渡りあう。伊豆の田舎の小土豪とは思えぬ、みごとな度胸と駆引の鮮かさに、西国国家の高級官僚たちは、目を丸くしたに違いない。

この事件を契機に、時政の東国国家における重みはぐっと増したようだ。何といっても頼朝の妻の父親だから、頼朝の地位が安定すれば、これに従って時政もしだいに一目おかれるようになる。もっとも小土豪時政としては、かなりの才覚も必要としたに違いない。まず彼は頼朝のお声がかりという形で娘の一人を足利義兼に嫁がせる。義兼は源義家の三男、義国の血をひく源氏の一族であり、かつ彼の母は頼朝の母の妹である。さらに武蔵の豪族、畠山重忠、稲毛重成の許へも娘を嫁がせる。旗揚げ以前だったら、とうてい及びもつかない大豪族との縁組みだから、送り出す方も嫁ぐ方も、さぞ気骨の折れたことであろう。

それでも、当時の彼の地位はあくまでも頼朝の舅《しゅうと》というだけで、東国内での正式な地位は得ていない。大江広元、三善康信らが占める行政方面は武士の手に負えないからやむを得ないとして、侍所は和田義盛、梶原景時ががっちりと握っているから口出しはできない。

幸いなことに、娘の政子が頼朝の息子を二人も産んだので、御台所《みだいどころ》の地位も安定したし、後楯として時政の重みもさらに加わったというものの、まだその力は知れたものである。してみると、時政が何とか伊豆の小土豪の地位からぬけ出しかかっているのは、すべて頼朝の存在によりかかってのことである。その彼が、頼みの綱である頼朝を亡きものにできるわけがないではないか。どうも後に北条氏が強大になるために、鎌倉時代の当初からその力を過大評価する傾きが多いが、一一九〇年代の北条氏は決してそんな力はない。ただ一歩他の御家人からは前進しかかっていたために、それが、かつての同僚の嫉視を買ったのはたしかであろう。

対立の宿命を負って

裾野の事件について、大分異説を樹てたようだが、しかし、私は推理小説的な興味でこの謎解きをしようというのではない。従来、親孝行の物語として取上げられていたこの事件に、いささか歴史的推測を加えるとこうなる、ということを言いたかったのだ。

つまりこの事件は東国武士団の内部における権力争いの一表現なのだ。さきに東国ピラミッドについて書いたけれども、これが強固な団結力を発揮するのは、むしろ対西国、対奥州といった対外折衝の場合であって、むしろその内部においては、ピラミッドはその構造ゆえに激しい権力争いを生むのである。

それは東国武士の宿命といってもよい。いったんピラミッドに組みこまれた彼らは、そのとたんに、それぞれ頂点を目指しはじめる。それがつまり豪族間の権力争いである。もっとも、このピラミッドは、このとき微妙な断層を持ちはじめている。ピラミッドの最頂上の部分と、その下の部分の間に、最初はあまり気づかなかった膜のようなものができはじめている。それでいてその下部とまったく無縁になったわけではなく、両者が微妙に影響しあいながら、動いてゆく。

具体的にいえば、頼朝と範頼の間の対立は、その最頂上部分の争いである。そしてこの対立はこれを最後に、しばらく安定期に入る。生き残った頼朝は、もうこれに対抗し、相剋する相手がいなくなったのだ。血筋を洗えばじつは異母弟の全成《ぜんじょう》（義経の実兄・幼名今若）が残っているが、賢明にも彼はトップ争いには加わらず、別の道を歩むのだ。

その下の部分の対立は、すなわち、大庭・岡崎対北条、工藤祐経対曾我兄弟、八田知家対多気義幹といった具合に、争い方もさまざまだが、それらがお互に手を組みながら、微妙に頼朝と範頼の対立に結びついている。それが裾野事件の真相ではあるまいか。

『保暦間記』の記事に振廻されて、

「私がおります、義姉上、御安心を」

と口をすべらせただけの範頼を殺すとは頼朝も狭量な男だ、などという説があるが、これはこの事件の本質をちっとも摑んでいない意見である。

東国ピラミッドは、いわば活火山なのだ。その中に、強力なパワーを秘めながら、それ自身、内部に絶えざる地殻変動を続けてゆく。その中に組みこまれたものは、もはや降りることは許されない。トップもその下部も、相剋という名の地殻変動の中に巻きこまれ、必死で人をかきわけ、ずり落ちまいと頑張るよりほかはないのである。北条が狡猾だとか、頼朝が冷酷だとかいう印象批評は、じつは何の意味も持たない。彼らが狡猾であり冷酷であると同じくらい相手もまた狡猾、冷酷なのだ。るつぼの中にすでに投げこまれてしまった彼らは、その中で必死に生きている。血の匂いのする地殻変動を内部に抱えつつ、東国ピラミッドは、いまや十三世紀を迎えようとしているのだ。

第九章　血ぬられた鎌倉　比企の乱をめぐって

頼朝、清盛をめざす？

裾野の事件は、曾我兄弟の死によって、一応の結末を見た。が、それを契機にあらわれたトップとその下部との断層は、その後かなり大きな意味を持ってくるように私には思われる。

頼朝には恐るべきライバルはすでにいなくなった。範頼の死後間もなく、甲斐源氏の安田義資が梶原景時の告発をうけて梟首され、さらにその翌年、その父義定が、息子の死を恨んで謀叛を企んでいるとして梟首される事件も、ライバル潰しの一環ではあるが、このときは範頼事件のような切迫した事態は起らず、安田一族もそれ以上軍事行動を起す気力もないまま軍門に降ってしまう。

いまや押しも押されもせぬ東国の王者――。その権威に逆うものは誰一人いない……。

しかし、それが人間のおもしろいところだと思うのだが、そうなったとき、頼朝自身の中に一種の変質が起る。彼の顔が東国よりも西国へ向き、生れつき持っていた貴族的性格が、より強く現われてくる。そのことを一番よく象徴しているのは、大姫入内《じゆだい》問題であろう。

一一九五（建久六）年、頼朝の第二回目の上洛の際に具体化しかかったこの問題について、彼はかなり乗り気だった。この二回目の上洛の表向きの理由は東大寺供養に臨むためである。平家による奈良焼討ちによって焼落ちた東大寺大仏再建に、頼朝は多大の経済援助をしている。つまり大檀越《だいだんおつ》——大スポンサーとして、その落慶供養に列席したのだ。

このときの上洛には、妻の政子をはじめ、大姫、頼家、三幡、千万（幡）が全部そろって従った。参内《さんだい》、諸社寺の参詣なども前よりぐっとはでに行われた。すでに目の上の瘤《こぶ》だった後白河法皇はこの世を去っている。かつて、

「法皇御万歳後は……」

と語りあった九条兼実は頼朝のバックアップで関白《かんぱく》として権力の座にある。二人が久闊《きゆうかつ》を叙して度々話しあっているのはいうまでもないが、今度はその間をかきわけるようにして、一人の女性がしゃしゃり出て来ている。

かつて後白河法皇の寵姫《ちようき》だった丹後局《たんごのつぼね》そのひとだ。彼女はなかなかのしたたかもので、はじめ平業房《なりふさ》という中流貴族と結婚し、この業房が後白河の近臣だったところから、彼女の別荘へ後白河を招待したりして、夫婦ともども忠勤を励むうち、いつか後白河の愛人になってしまった。その間に業房は当時全盛だった平家討滅の隠謀に加担した嫌疑で

配流されているから（その後間もなく死んだらしい）、あるいは夫を失った彼女に対する後白河の同情が、いつのまにか愛情に変ったとも考えられるが、ともあれ後白河の後半の愛情生活をほぼ独占した彼女は、かなりの年になってから皇女を産んでいる。

楊貴妃《ようきひ》――ひそかにそう仇名されたというから、かなりの美貌だったのだろうが、算《そろ》盤《ばん》勘定にもたけていて、後白河の生前、この皇女に宣陽門院《せんようもんいん》という女院号をとりつけた上に、長講堂領《ちょうこうどうりょう》という名の天皇家領の大荘園群の相続を約束させてしまっている。その女院の実母だというので、彼女自身も従二位《じゅにい》の位を貰い、後白河の生前はもちろん、死後も隠然たる勢力を持つ怪物的存在だった。

東大寺供養の終った後、頼朝は参内するより先に宣陽門院に出かけている。その後間もなく丹後局が頼朝の六波羅《ろくはら》の宿所へやって来て、政子や大姫に会い、砂金三百両、白《しろ》綾《あや》三十段そのほかのとほうもない贈物を貰って帰っていった。

この親しさは、この前はなかったことだ。それに、頼朝の盟友兼実はこの丹後局が大嫌いなのだ。後白河と反《そ》りのあわなかった兼実は『玉葉』の中に彼女の悪口を書きつらねているくらいで、頼朝が彼女に接近するのは少しおかしいのだが、その後も丹後局は親しげに頼朝や政子、大姫と語りあい、彼らが四天王寺に参詣するときには、自分の船を貸し与えたりしている。

従来の頼朝の政治路線では考えられないこの変化はどうしたことか。たしかに兼実とは親しげに会ってはいるが、彼に対する頼朝からの贈物は、丹後局へのそれとは対照的

にきわめて少い。兼実自身、『玉葉』に、

「頼朝卿が馬二匹を贈って来た。たったこれだけとは、はなはだ少い。どうしたわけか」

と書いているくらいだ。このあたりの『玉葉』の記事は少いのだが、彼の弟の慈円《じえん》の書いた『愚管抄《ぐかんしよう》』が代って謎解きをしていてくれる。

それによると、丹後局は、前もって、

「大姫さまを帝（後鳥羽）のお后に」

と、甘い誘いをかけていたらしいのだ。上洛した頼朝夫婦が、彼女を下へもおかぬもてなしをしたのは、実はそのためだったのである。どうやら頼朝は、第二の清盛を夢見はじめたのではないだろうか。

策士蔭にあり

事は極秘で進められた。兼実が、真相に気づかなかった理由は別にあった。そのころ、彼の娘任子《にんし》は後鳥羽の許に入内し、すでに中宮《ちゆうぐう》に立ち、折しも懐妊中で着帯を終えたところだったのだ。

——これで皇子が生れれば……。

それこそ道長時代の夢がよみがえる、とばかり彼は加持祈禱《かじきとう》に必死である。そこへ頼朝の娘が入内して来ようなどとは想像もしなかったに違いない。

しかし、じつはそこにこそ、丹後局の策動の要因があるのだから、西国国家の宮廷サロンの駆引はおそろしい。その謎解きをするためには、もう一人の男を登場させねばならない。

その男の名は源通親《みなもとのみちちか》——当時きってのマキァベリストだ。村上源氏の血をひくお家柄に似ず、あつかましいくらい要領のよい彼は、平家時代は平家に取り入り、それが落目になればあっさりと見限るといった図々しい方向転換を繰りかえして来た。最初の妻は平家一門の女性だったが、都落ちを機に縁を切ると、今度は故高倉天皇の皇子、尊成《たかひら》の乳母、範子《はんし》の婿になった。この皇子が、まもなく後鳥羽帝となる人なのだから、彼の眼力もみごとなものである。

当時乳母は実母以上に養君とは親しい。生れてすぐの嬰児を実母の手から引取り、つききりで養育にあたる。ただ単に乳を与えるだけではなく（中には乳を与えない乳母もいる）、養育の全責任を負う。このとき、夫も子供も総力をあげてこの養君に奉仕するから、その一家と養君の主従関係は、単なる男の臣下との間には生じないほどの一体感が生れる。夫は乳母夫《めのと》、子供は乳母子《めのとご》と呼ばれ、養君の親衛隊になる。その代り、その養君が皇位につけば、彼らはたちまち側近第一号として人事その他一切の秘密を掌握し、その権力は、ときには摂政、関白をも圧倒する。

それはそうだろう。子供の時から親しく、気心の知れている乳母からの頼みごとと、成人してからの儀式ばった挨拶ばかりしている臣下の申し出と、どちらに耳を傾けるか、考えればすぐわかることだ。だから、家柄によって、摂関になれる人物のきまっていたそのころ、それ以外の人間が権力を握るには、乳母夫になること――つまり、これぞと思う皇子の乳母をくどき落してその夫になるか、自分の妻を乳母にするのが、その近道だったのである。じじつ、乳母をめがけて殺到する宮廷社会の男はざらにいたし、中でも通親は最も要領よく、目はしがきいた、ということであろう。

乳母およびその夫や子供が権力を握るという構造は、別に天皇の場合だけではない。有力な公家の場合もそうだし、後にふれる鎌倉将軍家にもはっきりそのことが言える。乳母の存在をぬきにしては、当時の歴史は語れない、といってもいい。

ところで、うまうま後鳥羽の側近となった通親は、ぬけめなく次の段階を用意した。妻の範子が先夫との間にもうけていた娘、在子《ざいし》を後鳥羽に近づけ、皇子誕生を狙ったのだ。しかし、それが実現しないうち、正式に入内して来た兼実の娘任子が身ごもってしまった。もし彼女に皇子が生れてしまったら、通親の計画は水泡に帰してしまうはずである。

たちまち、彼は第二の作戦を樹てる。

――兼実の娘が皇子を産んでも、すぐには立太子できないような手を打てばいい。

そこで考え出したのが、丹後局を動かして、頼朝の娘を入内させる、という苦肉の策である。もしそうなれば、兼実としても頼朝に遠慮がある。おいそれと立太子を言い出すことはできないだろうし、それをきっかけに二人の間に微妙な対立でも起ればしめたものだ。

もちろん、これは大変な危険をはらんだ奇手だ。もしかして、その後在子が皇子を産んだとき、頼朝の娘の存在は、立太子の大きな障害になることは目に見えているからだ。が、こんなとき、敢えて毒薬に似た奇手を使って勝負に出るところが通親らしい度胸のよさなのだ。

——そのときはそのとき。なぁに兼実と頼朝が気まずくなるだけでも、めっけものさ。

せせら笑うその声が聞えるような気がする。

頼朝は丹後局の申し出に、すっかり有頂天になってしまったらしい。娘の入内の希望に胸をふくらませて鎌倉に帰った矢先、皮肉にも今度は在子の懐妊がはっきりした。さすがの通親もこれには動揺したであろうが、そこは悪運の強さで、任子の産んだのは女児、在子の産んだのは男児だった。

勢づいた通親は、その機を逃さず、兼実に追い討ちを加える。

——新皇子を兼実親子が呪咀している。

という噂を流し、兼実を罷免に追いこみ、任子も宮中から追い出してしまうのだ。このとき頼朝は、兼実にまったく救いの手をさしのべなかったらしい。というのも、それまで頼朝に対して、丹後局は、

——姫君の入内のことをどうも関白兼実どのが承諾なさいませんので……。

などと吹込んでいたらしいのだ。その後も頼朝は大姫入内への望みは捨てていなかっ

たようだが、かんじんの大姫がまもなく病死してしまったので、まったく通親の思う壺にはまった形となった。いってみれば彼は、通親と丹後局にさんざん振廻されたあげく、放り出されてしまったのである。

頼朝の死

昔の学者の中には、大姫入内説を疑う人もいた。武家の棟梁たるものが、そのようなことを考えるはずがない、というのである。たしかに義経の任官を激しくなじり、征夷大将軍に固執した頼朝と、このときの頼朝の間には矛盾するものがある。

しかし、裾野の事件後、頼朝は変ったのだ。もともと半ば貴族だった彼は、それまでも公家ごのみの傾向がなかったとはいえない。そしてそれはむしろ旗揚げ当初には、西国国家向けの窓口として有効な働きをした。もし挙兵の棟梁が、上総広常のような生粋の東国武士だったら、西国との対立は激化する一方だし、そのためにかえって東国は独立をかちとることが不可能だったかもしれない。が、頼朝には心底に西国志向があり、西国の権利に対しても、理解をしめす点が多かったからこそ交渉はうまくいったのだ。過渡期には、半分古く半分新しい人間、半分貴族的で半分革新的な人間がどうしても必要なのである。

しかし東国が一応の基礎を固めたとき、こういう人間は浮き上る。自分では今こそオールマイティの王者だと思っていたろうが、すでに彼は遊離しかけている。この最上層の遊離化傾向というのもそのときに限ったことではなく、歴史の中で何度も繰りかえされる現象だ。実質的な権力は次の階層に移り、遊離したトップが象徴化する傾向は、鎌倉末期には、北条氏にさえ現われる。トップは権威に、そしてそのすぐ下が権力者に——という仕組みは、むしろ中世そのものの特色かもしれない。そのことは、頼朝の次の世代でよりはっきりすることだが、しかし頼朝のとき、すでにそうした遊離化の傾向が出て来ていることは目にとめておいてもいいことだ。鎌倉時代に源氏三代が次第に無力化してゆくことを、北条氏の権力簒奪《さんだつ》のように語る傾きが多いが、じつはその種は、源家自身の中にも芽生えていたのである。

さて、その後、都の通親はといえば、蔭の関白として、いよいよ凄腕を発揮する。一一九八（建久九）年、幕府には断りなしに後鳥羽の退位と、在子の産んだ為仁《ためひと》親王（土《つち》御門《みかど》天皇）の即位を実現させ、みずから内大臣として廟堂《びょうどう》の権力を握ると同時に、院の別当（長官）として、後鳥羽の周辺の一切を掌握した。

頼朝はこのときになって、さんざん利用されただけだったと思い知ったらしく、

——今一度上洛を。そして今度こそ、もう一人の娘（三幡）の入内を。

と思ったようだが、その年の暮、落馬の事故から床につき、翌年正月、ついに世を去ってしまった。ときに五十三歳。死因について種々の噂があるが、これについては、別の作品『続・悪霊列伝』の中で触れているのでここでは省く。結論だけ言えば、私は単なる病死——脳卒中による落馬、と見ている。後は嫡男の頼家が継いだ。トップ交替と

ともに、東国ピラミッド内部の地殻変動もいよいよ激しくなってくる。

合議制の裏表

頼家がトップとして登場したとき、十八歳のこの若者の周辺に、世にもふしぎな制度が出現する。

「諸国からの訴について、直接頼家さまが裁決するのはやめて、今後は大小にかかわらず、幕府の宿老《しゅくろう》たちの談合によってきめてゆく」

というのだ。戦後、民主主義が謳歌された時代、しばしばこれが引合いに出されたから、記憶に止めている向きもあるだろう。一見きわめて民主主義的に見えるこの制度は、しかしそのじつ、民主的合議制とは似て非なるものなのだが……。

前から述べているように、東国はピラミッド形の政治形態を特色とする。トップは一種の独裁者であり、直接臣従する少数の有力者に命令を伝えると、彼らがさらに下へ下へと伝えてゆく、という形をとる。この形態と合議制とはまったく両立しないのだ。ではどうしてこのような制度ができたのか。

その理由は、合議制の運営者の顔ぶれを見れば納得がゆく。

頼朝未亡人政子の親族……北条時政、義時。

幕府の行政官……大江広元、三善善信（康信。出家して善信と名乗る）、中原親能《なかはらちかよし》、二階堂行政。

地元有力者……三浦義澄。
侍所の支配者……和田義盛、梶原景時。
北関東の有力者……八田知家。
武蔵の有力者……足立遠元《あだちとおもと》。
頼家の妻・若狭局《わかさのつぼね》の父……比企能員《ひきよしかず》。
頼朝の側近……安達蓮西《れんさい》（藤九郎盛長。入道して蓮西と名乗る）。

行政官と姻戚と有力御家人の勢力均衡を図った苦心の人選といえるが、仔細に眺めると、ここにはさらに複雑な人脈地図がからんでいることに気づく。

すなわち、三浦義澄と和田義盛は叔父と甥だ。足立遠元と安達入道蓮西もじつは同族である。しかも比企能員と安達蓮西の妻は姉妹だ。そこにもう一つ、例の乳母の系統をからませると、ことはいよいよややこしくなる。

頼朝の乳母の子……八田知家、比企能員、安達蓮西（ただし知家と能員、蓮西は別々の乳母の子）。

頼家の乳母夫……比企能員、梶原景時。

こうなると、頼朝色の強い者と頼家色の強い者とが、それぞれ親戚を動員しながら、微妙な対立を含んで睨みあっている、という感じで、とても民主的な集まりなどと言え

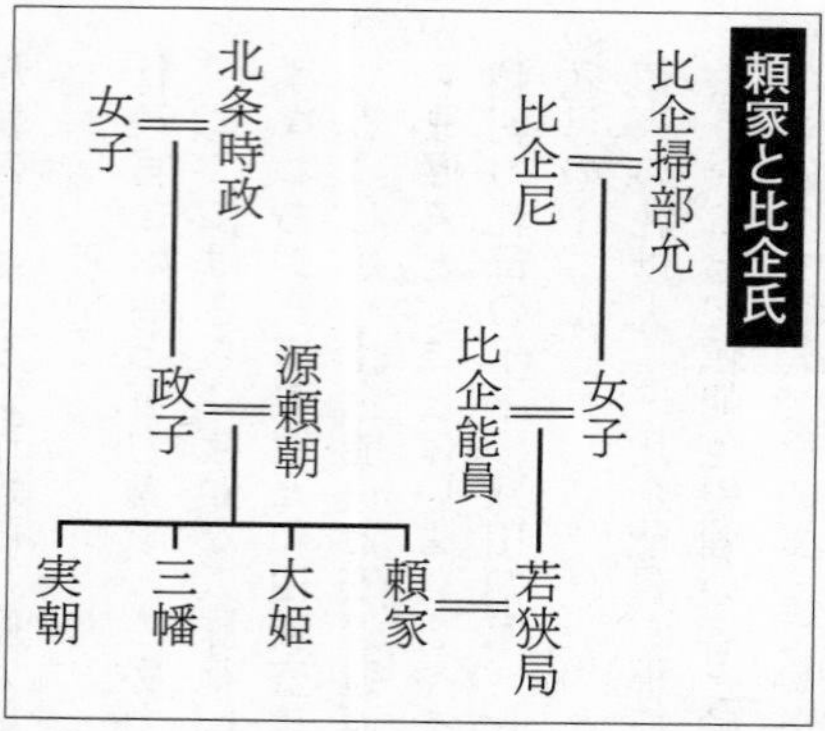

たものではない。強いて色分けすれば、

頼朝側……北条父子。
頼家側……比企、梶原。
中　立……行政官グループ。

で、それ以外は、腹の探りあいで旗色を鮮明にしない、というところだろうか。現代の派閥政治のほうがメンバーが固定していて、かえって票読みがしやすいくらいで、蓮西にしろ知家にしろ三浦にしろ、どたん場にくるまで手のうちは見せないのである。

では、このような複雑な合議制度をとったのはなぜか。答は簡単だ。頼家という最高トップに直結する安定した勢力がなかったからだ。北条氏はさきに書いておいたように、まだ覇権を獲得していない。それどころか、頼朝の死によって、大きな後退をやむなくさせられた。代って登場して来たのは比企能員だが、彼に全権を委ねるのも業腹《ごうはら》だと思う人間が多くて、これまた権力者にはなり得ていない。そこで苦肉の策として現われたのが、この合議制なのである。

独裁権を取りあげられた頼家は当然不満この上ない。ただちに巻返しに出て、ひどくわがままな布告を出す。

「小笠原弥太郎、比企三郎、弥四郎、中野五郎たち側近者が、鎌倉で何をやったとしても人々はこれに手向ってはいけない。また彼らのほかは、特別の許しのある場合以外、何人《なにびと》も頼家の所に参進してはいけない」

子供っぽい報復手段だ。大人の世界から見ればむしろ憫笑《びんしょう》を買うものでしかないことに、はたして彼は気づいていたかどうか。それにしても、その無法を許された側近グループに比企の息子たちが入っているのも注目すべきことである。おそらく能員は合議制にいい顔はしていないのだ。当然自分がすべての権力を握れると思っていただけに、忿懣やる方なく、頼家をそそのかして、こんな横紙破り的な決定をさせたものと思われる。忿能員の忿懣もある意味では当然だったかもしれない。比企一族は長い間、栄光の座を狙いつづけて来たのだから。

乳母の系譜

右の系譜だけから見ると、頼朝から頼家へというトップ交替は、その姻戚である北条氏から比企氏へと権力交替が行われたような印象をうける。が、これは当時の状況に対する妥当な理解とはいえない。もう一つそのころ、より強力な絆として存在していた、乳母の関係を無視するわけにはゆかないのだ。

そのことを表にしたのが次々ページの系譜である。比企尼は頼朝の乳母だった。平治の乱で頼朝が伊豆に流された後、夫の掃部允《かもんのじょう》とともに領地である武蔵の比企郡に下って来て、以来旗揚げまでの二十年間、頼朝の許に生活の資を送り続けた。間もなく夫は死んだようだが、彼女には娘が数人あって、それぞれ有力な東国武士と結婚していたから、事実上使となって頼朝の許に出入りしていたのは、彼ら婿たちだった。こうしてみると、旗揚げ以来安達盛長（蓮西）が、ずっと頼朝に密着している理由もはっきりする。彼は頼朝の失意時代、すでにその側近にあったのである。

こんなふうに未亡人となった女性が娘婿を思いのままに頤使《いし》することができたのは、一つは当時の女性の持っていた大きな経済力による。尼の領地は当時の相続法によって、自分の意のままに娘たちに配分することができるのだから、娘婿はどうしても姑の言いなりに勤めなければならない。

それにしても二十年間の経済援助は並大抵のことではない。これは美談としてよりも、当時の乳母と養君の結びつきの固さを物語るものとして受取らなくてはならないだろう。頼朝くらいの身分になると、もちろん乳母は比企尼だけとはかぎらない。図示したほかにもいると思われる（八田知家は義朝の子という伝説がある。これは乳母子が誤り伝えられたものであろう）。中でも小山政光の妻となった寒河尼《さむかわのあま》は、頼朝の乳母として大功があったとして、下野の寒河郡および網戸《あみど》郷の広大な領地を与えられているから、彼女もまた比企尼同様の援助を続けていたものと思われる。

つまり乳母の系譜を辿れば、比企氏、小山氏の頼朝との結びつきは北条氏よりずっと長いのである。そしてその縁があったからこそ、政子が頼家を産むとき、産所は鎌倉に

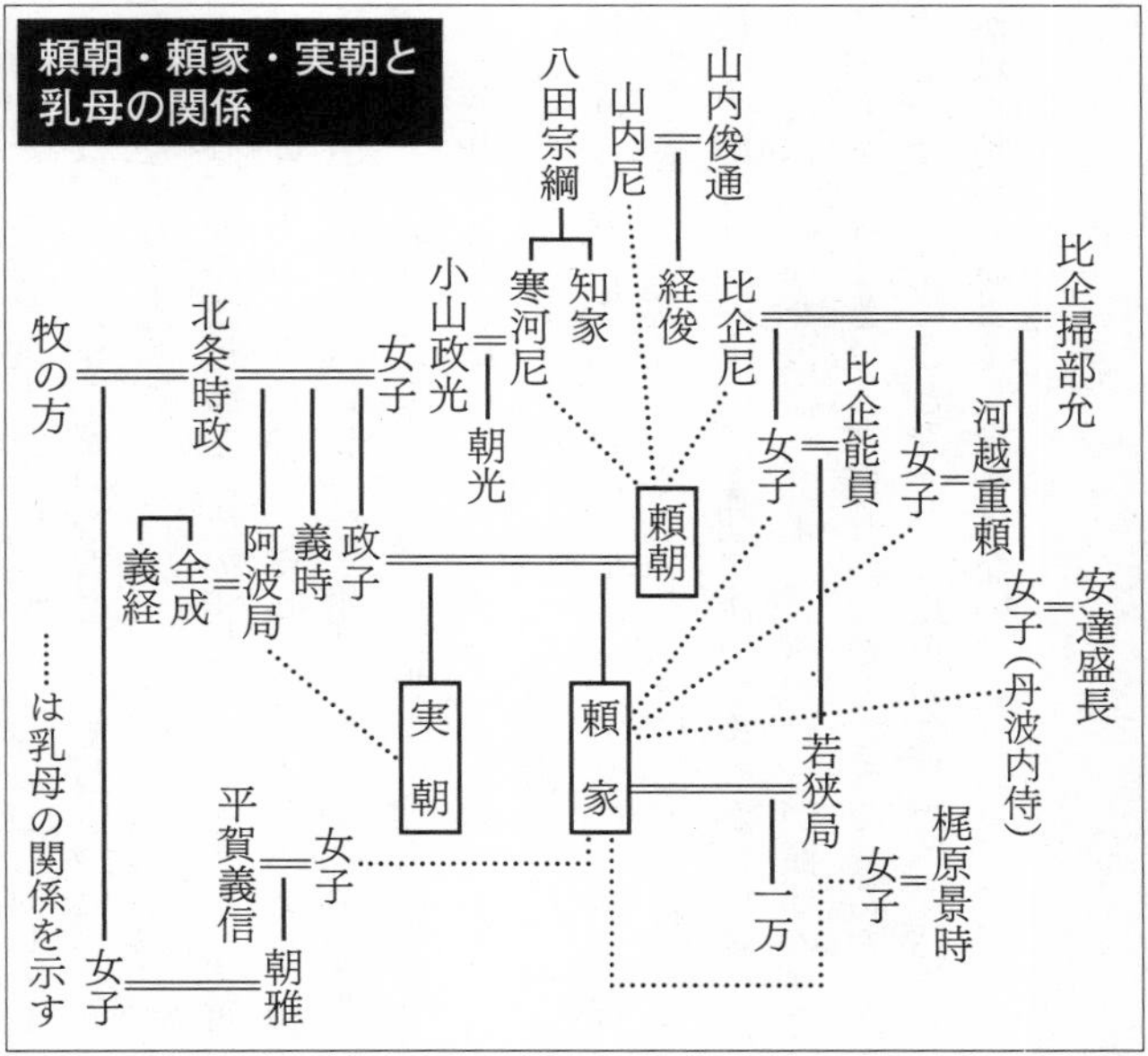

おける比企館が選ばれ、頼家の乳母には、ずらりと尼の娘たちが顔をそろえたのだ。他の御家人たちもしかし黙ってはいない。甲斐源氏に連る平賀義信、有力御家人の梶原景時の妻なども乳母として名乗りでる。こうなれば乳母どうしの確執も起るわけで、外部に対しては一致団結するが、内部事情はかなり複雑である。

中で有力なのはもちろん比企グループである。とりわけ能員は尼の養子になっていたから、頼家の側を離れずにかしずき続け、成長を待って、その娘を頼家に近づけた。西国国家で策士源通親がやったのと同じ手を使ったのである。頼家は見様によっては、完全に比企家の若君になってしまった感じで、実母の政子などの手の届く存在ではなくなった。

美女誘拐

ではなぜ北条氏は頼家誕生の折に、わが家からも乳母を送りこめなかったのか。それは当時の実力不足をそのまま反映してのことである。頼家の生れた寿永元年、まだ北条氏は弱小豪族でしかなかった。乳母のうまみを知っている強豪たちは、あっというまに頼家をとりあげてしまったのだ。北条氏も、産所になった比企氏に「比企尼以来の嘉例」を持出されては、手も足も出なかったのである。さすがに次男の千万の生れたころは北条時政も「将軍家御外舅《ごがいきゆう》」の実力を備えていたから、一も二もなく政子の妹を乳母に送りこんだ。これが阿波局《あわのつぼね》である。彼女の夫の全成《ぜんじよう》は、頼朝の異母弟――義経の実兄（幼名今若）だ。僧侶出身で部下一人持たずに鎌倉に転りこんで来て北条の婿《てつ》となった彼は、源氏一族の中では頼朝に次いで冷静かつ権謀にたけ、義経や範頼の轍を踏まず、巧みに保身の術をはかって来た。みずからが顕要の地位につくのではなく、乳母夫として実力を振うことは、彼自身の望むところでもあったであろう。が、彼らが本領を発揮するのは少し先のことだ。今は比企の乳母たちに囲まれた頼家を、時政も政子も手をつかねて眺めているよりほかはない。

頼家の治世は、当初から波瀾含みであった。まず、妹の三幡が、頼朝の死後、半年経つか経たないかのうちに病死した。父の死によって後鳥羽院の許への入内は実現困難になっていたようだが、側近はまだその望みを捨てていなかったらしく、後鳥羽のお声がかりという形で西国の名医まで招いたが、結果は徒労に終った。

このときの動きを辿ってゆくと、三幡のために一番熱心に動いているのが、中原親能とその子大友能直《おおともよしなお》、親能の義弟の大江広元である。都にいた親能は三幡の重態を聞いて飛んで帰って来るが、その死に遭って悲しみのあまり出家してしまう。そこまで書いて来て、やっと『吾妻鏡』は彼が三幡の乳母夫であることをあかすので、読んでいるほうも、始めて一族の異様なまでの肩入れぶりに納得する、という次第である。この親能も広元も例の合議制のメンバーだから、一見中立派と見えた行政官グループも、じつは三幡派だったということが、これではっきりする。

さて、その喪もあけないうち、三河国で強盗が跳梁《ちようりよう》しているという報告がもたらされる。三河は安達盛長が守護に任じられている国だから、頼家の命をうけて、息子の景盛《かげもり》が鎮圧に出発する。

ところがその留守に奇妙な事件が起きる。景盛が都から連れて来て寵愛していた美女が、誘拐されてしまうのだ。しかもその犯人は、頼家の側近で、鎌倉では何をやってもお咎《とが》めなし、とされていた人間で、彼はその美女をさらうなり、頼家の許へ連れて来てしまったのである。そうとは知らず、景盛が三河に行ってみると、強盗跳梁はまったくの事実無根、狐につままれたような気持で景盛は鎌倉に帰って来る……。

つまりこれは頼家が景盛の愛人を強奪するためのつくりごとだったのだ。そのことを知った景盛と頼家の間にあわや合戦が開かれようとした矢先、政子が仲裁に入って危うく事は落着する。このとき政子は猛烈な勢いで頼家を叱りとばしている。

「父上が亡くなり、さらに妹が死んだ直後だというのに何ということをするのです。安達家は旗揚げ以来の功臣です。それを滅ぼそうというなら、まず私の胸に矢を向けてからになさい」

臣下の女を奪うとは呆れはてた所行で、政子が激怒するのもあたりまえだ。しかし『吾妻鏡』は北条びいきで、頼家のことは徹頭徹尾欠点しか書かないから、このほかにあるいは隠された事実があったかもしれない。そこで考えられるのは、頼家の乳母内部の分裂である。安達盛長と比企能員は義兄弟だが、旗揚げ以来頼朝に近侍して来た盛長は、どちらかといえば、政子とも親しい。そのことが能員の気に入らず、対立が深まったのかもしれない。事件の裏で、しきりに能員の息子やその親戚たちが策動しているのは、その事実を暗示するのではないだろうか。ともあれ、この事件で、比企氏と安達氏、そして頼家と政子の間の亀裂が、さらに大きくなったことだけは確かである。

六十六人の連署

その年の十月になると、またさらに怪事件が起る。頼朝の乳母だった寒河尼の子供で、頼朝からも寵愛されていた結城《ゆうき》（小山）朝光《ともみつ》が、御所で一万遍称名念仏を行った。朝光は夢のお告げによって、故頼朝の供養のためにこの催を思い立ったのである。このとき、朝光は傍輩の前でひょいと口をすべらせた。

「忠臣は二君に仕えずと申しますが、まったくその通りですな。私も故将軍家御他界の砌《みぎり》出家すべきでしたが、特に御遺言がございまして、思い止まるようにという御沙汰でしたので、心ならずもこうしております。が、只今の世の中は誠に危うい。一日一日、薄氷を踏む思いがいたします」

それを梶原景時がどこかから聞きつけて苦い顔をした。

「忠臣は二君に仕えずと？　ふむ、すると朝光は今の御所さまには仕えたくないというわけか」

するとそれを早耳で聞きつけた者がいる。千万の乳母、阿波局——すなわち政子の妹である。よほどおしゃべりのたちなのか、彼女は早速それを朝光に耳うちする。

「御用心なさいよ、朝光どの。あの景時のことですからね。今度は貴方を狙うつもりかもしれませんよ」

仰天した朝光は、親しい朋友の三浦義村《よしむら》のところへ飛んでいって助けを求めた。

「どうしたらいいだろう。俺は何も含むところがあって言ったわけじゃないのに」

義村は眉を寄せた。

「そりゃあ重大だぞ。よほどしっかり対策を立てなければ、やられてしまう。あいつのために命を失った人間は数知れないからな。しかしこのままにしておくのは、将軍家のためにもよくない。かといって合戦をするのは乱世の基になるから、別の方策を宿老と相談してみよう」

早速和田義盛と安達盛長を招いて意見を聞くと、これに同意する連中で上申書を出し「一人の讒言者（景時）を召使われるか、他の多くの御家人を召使われるか」と頼家の意向をただし、返事が貰えない時は、実力行使もやむを得ない、ということになった。

「ところで、その文章は誰に書かせるか」

ということになると、義村がまたうまい提案をした。

「政所《まんどころ》にいる源《みなもとの》仲業《なかなり》がよろしいでしょう。あの男は景時に恨みを含んでいますから」

仲業も二つ返事で引受ける。どうやら事は義村、朝光ら若手青年将校によって、どんどん運ばれてゆく感じである。翌日には早速訴状ができあがった。鶴岡八幡宮の廻廊に主だった御家人が集まって、一致して景時を排撃することを誓って署名した。その数六十六名、仲業の訴状には、

「鶏《ニハトリ》ヲ養フ者ハ狸《タヌキ》ヲ畜《カ》ハズ。獣ヲ牧スル者ハ豺《サイ》ヲ育テズ」

というような文句があったという。

「なるほどな、うまいことを書くじゃないか」

義村は上機嫌で感心している。

訴状は和田義盛と三浦義村が大江広元に届け、将軍への披露を頼んだ。ところがそれ

から十日も経つのに頼家からは何の返事もない。気の短い義盛などはいらいらしはじめている。御所で広元を摑えた彼は、早速尋ねた。

「あの訴状について御所様は何と仰せられておられたか」

広元は困ったような顔をして言葉を濁した。

「あ、いや、その……。じつはまだ御披露してないので」

「何だと」

義盛は眼を怒らせた。

「あなたは長年将軍家の耳目としてつくして来られた方だ。なのに景時のことを恐れて、多数の御家人の言い分を握りつぶしてしまおうというのか」

「いや、決して景時を恐れているわけではない。が、その……。あの仁も故将軍家の信任を得て近侍していた人ですからな。それを失脚させてしまうというのも惜しいような気がいたすので」

「そりゃ言い逃れだ。ほんとに景時が恐くないなら、あの訴状はすぐにも披露しているはず。さ、出すのか、出さないのか。ここではっきり言ってもらおう」

ぴったり横に坐ったまま、いっかな動きそうもない義盛のけんまくに閉口した広元は、とうとう、

「出します。出します」

そう言わざるを得なかった。

頼家はその訴状を読むなり早速景時にこれを見せて、

「さて、どうするか、そなた」

と尋ねたが、さすがの景時もこれには申開きができず、謹慎を表明するために、相模《さがみ》一宮《いちのみや》の本拠へ引籠ってしまった。その後いったん鎌倉へ戻ったものの、正式に鎌倉追放が言い渡され、景時はふたたび相模一宮に下向する。鎌倉の梶原屋敷は早速に取毀され、頼朝の建てた永福寺に寄進されてしまった。鎌倉中に恐れられた鬼検察官にしてはあっけなさすぎる退場である。

景時滅亡

幕府政治の確立のために一生を賭けて来た景時が、その目標を達成したときに失脚するというのは、いかにも理屈にあわない感じだが、しかし、歴史というものは常にそうしたものである。階段を昇りつめたと思ったとき、すでに転落は始まっているのだ。頼朝について見たと同じことが、景時の場合にも繰りかえされたわけである。

が、景時自身、そのことには気づいていない。

――どいつもこいつも俺のことをわかっておらん。俺がいつ私利私欲で讒言したか。俺は幕府の規則に違反した奴を摘発しただけだ。それも幕府のためを思ってしたことなのに、御所さまもそのことにお気づきにならないとは……。

忿懣やるかたない彼は一宮の本拠で叛旗を翻そうとしたが、中途で計画を変更し、都に上ろうとする。播磨《はりま》の守護だった彼は、西国にもかなりの勢力を扶植していたから、それらの力を糾合しようとしたのだろうか。一説によると、甲斐源氏の武田氏をかついで謀叛を起そうとしたのだともいう。

が、上洛の途次、駿河の清見関の近くで付近の武士に怪しまれて合戦となり、一族ともどもあえない最期を遂げる。

以上は『吾妻鏡』の語る失脚の経緯だが、『玉葉』によると、その失脚の原因は、まったく違ったものとなっている。それによると、梶原景時は多くの武士たちに憎まれていることを知って憤慨し、逆に頼家に讒言した。

「彼らは、御所さまの弟君、千万（のちの実朝《さねとも》）どのを担いで御所さまを討とうと計画しております」

頼家が武士たちを呼びよせ、景時と対決させたところ、景時は申開きができずに鎌倉を追放された――。

『吾妻鏡』の述べるところと大分違う。兼実はもちろん西国にあって人の噂を伝聞して書いているのだから、どこまで真相かはわからないが、それを割引しても、なお、この話はかなり真相を伝えているのではないかと私には思われる。ただし『吾妻鏡』もまるきり嘘とはいえない。とりわけ六十六人連署の訴状などということは何かの証拠を踏まえていなくては書けないことである。この事件に対する私の判断はこうだ。

頼家を廃して弟の千万を樹てようというような動きは、まんざらなかったともいえない。それを景時が聞きつけて告発しようとした、ということは十分考えられる。疑われた方は早速もみ消しと反撃に出る。このとき最も積極的に動いたのは、阿波局——千万の乳母ではなかったか。彼女が画策し、朝光や三浦義村ら若手を動かして、景時追放劇を仕組んだのが例の一件と見ればいい。

北条色の濃い『吾妻鏡』は事件の前半を伏せて、後半だけを大げさに書きたてたのであろうが、ここではしなくも乳母の持つ政治力が浮彫りにされているのはおもしろい。とにかく千万の乳母・阿波局は、みごとに鎌倉随一の権力者景時をその座から引降してしまったのだ。政治的には何の活躍もしなかったように思われている当時の女性が、じつは歴史の舞台でかなりの力を発揮していたこと、とりわけ乳母の力には恐るべきものがあることをしめしている点で、この事件は興味が深い。

ところで、この事件については、もう一つの見方ができる。これは千万の乳母対侍所の所司の戦いではなくて、複雑な乳母どうしの戦いだったとも見ることができるのだ。なぜなら、景時は頼家の乳母夫だったからである。

ではなぜ、頼家のほかの乳母たち——例えば比企一族は景時の危機を救わなかったか。彼らは景時弾劾の訴状にも署名しているし、一宮での謀叛の噂が伝えられたとき、追討の責任者の一人として、勇躍鎌倉を出発している。

これはむしろ比企側が、景時をライバルと見ていたからであろう。さきにもちょっと書いておいたが、妻を乳母として送りこんだ有力御家人たちは、表面連合するかに見え

て、その実、裏では激しくしのぎを削っている。比企側は景時の失点を見て、

――今だ、失脚させるのは……。

と思ったのだ。頼家が鎌倉御所となって以来、比企一族はすでに我が世の春が来たようなつもりになっている。その権力を完璧なものにするためには、機会を捉えて邪魔ものは殺せばいいのである。

が、結果において、景時の滅亡はどういう意味を持ったか。これについて、『愚管抄』の中にきわめて冷静な批評があるのはおもしろい。

「（前略）正治元年ノコロ、一ノ郎等ト思ヒタリシ梶原景時ガ、ヤガテメノトニテ有ケルヲ、イタク我バカリト思ヒテ次々ノ郎等ヲアナヅリケレバニヤソレヲウタヘ（訴へ）ラレテ景時ヲウタントシケレバ（中略）鎌倉ノ本躰ノ武士カヂハラ皆ウセニケリ。コレヲバ頼家ガフカクニ人思ヒタリケルニ（下略）」

さきにあげた「本躰ノ武士」という文句は、じつはここに書かれている。つまり、有力な乳母夫を討たせてしまったことを、慈円は、頼家の思慮が足りなかったためと見ているのである。

暗雲幕府に渦巻く

『玉葉』の伝える千万を擁しての謀叛という噂は、あながちデマではなかったようだ。それは景時打倒の火付け役となったのが、千万の乳母・阿波局だったことにも窺われる

が、その後も、千万＝阿波局＝北条側は、着々と何かを計画していたらしい。それでいて、表面は、頼朝時代にはかつてなかったほどの太平楽な時間が過ぎてゆく。

頼家の明けくれは、狩猟と鞠《まり》に終始している。西国から招かれた鞠の師、紀行景を中心に、「今日も鞠」「今日も鞠」という記事が『吾妻鏡』に続出する。このあたり、『吾妻鏡』はひどく意地悪く、頼家の遊蕩ぶりを描いてやまない。そうかと思うと、特別に領地の境界論争の裁決を求められた頼家が、いきなり絵図の中央に筆でぐいと一線を引き、

「さ、これが境界だ、領地の狭い広いは運、不運だと思って諦めろ。今後土地の訴訟を持込むやつには、みなこうするからな」

事もなげにそう言い放ったという。当時の人々にとっては、土地がまさに「懸命の地」だったことを思えば、頼家のこの裁決がいかに乱暴なものだったか察しがつく。

「御所さまは、家来たちの気持はまったくおわかりになっておられない。これだから一般の訴訟などは任せることはできませんのさ」

とでも言いたげな書きぶりである。そうかと思うと、旗揚げ以来頼朝が御家人たちに恩賞として与えた土地でも、五百町以上のものは取りあげて、自分に近侍する新顔の武士に与えようとした。これは宿老の反対にあって渋々取りやめたが、とかく政治家としては失点を重ねている。多分頼家はそれほど無能ではなかったと思うのだが、北条寄りの『吾妻鏡』は、しきりと無能ぶりを書きたてる。

それと同時に、『吾妻鏡』は、頼家の身辺に無気味な噂のあることをさりげなく書く。頼家と比企家の娘、若狭局の間に生れた六歳になる一万《いちまん》（幡）が、鶴岡八幡宮に参詣したとき、巫女《みこ》が神がかりして、八幡大菩薩の御託宣として、

「この子は頼家の跡は継げないだろう」

と口走った、というのがその例である。ここまで来ると、『吾妻鏡』の露骨な意図が歴然としてしまう。そういう妄説を一々本気にする必要はないのである。一万の参拝は一二〇三（建仁三）年の正月二日、頼家が参拝した翌日のことだから、むしろこの事は、一万が頼家の後継者として、公然と認められたことを意味すると見るべきだ。

一方、十二歳になる千万（幡）側も負けてはいない。一月後れの二月の始め、今度は北条氏にかしずかれて八幡宮に参詣する。その供人に、景時事件に登場する結城（小山）朝光が顔を並べているのも意味深長である。どうやらこのあたりで、北条側は必死の攻勢に出ている感じだ。幼い子供たちは八幡さまへのお詣りが何を意味するのかわかってもいなかったろうが、後楯の比企と北条は、いまや事ごとに対立し、競争心をあおりたてている。そういえば、このときまでに、比企能員《よしかず》は検非違使《けびいし》尉《のじょう》に任じられているし、一方の時政は遠江守《とおとうみのかみ》になっている。この検非違使尉は義経が任官した役だし、国の守も頼朝時代、東国武士で任命されたのは、源氏に限られていた。ここでも双方の外祖父たちは、「源氏なみ」の格式を得て、対抗意識を燃やしている。

頼家がにわかに重病に陥ったのはそれから間もなくのことである。この時はどうやら

本復したものの、これを機に北条氏はいよいよ危機感を深めたらしい。

——今の状態で頼家にもしもの事があれば、後継ぎになるのは一万だ。

そうならぬ先に、という焦《あせ》りのゆえにか、行動に移らないうちに事は洩れた。槍玉にあげられたのは千万の乳母夫、全成である。頼家は彼を御所に拘禁するや否や、その妻である阿波局をも直ちに捉えようとした。政子の妹、頼家にとっては叔母でもある彼女は、このとき、一歩早く政子の許に逃げこんでしまっていた。

「局を渡せ」

ねじこんで来る頼家に政子は敢然と立向う。

「何をいうのです。私の妹を渡せるものですか」

「しかし、その人間は謀叛人の片割れだ」

「局はあなたの叔母ですよ。その人間を捉えようというのですか」

母と子は憎しみを投げつけあう。政子はとうとう前《さきの》将軍家尼御台《あまみだい》の権威をもって妹を守りぬいてしまった。が、これを機に母と子の間が徹底的に決裂した事も事実である。全成はやがて下野《しもつけ》の八田知家にあずけられ、一月後に誅される。北条側は致命傷に近い打撃をうけたわけだ。

頼家はこのころからいよいよ病気勝ちになって来る。病状は一進一退していたが、その年の八月には、西国の公家にまで重態の報が伝わるほどになってしまった。そしてその時期に、事は起るのである。

憎悪の火、鎌倉を焼く

『吾妻鏡』はこのときの経緯をこう書いている。一二〇三（建仁三）年八月二十七日、将軍頼家がいよいよ危篤に陥ったので、相続のことが相談され、関東二十八カ国の地頭《じとう》職《しき》と惣守護《そうしゅご》職《しき》を一万に、関西三十八カ国の地頭職を千万に譲ることになった。ところが一万の外祖父比企能員はこれに不満を持ち、千万およびその外戚である北条氏を亡きものにしようと、兵を集めはじめた。かくて鎌倉には双方に味方する武士が群れ、騒然たる状態になって来た。

九月一日、頼家の病床につきそっていた若狭局が、頼家に訴えた。

「このままでは北条にやられてしまいます。一万の行末が心許のうございます」

頼家は驚いて比企能員を招き、ひそかに北条討滅の計画を練った。ところが、この密談を母の政子が障子を隔てて聞きつけてしまった。政子は手紙を認め、侍女を走らせて、時政に急を告げる。折ふし御所を出て、名越《なごえ》にある本邸に帰る途中だった時政は、手紙を見て思案の末、大江広元の邸に寄って相談する。

が、広元の答は慎重だった。

「故将軍家の時以来、御政道の事については御助け申し上げて来ましたが、戦さの事は何とも……。ま、あなたの御判断でなさることですな」

ていよく逃げをうったのである。時政はまだ決心がつかない。広元の邸を出たものの、まだ馬上で思い悩んでいたが、とうとう従っていた天野《あまの》蓮景《れんけい》と新田忠常《ただつね》に計画を打明けた。

「やりましょう！」

二人は即座に答えた。

「なぁに、能員ごときを討つのに、軍兵を動かす必要はありませんよ」

名越の邸に戻って、秘策が練られた。大江広元も迎えをうけて出かけてゆく。先刻態度を鮮明にしなかったので、広元の所から比企側に情報が漏れはしないかと警戒し、口止めする意味で呼びよせられたものと思われる。慌しい動きがあった後、使が比企能員の許にさしむけられた。

「将軍家の御病気平癒祈願のため、薬師仏供養を行います。なにとぞ御来臨下されたい」

能員の息子たちは警戒して行くのを止めたという。

「どうしても行かれるなら、相応の武装をし、家子郎従《いえのこ》を従えてゆくべきです」

が、能員はそれを聴かず、武具もつけず、仏事にふさわしい礼装をし、数人の供だけ連れて出かけていった。能員が北条邸に入るやいなや、物蔭にかくれていた天野蓮景と新田忠常は、やにわに彼の両手をむずと摑み、竹藪に引入れて、刺殺してしまった……。

このところの『吾妻鏡』の描写には息づまるようなものがあるが、中でもこの部分は、

「誅戮《キビス》踵ヲ廻《メグ》ラサズ」

とこれ以上簡潔にはできない書き方でその一瞬を表現している。漢文の持つ迫力であろう（もっともこれには古典に似たような表現があるので手放しに感心もできないが）。

能員の非業《ひごう》の死を知った従者は、宙を飛んで比企の館に急を告げるが、時をおかず、「尼御台所の仰せ」をふりかざして、北条時政の子、義時ほか北条一族、小山、三浦、畠山らが攻めこんで来た。不意を衝かれた比企方の劣勢は蔽うべくもないが、それでも彼らは勇敢に戦い、攻め手にかなりの痛手を負わせた。戦闘は午後二時から四時頃までおよんだという。敗色の濃くなって来たとき館に火が放たれた。その中で比企の息子たち、娘の婿たちも自殺し、若狭局も一万も炎の中に死んでいった。

『吾妻鏡』への疑問

はじめて『吾妻鏡』を読んだとき、この記事に、私は多くの疑問を感じた。その第一は、頼家と北条討滅の秘策を練っていたはずの能員が、何で丸腰に近い姿で敵の本拠に出かけていったかということだ。原文では能員は水干《すいかん》を着ていった、とある。水干は当時の武士の礼装、いわばモーニングかダークスーツを着込んで行ったというわけだ。これについて『吾妻鏡』は、能員の言として、

「こういう際だから、かえってものものしい武装をしてゆくのはよくない」

という意味の言葉を載せている。武装した郎従を多数引連れてゆけば、周囲は、すわ、合戦かと思うだろうし、北条氏も攻めて来たかと思う、というわけだ。しかし、どうも

これは言いのがれのような感じがする。

そのことから糸を手繰ってゆくと、このとき、能員の方には北条氏討滅の計画はなかったのではないか、と思えて来た。『吾妻鏡』はどうしても非は比企方にあるように書かなければならないので、前半の若狭局と頼家の密談――能員と頼家の密計、――それを政子が聞きつけて急報という形で、挑発をうけた北条側がやむなく兵を起した、というふうに話を持っていったのではないだろうか。

そういえば、政子が障子の蔭で立聞きをしていたなどは、世話ものの芝居を見ているようでどうもおかしい。かりにも尼御台が将軍の病床を訪うとなれば、先触れの使も来るだろうし、そうお誂えむきの場面は展開できないはずである。そう思ったので私はこのあたりを小説にするとき、わざとこの場面はカットした。

こうなると、その大前提となった一万と千万の分割相続もどこまで真相を伝えているのか疑問になってくる。能員が分割相続に不満を持ち、千万と北条側の討滅を計画した、というのが『吾妻鏡』の伝えるところだが、あるいは、これも虚構かも知れない。同説を伝えるのは後世に成立した『保暦間記』だけで、当時の経緯をくわしく伝えている『愚管抄』にもこの事は現われない。『大日本史料』はこれを事実と認めているようだが、その根拠は『吾妻鏡』を出ないようなので、これも小説化する折、材料として使わなかった。つまり私はこの事件の前半は、北条側の後からの言い訳と見るのである。

比企側は、北条討滅を企てるどころか、もっと事態を楽観していたのだ。頼家が死んだら、後継者は一万に間違いなし、と見ていたし、だからこそ、武装もせずにのこのこと名越の北条邸に出かけたのであろう。

北条側からすれば、これは捨て身の攻撃だった。頼家が死んで一万が後継ぎと披露される前に、是が非でも既成事実を作ってしまおうという奇襲作戦である。もっとも、比企制圧は北条一族だけでは力不足だ。幸い三浦一族、甲斐源氏の平賀義信、小山一族、畠山一族など有力武将がこれに同調してくれたので、激戦の末、勝利を得た。これは東国武士団の多くが、何らかの意味で頼家―比企ラインの継続を望まなかったためでもあるが、このときまでに北条一族が張りめぐらした姻戚関係も、あずかって大いに力があったと思う。即ち、

畠山重忠の妻――北条時政の娘（政子と同腹）

平賀義信の息子、朝雅《ともまさ》の妻――時政の娘（牧《まき》の方《かた》所生）

三浦義村の娘――北条義時の息子、泰時《やすとき》の妻

小山氏との姻戚関係は不明だが、一説によると、北条義時の妻の妹が結城（小山）朝光の妻になっている。これで見るかぎり、北条氏は当初以来の婚姻関係の網目を徐々にひろげ、同志を増やしていったと思われる。もっともこの姻戚関係をあまり重要視するのは考えもので、後に見るように、姻戚内で激しい対立を見せることもあるが、この時点では、比企に対してはこの関係は有効に働いたと見ていいのではないか。しかも彼らが時を移さず実力行動に移ったところを見ると、計画はかなり前から練られ、一味はこ

の日を期して蜂起を企てるべく打合せずみだったのではないだろうか。

戦場はどこか?

次に私の懐いた『吾妻鏡』への疑問は、この時の合戦の行われた場所についてである。比企一族は、能員横死《おうし》の報をうけると、一万の館に立籠ったので、そこへ北条以下が攻めこんだ、と書き、一万の館を「小御所と号す」と注している。

当時の幕府は八幡宮の東北寄り、現在の清泉女学院の校舎のあたりにあったと思われる。「小御所」という表現にこだわると、その所在地はその一隅にあるように思われるし、すでに若狭局もわが子とともにそこで生活していたような印象を与える。とすれば、幕府内の建物が戦闘のために焼かれたことになるが、それにしては、その始末や再建の記事もない。またそれまでに若狭局が正式に頼家の御所に入っている確証が摑めないので(『吾妻鏡』は彼女をあくまで「妾」として扱い、正室と認めていないので、その辺の証言が得られないのはいうまでもないのだが)、これもはっきりしたことは言えない。

一方、当時比企一族のいたのは、現在の鎌倉駅に程近い妙本寺のある所で、比企ヶ谷《ひきやつ》の地名が今も伝えられている。そして鎌倉ではこの比企ヶ谷でこの日の戦いが行われたという言伝えが今もなお残っているのである。

小説を書くとき、この舞台設定には、いささか頭を痛めた。しかし当時の習慣として、子供が母方で育つことが多いこと(頼家には別の女性との間に数人の子供があり、それぞれ母の手許で育っていたらしい）、比企は頼家の有力な乳母でもあり、多分成人してからも頼家自身、度々ここに来たと推定されることから、やはり一万は比企一族の館にいた、と考えることにした。その一つの手がかりは『吾妻鏡』が、そこをわざわざ小御所と「号す」と注していることである。これは、比企側で勝手に小御所と呼んでいた、という言い方に通じるからである。当時の館の名が必ずしも固定的な場所を指さず、むしろ住んでいる人に従って名称を変える場合があることからも、一万のいる比企の館の一角を「小御所」と呼んだことは当然考えられる。

とすると、比企一族の立籠ったのは、やはり現在の妙本寺ということになる。能員死すの報を持って、郎等は名越の北条邸から駆けつけて来たとしよう。ところが、北条にはもう一つ、小町に館があったと思われる。八幡宮の東角に近い現在の宝戒寺の辺がその場所である。ここから比企邸までは数百メートルにすぎない。あるいはこのとき、北条側は、少し離れた名越邸で能員を殺しておき、比企邸に知らせが届くより先に、小町邸から比企勢めがけて攻込んでいったのではないか。小町邸には時政の嫡男で、これからいよいよ活躍期に入る義時がいたはずだ。時政と義時の呼吸を合せた連繫作戦――小説書きの推定にすぎないが、こんなことを考えてみた。

もっとも、『愚管抄』の伝える事情は少し違う。その書くところを総合すると、事情は次のようになる。

頼家は重病に陥ると、大江広元邸に移って療養していたが、病状がはかばかしくないために八月末に、一万に世を譲って出家した。と、北条方は能員を殺すと同時に、御所に並んで建っていた小御所を襲い、一万を殺そうとしたが、危機一髪、一万は母に抱かれて脱出、後に残った比企の一族はことごとく戦死した。一万はそれから二月ほど後に北条義時に捉えられて殺されてしまった。

慈円という人は、どういうニュース・ソースを摑んでいたのかわからないが、『吾妻鏡』とは大分違うし、また、そのころ西国に伝えられた噂とも違った事実がここには書かれている。あるいは、これが真相かもしれないのだが、すでに頼家が出家して一万に地位を譲っていたというあたりにやや疑問もある。重病に際し、病人を他の場所に移すことは当時身分の高い人にもよくみる例ではあるが、この場合は小御所を幕府の中にあると考え、そこでの合戦を想定し、これが頼家の耳に入らないために前以て広元邸に移したと解釈すべきだろうか。北条側が小御所に一万を襲い、比企邸も同時に襲撃ということも考えられる。このあたりの事実関係はなかなかややこしく、じつのところ、はっきり言えるのは比企が敗北し、一万も殺されたということだけなのである。

京都に流れた怪情報

ところでこのとき、慈円の摑んだ情報とは別の怪情報が、西国では流れていた。

「頼家が死んだ」

というのである。冗談ではない。重態ではあるが、彼はまだ生きている。それどころか、やがて病状も回復し、おかげで鎌倉では一騒動起るのだが、そのことには後でふれる。

頼家死す、の情報を伝えるのは、『猪隈《いのくま》関白記』と『明月記』だ。『猪隈関白記』の方は、九月一日に死んだ、とあるだけだが、『明月記』はさらに詳しく、

「郎従がその跡継ぎのことで争い、時政によって、頼家の子が殺された。これに関連して、頼家側の人間で都にいた者も追捕《ついぶ》されたらしい」

と書いてある。彼らがかくも頼家の死を確信したのは、東国から西国政府に、その旨の正式の申し入れがあったからである。

生きている人間を死んだと公表するその厚かましさ。現在のように正確な情報が伝わりやすい時代にはとてもできない芸当だが、はるか離れた鎌倉と京都の間では、こんな欺瞞的行為が通用したのである。

ではなぜ、東国（北条側）はこのような虚偽の申し立てを行ったのか。答は簡単だ。

「次期将軍を頼家の弟に」

というお墨付きを取りつけて、既成事実を作りたかったのだ。二つの日記がこの情報を伝えるのは九月七日、その夜早くも望み通りに次期将軍任命が発令され、元服前のその少年の名前は、「実朝《さねとも》」とするよう、後鳥羽院からの命名まで行われた。西国側では、この情報をまったく疑わなかったらしい。その数日後の十一日に行われるはずだった伊勢神宮への例幣《れいへい》を、頼家薨去《こうきょ》の故をもって延引しているのが何よりの証拠である。

ところで注目したいのは九月七日という日付である。『猪隈関白記』によれば院へ申し入れがあったのは七日の朝だというから、少くとも鎌倉からの使はそれまでに京都へ着いていなくてはならない。普通鎌倉京都間は急ぎに急いで五日〜七日。三日という特急便があったというが、これは伝説に近い速さである。ともかくこのときの使は二日の争乱がすむかすまないかのうちに鎌倉を飛び出していなければならない。

いや、もしかすると……。

私が目をとめるのは、七日に辞令を持った使が、鎌倉に到着したのが十五日だということである。八日に京都を出発したとして、帰路にはたっぷり七日かかっている。同じくらいの速度で走ったとすれば、七日に到着するには、乱に先立って鎌倉を出発していなくてはならないではないか……。

そこまで勘ぐるのは小説的臆測かもしれない。が、とにかく、使は頼家が死ぬことを「予定」して、鎌倉を出発していると言わねばならない。北条時政は、頼家の死はまちがいなし、と踏んで比企を襲い、間髪を入れずに、京都へ使を飛ばせたものであろう。

が、その水も洩らさぬ作戦に思いのほかの狂いが来た。死ぬ予定だった頼家が、何と生きかえってしまったのである。『吾妻鏡』が九月五日の条に、

「将軍家御病痾少減シ、ナマジヒニ以テ寿算ヲ保チ給フ」

と、いささか無念そうに書き記しているのは、何とも皮肉な構図である。しかし生きかえった以上、放ってはおけない。実朝への辞令と帳尻をあわせるために、ここで彼を

無理やり出家させてしまった、というのがその真相ではないだろうか。『吾妻鏡』が頼家出家の日を実朝に将軍任命の辞令の出たと同じ七日としているのも、それを裏付けているかのようである。

暗殺者の死

このとき、派生的な一事件が起っている。危機を脱した頼家は、比企一族の滅亡を知り、激怒して北条討滅を謀った。呼びつけられたのは侍所の別当の和田義盛と新田忠常だったという。すでに北条側へ旗色を鮮明にしてしまっていた義盛はこれに取りあわず、頼家からの書状を時政に暴露してしまった。

ところが新田忠常はこの事を時政に報告しなかったという。このため真意を疑われた忠常は口実をもうけて時政の名越の館に呼びつけられた。そうと知った忠常の兄弟たちは、てっきり能員の二の舞で殺されたと思ったらしく、報復手段として、北条義時を攻撃した。そのとき政子の許にいた義時は御家人を動員して防戦し、兄弟を討取ってしまう。そうとは知らずに名越の北条邸を辞した新田忠常は途中で変事を知り、御所に駆けつけようとしたところ、これも御家人によって殺されてしまった。

以上は『吾妻鏡』の伝えるいきさつだが、私はあまり信用していない。今まで見て来たように、新田忠常は、北条時政の随一の側近だからである。しかも彼はこの事件の最初からすべてを知っている。その口から真相の洩れることを恐れた時政が、たくみに彼を殺してしまったのかも知れない。暗殺者を殺して証拠隠滅をはかるのは、別にこの時代に限ったことではないようである。

このとき、頼家に出家するよう言い渡したのは母親の政子だったという。先に尼御台の権威をもって妹の阿波局をかばった彼女が、今度もこうした役廻りを割当てられることは当然のなりゆきだったろう。

やがて伊豆の修善寺《しゆぜんじ》に送られた頼家は、その翌年、北条氏の刺客によって暗殺される。これも『愚管抄』が詳細な報告をしている。

「サテ次ノ年ハ元久元年七月十八日に、修善寺ニテ又頼家入道ヲバサシコロシテケリ。トミニエトリツメザリケレバ、頸ニヲ(緒)ヲツケ、フグリヲ取《トリ》ナドシテコロシテケリト聞ヘキ」

争乱の意味するもの

この鎌倉の争乱を「比企の乱」というのは、いささか事実にあわない。むしろ争乱を企んだのは北条氏なのだから。頼家の悲惨な死について、時折り質問を受ける。

「政子は頼家を見殺しにしたのか」

「母としてわが子がかわいくなかったのか。わが子より実家の北条氏が大事だったのか」

たしかに政子は頼家を憎んでいたと思う。わが子でありながらまったく自分の言うことを聞かず、妻の一族である比企家べったりになってしまった彼との対立は、すでに数年に渡っている。それかといって彼女が実家と秤りにかけて実家の方をとったと思うのはどうだろうか。生一本で愛憎の念の強い彼女は、愛する息子に裏切られた思いが強く、しだいに若狭局を、そして頼家を憎むようになっていたのだ。結婚した息子と母親の間に起りがちなトラブルである。しかも彼らは単なる母と子ではなかった。そこに幕府の主導権がからんでくる。現在でいえば会社の経営権の争いのようなものである。不肖の息子とその妻の実家に乗取られるよりは、もう一人の息子を社長に――と思ったとしても無理はない。ただ現代と違ってすぐ実力に訴える当時にあっては、たちまちそれは血みどろな戦さに発展するのだ。

もちろん大きな流れからみれば、これは比企と北条という、ピラミッドの上層部の争いである。あまり個人的、あるいは家庭的な次元に引降ろして考えない方がいいとは思うが、こうした肉親同士のやりきれない憎しみあいも、まったく無視することはできないだろう。というのは、双方に加担する武士の顔ぶれが、それぞれ姻戚関係でつながっていることでもわかる。また実際に鎌倉を歩いてみると気づくことだが、こうした歴史の舞台となったところは、意外とそう広くはない。比企の乱が小御所で行われたにしても、あるいは比企ヶ谷で行われたにしても、その広さは、小学校のグラウンドほどもない。応仁の乱や関ヶ原の合戦からの連想で広い舞台を想像しがちだが、実に小人数、小規模の戦いで事は決してしまっている。それだけに家庭悲劇やら個人的情実やらの入りこむ隙がなかったとはいえないけれども、そのことだけを重く見て背後によこたわる歴史の意味を見失うこともまた避けるべきだろう。

この段階にいたって、東国ピラミッドは、一つの変容を見せている。最頂点にある将軍よりも、そのすぐ下にある実力者たちの戦いが重要な意味を持って来ているのだ。頼家と政子の対立は眼につきやすいが、本質はやはり北条と比企の主導権争いだ。しかもその結果登場するのは、よりロボット化した十二歳の少年将軍である。が、ロボットの存在も無視してよいというものではない。いやそれどころか、彼はある意味では北条の支えになっている。ちょうど一万という存在が比企の支えになったと同様に……。権威と権力のこの微妙なからみあいは、この血なまぐさい事件を通じて、いよいよ形を明確にしたというべきだろう。

第十章　雪の日の惨劇　三浦義村の場合

牧の方の登場

比企の乱――実質的には北条の乱だが――の終ったところで、もう一度、頼家時代の最初に案出された合議制をふりかえってみよう。そこにずらりと顔を並べた幕閣の重臣たちの身辺にどのような変化が起きていたか？

北条時政、義時（政子の姻戚）……健在
大江広元、三善善信（康信）、中原親能、二階堂行政（行政官グループ）……健在
三浦義澄……病死
八田知家……一二〇三（建仁三）年六月以来消息なし（わずかに一二一三年に知家入道の鎌倉宅焼亡の記事あり）
和田義盛（侍所別当）……健在
比企能員……横死

安達蓮西……病死
足立遠元……健在
梶原景時……横死

行政官グループを除けば、その半ば近くが姿を消していることに気づかされる。ついでにいうと、西国のマキァベリスト、源通親も比企の乱の前の年に頓死してしまった。一一八〇年の旗揚げ以来二十数年、世代交替の時期にさしかかっていたともいえるが、視点をややずらせてみれば、合議制の深刻な実態が浮かびあがってくる。民主的であるかに見えて、何のことはない、それは命を賭けたトーナメントだったのだ。弱者は蹴落され、東国ピラミッドは、いよいよ鋭角になった。残ったメンバーの中でも足立遠元は老年になったせいか、ほとんど姿を現わさなくなる。

してみれば、比企を蹴落した北条の勝利は歴然——と言いたいところである。たしかにこれ以後、北条時政が「執権《しっけん》」として幼い千万の代りに諸事を「下知《げち》」する記事は『吾妻鏡』に頻繁に見うけられるが、しかし、活火山たるピラミッドは、そうすんなりとはまとまらない。生き残ったトップ内部に潜んでいた対立が、にわかに露《あら》わになって、小噴火が続発する。せっかく勝利を獲《え》たからには、少々のことは眼をつぶって協力しあってゆけばいいのに、と思うのは第三者のさかしらであって、因果なことに、人間という生きものはそれほど合理的にはできていないらしい。

対立は比企を降し、頼家を出家させ、千万、すなわち実朝が征夷大将軍の座についたとたんに始まった。十二歳の少年は、この直前、母親の政子の手許を離れて、後見役たる外祖父時政の邸に移ったが、数日のうちにたちまち呼びもどされる。

「あそこのお邸は危い」

ついていった乳母の阿波局《あわのつぼね》がそう政子に耳打ちしたのだ。時政の邸で采配を振っているのは若い後妻、牧《まき》の方《かた》である。政子たち先妻（すでに死亡）の子のグループは、とかくこの継母と反《そ》りがあわない。何事につけても千万君第一の乳母阿波局は、早くもこの継母と衝突してしまったのかもしれない。女どうしの意地になったいがみあい——ともとれる事件だが、

「継母さまの所においたら何が起るかわかりません。うわべはにこにこしておいでですが、内心、若君のことをどうにかなさるおつもりでは……」

なかなか意味深長なことを彼女は言う。しかし、ここでは具体的な衝突はまだ起らない。千万の元服《げんぷく》の式は名越の北条邸で行われた。例の比企能員を誅殺したところである。このとき、髪をあげる理髪の役は時政が受持ったが、加冠——すなわち烏帽子《えぼし》親《おや》は甲斐源氏の平賀義信がつとめた。頼家の乳母夫だったはずの男が？　と首をかしげたくなるが、これにはわけがある。彼の息子朝雅の妻は、時政の娘——後妻、牧の方の産んだ女性なのだ（281ページの系図参照）。しかも朝雅は、比企の乱の直後、東国代表として西国へ出発している。

政範、京に死す

それから間もなく、少年将軍の結婚問題が起った。十三という年齢は今から見れば早婚すぎる感じだが、元服した以上、御台所は是非とも必要なのだ。

はじめの候補者は彼の従妹《いとこ》――。政子の妹が足利義兼《よしかね》に嫁いでもうけた娘だった。ところが、実朝がこれに難色をしめし、思いがけない注文を出した。

「都の姫君を貰いたい」

さりとは早熟な――と思うのは早計で、舞台裏でお膳立をしたのは、牧の方である。彼女の実家は駿河の大岡氏、平家時代、清盛の異母弟、頼盛《よりもり》の所領だった大岡牧を預る在地豪族で、西国国家とは何かと縁が深い。牧の方自身もあるいは平家の侍女だった経験があるのではないか。時政との間に生れた娘たちを、次々と西国の公家に嫁がせている。

多分、牧の方はそのつてを辿って工作したのだろう、坊門《ぼうもん》（藤原）信清《のぶきよ》という公家の姫君を実朝の御台所に迎えとることに成功した。この姫君の姉は後鳥羽《ごとば》上皇の後宮に入っているから、結婚が成立すれば、後鳥羽と実朝は義兄弟にもなれる、というわけである（374ページの系図参照）。

こうなっては、足利義兼の娘では問題にならない。それを持出したのは、多分政子や阿波局など先妻グループだったのだろうが、やり手の牧の方の政治力の前には沈黙せざるを得なかったのであろう。

このとき西国にあって交渉にあたったのは、もちろん婿の朝雅だ。話はとんとん拍子にきまって、みめかたちのいい青年武士が選ばれて、御台所を迎えるために出発した。その中に牧の方が時政との間にもうけた最愛の息子政範《まさのり》も混っていた。

牧の方はこの十六歳の少年に大きな期待をかけている。ゆくゆくは異腹の兄たちを押しのけて時政の後継ぎに——ひそかにそのくらいなことは考えていたかもしれない。が、何という運の悪さであろう。道中彼は発病し、京都に着いて間もなく、義兄朝雅の看護も空しく、この世を去ってしまう。牧の方としては手痛い失点である。こうしたハプニングはあったものの、ともかく坊門家の姫君は無事鎌倉に到着した。このときの東下りの行列は、京都人の目を奪うばかりの豪奢なものであったらしく、後鳥羽上皇も寵姫の妹のこの嫁入り行列を非公式に見物している。

それでいながら、西国国家には彼女を匈奴《きょうど》に嫁がされた王昭君《おうしょうくん》になぞらえるような気分があったらしい。彼らにとっては、単に公家の姫君が武家の棟梁の許に嫁ぐのではないのである。西国国家から東国という夷狄《いてき》の蛮国へ下るのだ。やはり東国は西国にとっては異国なのであった。

御台所が鎌倉に着くと、受入側の総指揮官として腕を振いだすのは牧の方だ。政範を亡くした不幸にもめげず、いや、その埋合せをつけるかのように、彼女はひたすらこれに打ちこむ。いまや実朝の背後にあって行政面を握る時政と、御台所の親代り兼女官長として奥向きの一切を掌握する牧の方と——この夫婦が鎌倉の実権を独占した形である。その威勢に圧倒され、尼御台政子も乳母の阿波局も、その兄弟の義時、時房《ときふさ》も、しばらく鳴りをひそめている。

重忠の死

こうなったとき、牧の方は、政範の死への復讐を開始する。狙い打ちされたのは畠山重忠の息子重保《しげやす》である。いいがかりとしかいえないようなことなのだが、政範の死に関して、牧の方は重保に恨むところがあったらしい。重保は政範ともども御台所を迎えるために西国に行っている。その途中で何かの行違いでもあったのだろうか。そういえば政範の死後間もなく、平賀朝雅と重保は酒宴の席で大げんかをしている。

そのことを根に持ったのか、牧の方はついに畠山重忠、重保親子誅殺を計画する。『吾妻鏡』ではそれまでの経緯がはっきりしないのだが、朝雅・牧の方側と畠山父子の間には、ずっと対立が尾をひいていたらしく、畠山父子はしばらく武蔵に引籠ったまま、鎌倉に姿を見せなかった。

それをおびきだす役目を受持ったのは、重忠の従兄の稲毛重成である。彼は同じく武蔵の豪族だが、嫡流の畠山を凌いで一族の棟梁になろうという野心を抱いていたらしく、牧の方はそこにつけこんで仲間に引入れたものと思われる。時政からこの計画を打明けられたとき、義時、時房は猛然と反対した。

「畠山重忠は、頼朝公の時以来、忠勤を励んで来ました。比企の乱の時にも快く協力してくれたではありませんか。これは北条家の婿（重忠の妻は時政の娘、政子と同腹）として父上に尽したのです。そういう人間を討つことはできません」

が、反対を押切って時政は、鎌倉にやって来た重保を暗殺してしまう。その役をつとめたのは、三浦義村である。彼は義澄の息子で、かつて梶原景時の追落しに活躍した人物だ。このころ、重忠は何も知らず、息子より一足おくれて鎌倉に向っていたが、時政はこれを追討すべく軍の出動を命じる。このときは、先に反対した義時、時房をはじめ、侍所別当の和田義盛、例の三浦義村、小山一族、宇都宮、八田、安達等東国武士団の総力をあげての出陣だった。

一方の重忠は、たった百三十四騎の供人しか連れていなかった。途中で異変を知った家来たちは、武蔵の本拠に引返して戦うことをすすめたが、重忠は聞かず、

「いや、それはいけない。逃げかえっては命を惜しんだように見られるし、かねて陰謀を企んでいるように思われるのも本意ではない。このまま戦おう」

大軍を向うにまわして四時間あまり戦って、壮烈な戦死をとげた。

しかし、事はそれだけではすまなかった。鎌倉に帰った義時は時政に向ってこう言った。

「重忠が謀叛など企んでいたとは思われません。彼が本拠に帰らず、そのまま踏みとどまって戦ったことでもそれははっきりしております。その首を見ましたとき、年来のよ

しみを思うと涙を禁じ得ませんでした」

時政は返す言葉がなかったという。義時は、言葉の上でなじっただけではなかった。

「事の起りは稲毛重成の奸計にある」

として、三浦義村らと組んで、重成一族を誅殺してしまった。

それまで、とかく影の薄かった義時という人物が歴史の表面に躍り出るのはこの瞬間である。以後の彼は容赦のない辣腕《らつわん》ぶりをしめす。数日後、時政の許にあった少年将軍実朝を政子の許に迎えいれ、その身辺をがっちり固めた上で、彼は、きびしく時政夫妻に迫るのである。

「牧の方は、謀叛を企んでおられる。将軍家を亡きものにし、平賀朝雅を将軍にするつもりなのであろう」

一切の弁解を許そうとしない息子に腹を立てて、時政が武士を集めようとしたときはすでに遅かった。昨日まで言いなりに集まっていた彼らはすべて義時の邸に集まり、一人として時政の命に従う者はいなかった。万策尽きた時政は出家して牧の方ともども伊豆に蟄居《ちつきょ》する。時をおかず、義時の使が京に飛び、在京の御家人によって朝雅が討果たされる。

御台所の親代りのような顔をして権力を振いはじめた牧の方の、何というあっけない退場ぶりであろう。重忠親子誅殺、重成、朝雅誅殺と血しぶきを重ねつつ、舞台は大きく変転する。実朝を擁してピラミッドの頂点に手が届いた、と思ったとたんに、時政は転り落ちてしまったのだ。

狙われた畠山氏

この事件にはさまざまの問題が含まれている。経過だけ辿れば、牧の方の女らしい復讐心から事が起ったようにも見えるが、真相はそのような単純なものではなさそうだ。ここに武蔵守だった平賀氏と、在地豪族の畠山氏の対立を見出されるのは、歴史学者貫達人氏である。国の守と在庁官人とはしばしば年貢のことで利害が対立する。そこに根本原因を指摘されるこの見解に、かねてから私は敬意を表している。

平賀義信は頼朝時代にすでに武蔵守に任じられている。それがいつ息子の朝雅と交替したか、はっきりしないのだが、実朝時代になると朝雅が武蔵守として登場するから、この前後に交替したものか。なお義信の死亡に関する記事は『吾妻鏡』に見当らないが、この事件の二年後には、「故平賀義信」として出てくるから、実朝の烏帽子親を勤めた後、間もなくこの世を去ったのではないかとも思われる。

なお、朝雅が京都へ出かけた後は、時政がその任務を代行していたらしい様子なので、ここで畠山と北条の対立が激化した、と見てもいいだろう。が、それとは別に、畠山一族は早晩狙い打ちされる運命にあった、と私は思っている。これまでふれる折もなかったが、重忠は梶原景時によってしばしば窮地に追いこまれている。

「彼は謀叛を企んでいる」

何かにつけて景時は重忠を告発するのだ。謀叛心がないなら起請文《きしようもん》を書けと迫り、重忠が、

「起請文を書くなどというのは二枚舌の人間のやることだ。俺は心と違うようなことは言わぬ。だから書けぬ」

とはねつけると、それ自体を謀叛の証拠ときめつける。重忠の方もむきになって、

「土地を横領したというような欲張りな噂なら恥辱だが、謀叛の噂なら武士の誇りだ」

などとやりかえす。一本気な彼らしい言い方だが、実に危い橋を渡りながら二十数年を生きて来たともいえる。そのつど彼を許し、何かと目をかけて来たのは頼朝だが、重忠に対するこの景時と頼朝の対し方は、心情のきびしさ、やさしさの問題というよりも、東国ピラミッド内部における畠山の地位をそのまま物語っているといえそうだ。

彼は武蔵随一の武力を持っている。はじめて頼朝に帰属したとき、既往の敵対行動は一切問われず、彼は直ちに鎌倉入りの先陣を命じられた。畠山の旗をなびかせた一団が先頭に立てば、東国の武士はおのずから従って来ると思われたからだ。頼朝の上洛の折も先陣をつとめているのは、西国にまでその武勇が鳴りひびいていたからであろう。

それだけに、東国ピラミッドの中において、彼は警戒すべき存在だった。何かの種をみつけて、景時が告発しようとするのはこのためである。しかし、それでいて彼を失脚させ得なかったのは、その強大さの故であろう。失脚させ、軍事的に制圧するには相手が強すぎる、と判断したときは、頼朝のような妥協策をとらざるを得ないのだ。

北条氏の内訌

しかし強大な一族の中には、しばしば内訌《ないこう》が起る。稲毛重成などはその例であろうし、江戸、河越などの同族も重忠討滅に参加している。またこの二十数年の間に、重忠の武蔵国の内部に対する統率力もやや低下していたのではなかろうか。というのは同じく重忠討滅に参加した武士の中に、横山、金子、児玉といった武蔵七党の顔ぶれが見られるからだ。先に大串《おおぐし》重親のところでふれたように、以前は武蔵七党の中には、畠山の傘の中に入り、ゆるい形の主従関係を形成していたと思われるものもいたのだが、この時点では重忠一族は孤立している感じが強い。徐々に畠山王国は崩壊していたのかもしれない。そしてついに東国ピラミッドの一角から転落する時は来たのである。

さらにいえば、これはピラミッドの頂点に辿りついた北条一族の内訌のとばっちりでもある。今まで書いて来たように、この事件は、牧の方側と先妻側との主導権争いという一面を持つ。系図を見ていただくと、その色分けははっきりする。中で稲毛重成が先妻グループから脱落したのは、すでにその妻を失っていたからである。この事件を契機に、牧の方グループは一挙に凋落する。事件の直後、唐突に宇都宮頼綱《うつのみやよりつな》謀叛の噂が流れ、慌てた頼綱が出家し、鎌倉に駆けつけて陳弁するが義時は面会しない、という事件が起る。この頼綱も牧の方の娘を妻にしているから、謀叛というより縁座と見れば、納得がゆく。

北条時政の子供たち

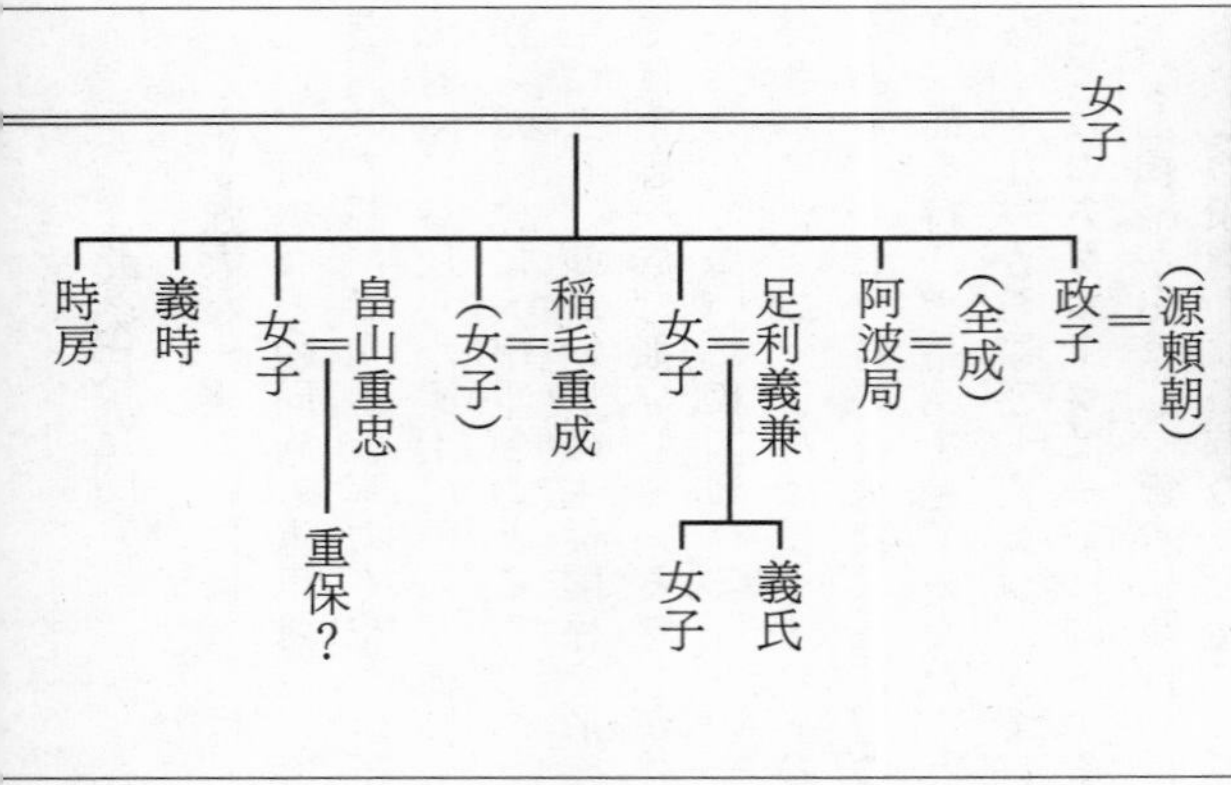

もっとも、義時・時房が畠山誅殺について、時政に抗議したのは『吾妻鏡』のフィクションではないか、という説がある。時政に重忠を殺させ、その上で非をならして退陣させようというのが真の狙いだった、と見るのだ。しかし、このときの義時・時房には、それほど計画的に事を運ぶ余裕はなかったように思われる。それより牧の方グループの進出をいかにして食いとめるかに精一杯であって、畠山重忠に対しても、牧の方ほどさし迫って討滅の必要は感じていなかったのではないか。もっともこのとき重忠が命長らえていれば、いつかは彼らと対決せざるを得なかったであろうけれども……。

時政が失脚し、朝雅が誅殺された後、代って武蔵守として登場するのは時房である（一方義時はすでに相模守になっている）。この時房の武蔵進出の意義は大きい。そこだけ見ると、義時たちはやはり武蔵を狙い、畠山追い落しに熱

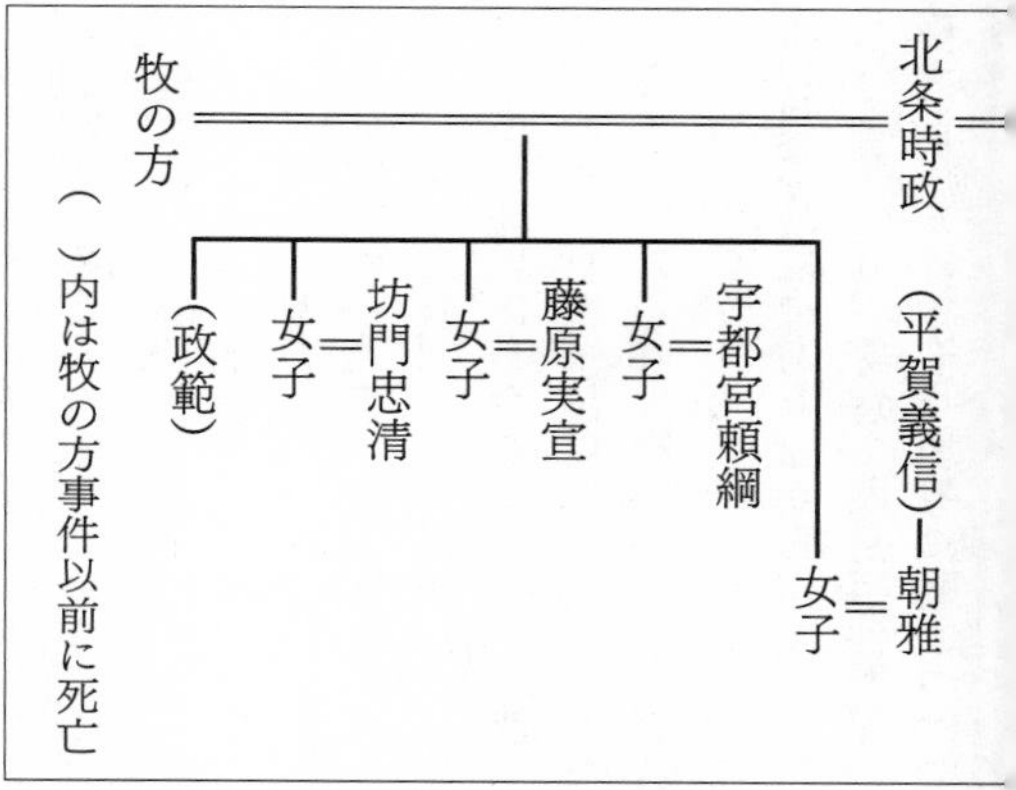

心だったように見えるが、むしろこれは平賀討滅のもたらした漁夫の利のようなものではないだろうか。

　ともあれ、ここで北条氏の先妻グループ——政子、義時、時房、阿波局らは権力をわがものとする。相模についで、武蔵も国守として掌握できて、時政時代よりさらに基礎は固まったという感じがするが、しかし、ピラミッドの火山活動の原理はここにも生きていて、やがて彼らは次の試練に直面せざるを得なくなる。いや、火種はすでに牧の方事件の中に用意されつつあり、一人の人物がその中から現われかけているではないか。

三浦一族

不可解な人物——。

彼はいま徐々にその性格を明確にしつつある。権謀——といって悪ければ緻密な計画性に富み、冷静かつ大胆、およそ乱世の雄たる資格をあますところなく備えたこの男は、武力に訴えることなく、終始北条一族を、振廻しつづけた。政治家的資質とスケールにおいて僅かに上廻ると思われる北条義時すら足を掬われかけたこともしばしばだった。

といって、私は彼を批難しようというのではない。いや、それどころか義時と並んで日本の産んだ政治的人間の最高傑作の一つだと思っている。草深い原野に育った東国武士団が、このような人間を産んだことに、ある感慨すらいだかずにはいられないくらいだ。

このきわめて興味ある人間の名は三浦義村。その華々しい政治的デビューは、梶原景時失脚事件で見たとおりである。

彼は治承の挙兵の原動力となった一人、三浦義澄の嫡男である。祖父はこの折、衣笠城で討死した義明。頼朝が彼らの一族の功に報いるために侍所別当に任命した和田義盛は、彼の従兄にあたる。以来、三浦一族の中で目立った動きを見せるのはこの義盛である。直情径行で、泣いたり笑ったり怒ったり、動作もオーバーで、とにかく話題をまきちらす。例の景時失脚事件の際、大江広元に膝詰めで訴状の提出を迫ったあたり、面目躍如たるものがある。そのかわりやや単細胞的で、平家攻めに西国に赴いたときは、侍所別当の地位にありながら、食糧不足にはすぐ音《ね》をあげて職務を放ったらかして帰国しようとしたり、鎌倉で闘乱事件が起ったりしても、一方に三浦一族がいると、調停の任務を忘れていち早く加勢に駆けつけてしまったり、どうも侍所別当としての器量には欠けるところもあったようだ。

　その彼が、ともかく大過なくその職をつとめ通したのは、多分その背後にあって、後見の役をつとめていた三浦義澄のおかげではなかったか。さきにふれたように、義澄は挙兵に先立って千葉胤頼とともに伊豆の頼朝を訪れているが、多分挙兵の密議はこの時点で具体化したものであろう。いわば功績随一の武将であるが、その後の彼自身の活動はいたって控えめだ。が、さきにふれたとおり、頼朝は常に彼の存在を意識していたらしく、挙兵後第一回の人事で彼を三浦介（正確にいえば相模介であろう）に任じている。また念願叶って、征夷大将軍に任じられ、その辞令を持った勅使が到着したとき、

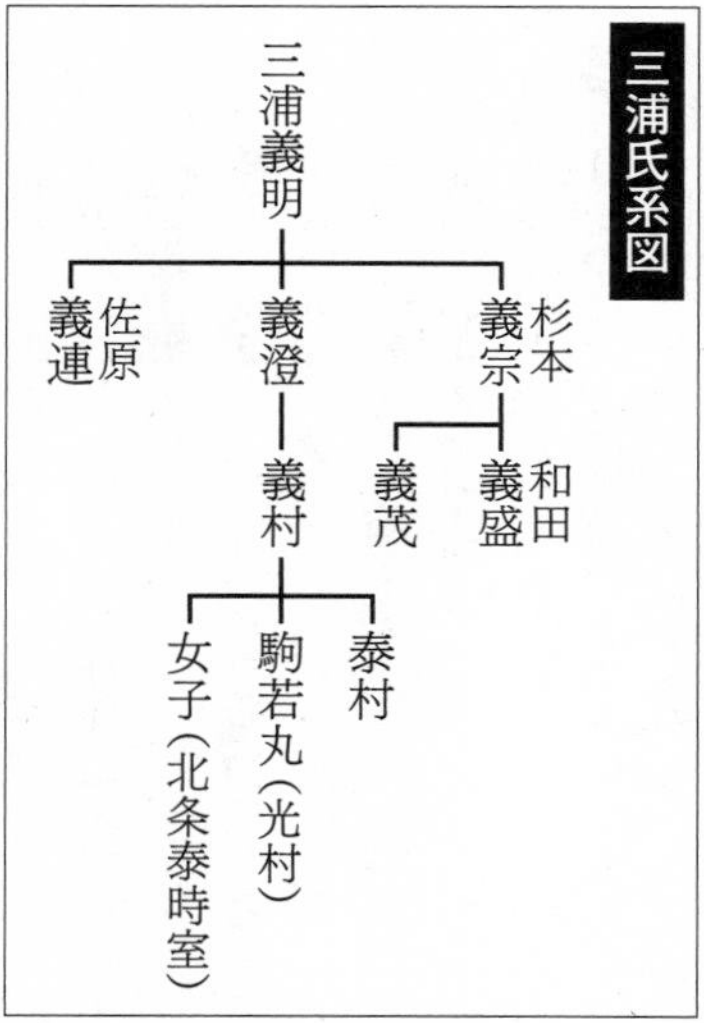

　「父・義明の忠節に報いんがために」
　と、特別の言葉を添えて、義澄に辞令受取役を命じた。つまり、征夷大将軍になれたについては三浦一族の働きが最も大きいことを、東国武士団全部の前で、彼は公表したのだ。『吾妻鏡』のこの日の義澄について、
　「面目絶妙」
　と評しているが、たしかにここで三浦氏は彼らの存在の重みを東国武

士団の諸将に認識させたわけだった。

ところが、このとき義澄は、勅使に名前をたずねられたとき、

「三浦次郎義澄と申します」

と名乗り、あえて三浦介の称号を口にしなかった。これは頼朝の私的な任命で、京都からの正式な辞令を貰っていなかったからだという。それにしても、介に任命されて十二年、すでに十分実力を備えているにもかかわらず（実質的には彼の父義明のとき、すでに三浦随一の実力者だった）、この控えめな発言ははなはだおもしろい。多分彼は、融通がきかないと思われるほど慎重な男だったのではないだろうか。

これは一つには彼の性格によるものでもあろうが、同時に、三浦氏の占める地位が、より彼を慎重にさせた、といえるかもしれない。すでに書いておいたとおり、彼らと源氏一族の結びつきは、八幡太郎義家の時以来である。義朝をかついで大庭御厨《おおばのみくりや》に擈《なぐ》りこみをかけた事もある。その子源太義平には乳母としてかしずき、遠く武蔵に攻入って源義賢（義仲の父）を敗死させてもいる。頼朝をかついで治承に挙兵する前に、その予行演習をしばしば行っているのだ。

しかもさきにふれたように三浦は鎌倉の地元勢だ。遠く離れた小山、畠山らがいかに大軍を擁していようと、直ちに鎌倉を襲うことはできない。そこへ行くと三浦は、幕府の喉元に常に刀を突きつけている。その意味で、数は劣るとはいえ、東国最強の軍隊でもある。

そのゆえに――。

義澄は常に音無しの構えを保ち続けた。甥の義盛が侍所の別当の顕職を握る以上、それ以上目立った動きをするのは得策ではない、と判断したのだろう。『吾妻鏡』の記事を拾うと、この一族は常に幕府の中で北条氏と肩を並べる形で行事に参加しているが、しいてそれと対抗する気配はない。もちろん伊豆の小豪族の北条氏が御台所に連る縁を笠に、徐々に進出を続けていることに快い思いを抱いてはいなかったろうが、あからさまに反感を現わすことは慎重に避けた。むしろ彼らは北条氏に対して好意的でもあった。頼朝のお声がかりもあって、義時の弟の時房が元服するとき、烏帽子親をつとめたのは義澄の弟、佐原義連《さわらよしつら》だし、義時の息子、泰時が成人したときは義村の娘が妻になっている（後に離婚しているが）。

いってみれば義澄の一代は「忍」の一字を守り通した。が、この音無しの構えが屈従の表明ではないことを、誰よりも知っていたのは、北条氏自身だったのではないか。

裏切りの論理

やがて、義澄が老いて隠退したとき、その跡を継いだ義村は、父とはかなり違った動きを見せる。例の景時追い落しのときの鮮かな活躍は、おそらく東国武士団全員に、「三浦に義村あり」の印象を抱かせたことだろう。が、義村は従兄の義盛のように単純ではない。父親ゆずりの慎重さを身につけ、政治における待つことの意味を知りぬいている。義澄が死んだのは一二〇〇年、ちょうど景時追討軍が、義村らに率いられて出発した直後だった。

義澄死後も三浦一族の慎重な構えは続けられる。北条氏にとっては恐るべき傍観者である。例の幻の合議制——血で血を洗った勝抜きトーナメントが終ったとき、北条一族は、なお無傷で満を持している和田義盛と、その背後に無言で立ちつくす三浦義村を見出したはずである。

しかも続いて起った牧の方の事件のさなか、義村はじつに端倪《たんげい》すべからざる動きをしめす。まず最初、彼は完全に牧の方派である。鎌倉におびきよせられた畠山重保を謀叛の名によって討果したのは、他ならぬ彼の家来たちであった。

それでいながら、義時と時政が対立したとき、彼は身を翻して義時側についてしまっている。畠山一族でありながら牧の方にごまをすっていた稲毛一族のうち、重成を除く多くの子弟を討取ったのは、義村の手勢である。かくて義時が時政に退陣を迫ったとき、彼はいちはやく政子の許に駆けつけて、実朝の身辺警固に当っている。

この変り身のすばやさ——じつはこの芸当はこれから先、度々見せつけられる彼のお家芸のようなものだが、土壇場に到っての鮮かな変身には舌を巻くほかはない。私は決して彼を変節漢呼ばわりをしようというのではない。ホットな闘争の渦中に巻きこまれながらも決して我を忘れず、冷静な状況判断を怠らなかったその資質には大いに敬意を表している。

義澄の保身は、蛸壺《たこつぼ》に身をひそめる蛸の趣きがあったが、彼はもっと大胆な勝負師だ。それでいて決して短期決戦を狙わず、マラソン的な力の配分を忘れない。これは一方の雄、北条義時についてもいえることだが、この新世代の旗手たちを迎えて、東国ピラミッド内の相剋《そうこく》は、よりおもしろくなってくる。

乳母夫への道

最初のころ、義村は父義澄に似たコースを辿る。しごく控えめに、幕府の行事などにも義盛以上にしゃしゃり出る気配は毛頭《もうとう》見せない。ただ、尼御台《あまみだい》政子とはかなり親しげに行き来をしている。というのは、このころ彼は頼家の遺児の一人で善哉《ぜんざい》という幼児の乳母夫《めのと》だったからだ。

政子はそのころ、わが子頼家を死に追いやってしまったことを、ひどく後悔しはじめていたらしい。一時の怒りにまかせて、子でもない母でもない、とばかり比企一族を討滅し、なおも反抗するわが子を伊豆の修善寺《しゅぜんじ》に追いこめ、ついには暗殺させてしまったことに気が咎《とが》めたのか、しきりに彼の残していった忘れ形見のことを気にかけるようになった。頼家の子供は先に横死した一万の下に、賀茂《かも》六郎重長《しげなが》の娘、辻殿と呼ばれた女性の産んだ善哉と、そのほか母の違う男児二人と女児一人がいた。

善哉は一二〇〇（正治二）年生れだから、義村が景時を追い落したその年に誕生したことになる。政子はとりわけ善哉がお気に入りで、袴着は数え年六歳の夏、政子の手許

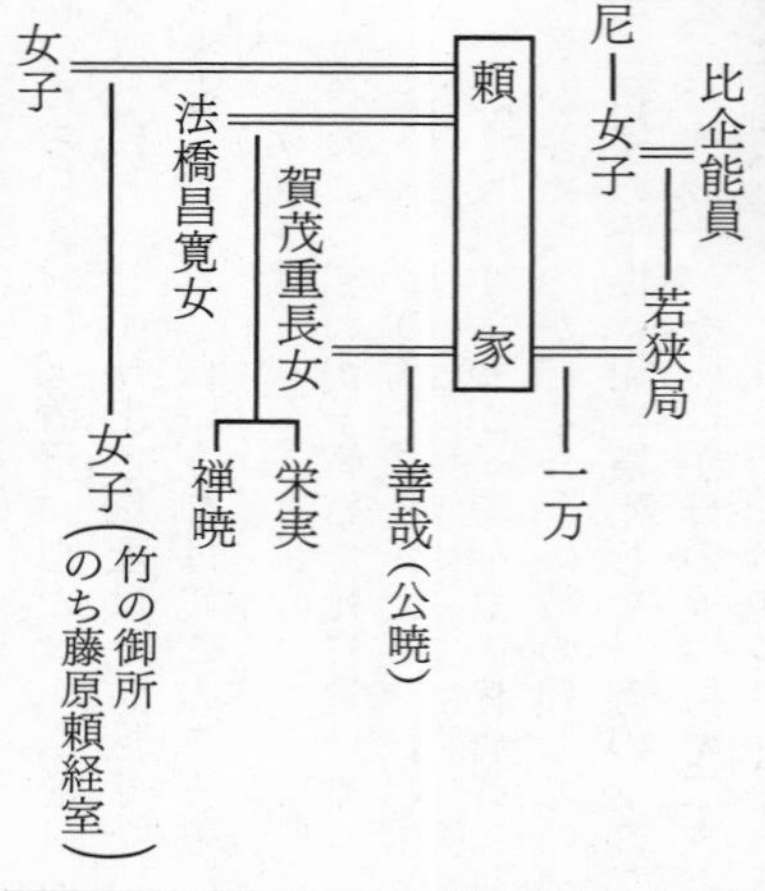

頼家の子供たち

で盛大に行われた。すでにこの少年は仏門に入れるべく鶴岡八幡宮《つるがおかはちまんぐう》の別当の許にあずけられていたのだが、父を失った薄幸の子の前途をいくらかでも輝かしいものにしようとして、元服の直後、政子は彼を実朝の猶子《ゆうし》（養子分）にしている。こんなとき、三浦義村は、善哉の乳母夫としてかいがいしい働きをみせる。はじめて親子の礼をとって実朝に対面する少年の身辺をととのえたり、献上物の用意をしたのは、この義村だった。

やがて善哉は十一歳の秋、正式に落《らく》飾《しょく》して公暁《くぎょう》と名乗り、修行のために京都へ向って出発する。

元服の日、あるいは落飾の日、乳母夫の義村がいかなる感慨を持ったかはしばらく措《お》こう。それよりも、公暁が留守にしている間に鎌倉で起った、天地をゆすぶるほどの大事件に眼を向けなければならないからだ。

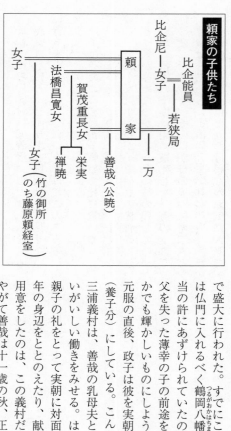

怪事件露見す

一二一三（建暦三、のちに建保と改元）年に起ったこの事件は和田の乱とか和田合戦とか呼ばれている。さきの比企の事件に比べると遥かに規模の大きい武力衝突だ。ために鎌倉御所も焼けた。おびただしい犠牲者も出た。

二月十五日、一人の法師が捉えられたことから、この事件は始まる。法師の名は安念《あんねん》と言い、謀叛の仲間に引きいれようとして訪れた有力御家人、千葉成胤に捉えられて幕府につき出されてしまったのだ。安念の自白によって、たちまち逮捕された者だけでも十数人、同意したことが判明したのは百数十人にのぼるという、幕府はじまって以来の大陰謀事件であった。中でも張本人は信濃国《しなののくに》の泉親平《いずみちかひら》という男で、頼家の遺児の一人（公暁とは別人）をかついで、北条義時以下を誅殺しようという計画だったという。

まさに危機一髪のところで露見したクーデターのように見える。それにしても、それほどの数の同調者がいるというのも驚くべきことだが、さらに奇妙なのは、いったん捉えられた御家人が、案外寛大な計らいで許されていることや、張本人の泉親平を捉えにいった御家人が、反撃をうけてみすみす取逃してしまったことなど、事件の規模とは別に、どうも詰めが甘い感じなのである。

この謀叛人の中に侍所の別当、和田義盛の息子の義直《よしなお》、義重《よししげ》、甥の胤長《たねなが》などが混っていた。上総《かずさ》の所領に行っていた和田義盛は急を聞いて鎌倉に駆けつけ、わが身のこれまでの功に替えても、と宥免《ゆうめん》を嘆願した。もちろんこれも簡単に許された。

「沙汰《サタ》ヲ経ラルルニ及バズ」

つまり審議無用として二人の息子の罪名は省かれ、義盛は「老後ノ眉目《ビモク》ヲ施《ホドコ》ス」という結果になった。

と、ここまでは、寛大ムードの線に沿った処置のように見えるが、ただ一つ、ここで例外があった。甥の胤長一人は宥免の措置にあずかれなかったのだ。

「彼は張本人の一人だから」

というのがその理由である。これに不満を持った義盛は今度は一族九十八人を率いて御所に押しかけ、

「是が非でも御赦免を」

と迫った。身びいきの義盛らしい強引さである。が、胤長の宥免は認められず、あまつさえ罪人として、一族の面前で二階堂行村の手に引渡され、やがて陸奥国へ配流ときまった。義盛の面目は丸つぶれである。その上、いったん義盛に引渡された胤長の屋敷地は、数日後には北条義時が貰うことに変更され、義盛の代官は追出されてしまう。以前から一族が所領を没収されたときは、その縁者に引渡されることになっているのに、これは異例の処置である。いかにも義盛が怒りを爆発させるように事が運ばれてゆく感じがする。じじつ、短気者の義盛が挙兵を決意するまで、さほど時間はかからなかった。

長年、ひそかに対立を続けて来た北条と三浦は、ここで正面切って実力に訴えて勝負を

決する段階に直面したのである。

ではこのとき、義盛の従弟である三浦義村はどうしたか。もちろん義盛は彼を呼びだして腹の底を打明けた。

「いよいよ、やるぞ俺は……」

一も二もなく義村は同調する。弟胤義《たねよし》とともに神かけて同心を誓う起請文にも署名する。しかも受持の場所まできめる、というきめの細かさだった。

義盛奮戦

五月二日、義盛は御所めがけて攻撃を開始する。七人の息子たちを中心に精鋭を誇る直属部隊のほか、思いがけないほどの多数の御家人が義盛側についた。例の裾野の事件に関係があったと思われる土屋、土肥、大庭一族、無念の涙を吞んで憤死した梶原一族の生き残り等々、現体制に何らかの不満を持つ連中が総力をあげて参加している。

御所はたちまち彼らによって包囲された。北条勢は立遅れを取戻すのに必死である。わずかに政子と実朝の御台所は八幡宮の別当坊に逃れたが、間に和田勢の放った火で、瞬時に御所は炎上する。実朝は大江広元と義時に護《まも》られて、危うく故頼朝の法華堂に避難した。北条側の総大将は義時の嫡男泰時だ。辛うじて和田勢を防ぐうち、夜になったが、まだ戦いは終らない。満を持して矢を放った義盛だが、今一息のところで息切れした感じである。

翌朝、和田勢にいささか疲れが見えて来た。食糧も尽きかけたところへ、午前四時、武蔵の横山党の援軍が駆けつけた。義盛の妻は、横山党の総帥時兼《ときかね》の伯母にあたる。ここで和田勢は勢いを盛りかえすが、北条側も周辺の御家人を召集し、やっと義盛側を圧倒することができた。義盛以下が討死したとき、日はすでに暮れていたというから、戦闘は二日間におよんだわけで、二時間ほどで決着のついた比企の事件に比べていかに規模の大きい激戦だったかがわかろうというものだ。

ではこのとき、三浦義村はどうしたか？　和田義盛と枕を並べて討死したか？　いや、とんでもない。神かけて同盟を誓ったはずの彼は、合戦が始まってまもなく、北条に味方する御家人の中に混って、和田勢めがけて矢を放っていたのである。義村とはそういう男なのだ。

先登は誰か？

このときの義村の言い分はこうである。

「そもそもわが家は先祖の為継（次）が義家公に従って奥州で戦って以来、常に源氏のために働き、たっぷり恩賞にもあずかっている。それを今になって骨肉の縁にひかれて累代《るいだい》の主家に矢を向ければ天罰を受けることは必定《ひつじょう》だ。やはり義盛謀叛のことは申し上げなくてはなるまい」

なるほど筋道は通っている。北条側がともかくも義盛を制圧したのは、義村の密告を得て、急遽戦闘体制をととのえたからである。ところで、この合戦後の論功行賞の際、義村は政所《まんどころ》前の合戦で先登《せんとう》（一番駆け）を主張したが、これに反論を加える者が出て来た。波多野忠綱《はたのただつな》という武士で、彼はすでに米町《よねまち》筋の合戦でも先登に立って戦い、さらに政所前でも先登は自分だと言って義村と激論になった。

このとき、義時は、忠綱をそっと物蔭に呼んで言いふくめた。

「そなたの米町筋の先登はまちがいない。だから政所前の方は、義村にゆずってやれ。何しろ今度の戦いに勝ったのは義村のおかげなのだからな。ここで事を荒立てるのはよろしくない。ま、そうしておけば、いずれ恩賞はまちがいなく与えられるから……」

が、忠綱は納得しなかった。

「武士の望みは先登になることです。私はこれまで常にそれをめがけて来た。賞に目がくらんで名誉を手放す気にはなれませんよ」

義村もいっこうにゆずらないので、とうとう実朝の前で二人は対決することになった。このとき義村は、

「私が政所前で真先に矢を放ったことはまちがいありません。矢を放ったとき、その前を行ったものは絶対にございませんでした」

と言いきった。忠綱はこれに対し、せせら笑って言った。

「いや、私が先登です。義村は私の息子たちに隔てられてずっと後におりました。前にいるものがなかったとは、義村は目が見えないのですかな」

これには証言者がいて、乗っていた馬の毛並みから、波多野忠綱が先登にまちがいない、ということになった。忠綱は意地を通しぬいたのである。もっともそのおかげで彼の勇武は認められる一方、義村に向って悪口を言ったというので、賞を与えられるどころか、罪科に準ずるという裁定をうけてしまった。

このあたり、北条側が、いかに三浦義村の裏切りに恩義を感じているか、その気の使い方が行間ににじみ出ている。

義村の眼差

裏切りと言ってしまえば、義村の行為は身《み》も蓋《ふた》もなくなる。が、彼自身の言う源家への忠節も、額面どおりに受取れないのはもちろんだ。「修身」の教科書じみた道徳的な判断はしばらく措き、その行為じたいをみつめるならば、彼の天性持って生れた状況判断の正確さには舌を巻かざるを得ない。あの切迫した状態の中で、

「和田義盛は結局負ける」

という判断はどこから生れたのか。親密さからいえば、和田と北条は比較にならない。三浦一族として、義村は北条の進出に、決して快い思いは抱いていなかったはずである。そうした好悪の感情がからんでくるとき、人間は、実力を忘れて嫌いな相手をやっつけたくなるものだ。

その感情を、いかにして義村はセーブできたのか。親しい従兄の義盛について、

「あいつは必ず失敗する」

冷酷ともいえる判断を下し得たのか。

どうやら、彼はひどくいい眼を持っていて、ずっと先のことまで見通していたらしい。ここで義盛に同調して、三浦一族を壊滅させるか、それとも勢力を温存して最後の勝利を狙うか……渦中にあるものが、そうした判断をすることは不可能に近いのに、義村はまことにふしぎなくらい冷静な判断力を持った人間である。

ところで、一方の北条もさるものだ。たしかに彼らは義村に「裏切り」を高く売りつけられた。他の御家人の気色を損じても、ここではそれを買いとらねばならない……。しかしそれでいながら、先登問題で三浦義村の前で見せた気の使いようは実はゼスチュアなのである。そのことは、直後に発表された恩賞の割当てを見るとはっきりする。このとき北条義時は義盛に代って侍所別当の座につく。さらに、相模国の山内庄と菖蒲庄を義時が、上総飯富庄を時房がとった。さらに奥州の遠田郡を泰時が貰ったが、これは後に返上した。

一方の三浦義村はどうか。これは奥州名取郡一カ所にすぎない。義盛に勝ったのは義村のおかげだと言うにしては、いささか恩賞が少なすぎる。どうやら、北条側では、義村の二股かけた行動を見通していたようである。

「忠義そうな顔をしているが、お前さんだって義盛といっしょに俺たちを叩くつもりは十分あったに違いない。とすれば、まあ恩賞もこのくらいでちょうどいいところさ」

というのが彼らの本音であろう。それに比べて、北条氏自身は、この際欲張れるだけ欲張った。中でも注目すべきは山内庄である。現在の北鎌倉から横浜市内にかけてひろがるこの荘園は、まさに鎌倉の背後を扼《やく》するという地理的条件を備えている。ここは義盛に同調した山内一族の所領だったようだが、これを得ることによって、北条氏の鎌倉への睨みはぐっと凄味《すごみ》を増す。今まで三浦のみが独占していた地の利を、はじめて北条氏は手に入れたのだ。

「さあ、どうだ、これからが勝負だぞ」

義村の裏切りに感謝しつつも、慇懃《いんぎん》に、かつにこやかに北条は早くも次の宣戦布告の準備をしている。

が、義村も負けてはいない。盟友義盛を失い、相手に山内庄への進出を許したのは手痛いマイナスだが、しかし、そのくらいでへこたれる義村ではないのである。彼の眼は例によって遠くをみつめている。日本人には珍しく長期の見通しを持てる彼は、遠い将来の構図の中に、一人の人間像を重ねている。いまは遥か彼方にいる養君、公暁そのひとを……。

実朝惨殺

骨肉相食《あいは》む惨劇として史上有名な実朝暗殺事件が起ったのは、その六年後一二一九(建保七)年一月二十七日、大雪の降りしきる夜のことである。この経過について詳しく述べる必要はないかも知れない。大事件の割には、被害者も加害者も、凶行の動機も、このくらいはっきりしているものもないからだ。災禍にあって横死したのは将軍実朝。加害者はその甥、公暁。彼は二年前京都から呼びもどされて、鶴岡八幡宮の別当（長官）になっていた。動機はいうまでもなく、復讐である。彼は父頼家がむりやり将軍の座から引きおろされ、非業の死へと追いこまれた事が忘れられず、父の地位を奪った叔父に恨みの一撃を加えたのだ。もちろん、叔父を殺した後は自分が将軍になるつもりだった。が、たちまち彼は将軍暗殺の犯人として追跡され、彼自身も殺されてしまう。

きわめて輪郭《りんかく》のはっきりした殺人事件のてんまつである。それでいて、このくらい謎にみちた事件も珍しい。いや、その謎についても、じつは定説ともいえるような、一見合理的な解答が与えられている。事件の黒幕は北条氏だ、というのである。北条義時は父を追い、和田義盛を降して行政・軍事両面の実権を握ったが、実朝が一人前の青年となって来ると、それが段々邪魔になって来た。それで京都から公暁を呼びもどし、

「そなたの父御の敵は、あの叔父御だ」

と吹きこんだ。若い公暁は自分がそそのかされているとも知らず、一途《いちず》に実朝を憎み、北条氏としめしあわせて実朝を暗殺したが、とたんに将軍殺しの犯人として、北条氏の手によって殺されてしまった。かくて源氏の血統は絶え、北条氏の天下になった……。

この通説に疑問を持ちはじめたのは、十数年前のことである。『炎環』（文春文庫）を書くために『吾妻鏡』とつきあいはじめて数年、その中に実朝をとりまく人脈として、

北条氏出身の乳母、阿波局を発見し、その暗躍ぶりをつぶさに確かめて以来、北条氏が実朝を殺した、というような単純な図式ではどうしても納得できなくなって来たのだ。

これを北条氏と実朝の主導権をめぐる対立と考える前に、次の原則を頭においておく必要がある。すなわち当時の中世日本——東国でも西国でも乳母関係が権力構造と根強くからみついているということである。平安朝の外戚と天皇の関係は誰しも認めるところだが、中期以後は外戚から乳母（夫）へ——と変質した、といってもいい。

養君は乳母一族の旗——権威の象徴である。この旗が高くたなびいていなければ、彼らの権力は保証されない。近づいて仔細に眺めればその旗がいかにかよわいものであったとしても……。こうした「権威」と「権力」が一組になってはじめて効力を発揮するというかたちは、中世的世界の特色ともいえるのだ。

その原則に立って考えるとき、乳母がその「旗」をひきずりおろして踏みにじる、ということは自殺行為にひとしい。道義の問題ではなく、権力構造の問題として、私はそれを言っている。とすれば、既定の事実とされている北条氏実朝暗殺説は、もう一度洗い直してゆく必要があるのではないか。

『吾妻鏡』をどう読むか？

北条氏暗殺説の根本にあるのは、彼らが実朝を邪魔にし、実朝と対立していた、という考え方だ。しかし、『吾妻鏡』でみるかぎり、その気配は感じとれない。実朝は終始名将軍として描かれている。二代将軍頼家に対しては欠点を並べたて、明らかに邪魔者扱いにしたのとはきわめて対照的である。

例えば、頼家は八幡宮への参拝などもとかく怠けがちだったが、実朝はじつに几帳面にそれをやっている。臣下に対してもやさしく思いやりがあり、直々裁決を行う場合にも理路整然としている。趣味も高尚で和歌や絵を好む——とまるで手放しの褒《ほ》めようなのだ。

これをも犯行を糊塗《こと》するためのゼスチュアだ、といってしまえばそれまでだが、それでは中世人の歴史の書き方への理解とはならないだろう。中世における史書が現代の歴史書と違うところは、一つの事実の周辺に、独得の伏線の張り方をすることだ。横死する人については、さりげなく「こういうことをやっていたから殺されたのですよ」と前もって囁いておく。頼家の場合には、それがかなり露骨に出ているので、読む者は、なるほど自業自得だな、と納得するわけだ。

現代人から見れば事実の歪曲《わいきょく》でしかないそれは、中世人にとっては彼らなりの歴史の合理的解釈である。中世人は個々の事実の信憑性《しんぴょうせい》よりも、流れとしての歴史を捉えることに重きをおいているらしい。私が、『吾妻鏡』の中の個々の事実については幾つかの疑問を感じながらも、なおも史書と認めるのはそのためである。個々の事実を吟味するのも、もちろん大切だが、現代人としては、中世人の歴史意識にまで立入って、彼らがあることをどのように書き、または書かなかったかを考える必要があるだろう。

ところで、『吾妻鏡』をそういうふうに読み返したとき、実朝横死について、頼家のときに見るような伏線は発見できない。もし北条氏が横死事件で手を汚しているとすれば、責任逃れの意味もあって、多少それを匂わせるものがあるべきなのだが、実朝については『吾妻鏡』は賛美これつとめている。とすれば、実朝と北条氏の間に冷い関係を想定するのはむしろ不自然なのではないか。

しいて北条氏との対立を探せば、和田義盛の在世中、彼が国司任命を望み、実朝にもその意向があったにもかかわらず、政子の反対によって沙汰止みになったこと、義時が自分の家来を将軍家の家人（直参）にしたいと願ったとき、実朝が許さなかったことくらいである。しかしこの両事件は対《つい》になっていることで、本質は三浦と北条の対立であり、実朝との対立ではない。してみると、北条氏が実朝を邪魔にした、という事実は、どうも発見しにくいのである。

「実朝」復原　その一——『金槐和歌集』の世界

しかし、ここで『吾妻鏡』の記事について、北条氏の偽装賛美かどうか、そのことだけを問題にすれば、結局水かけ論になってしまう。そこで別の材料を使って、当時の状況の中で、実朝の人間像を復原してみたらどうか。だいたい歴史を考えるということは、一種の復原作業なのだ。現代人の感覚を押しつける前に、可能なかぎり当時の状況、当時の感覚を復原してみて、その中で評価しなおすことが大切であろう。例えば少し時代が下がるが、室町末期、公家が仲間に招待され、御馳走になるような場合、心ず御飯は持参でゆく。招待した方で出す御馳走は、くじら汁とか鯉の汁とか、たいてい一種類だけだ。これを、

――御飯を持参させるとは、何とケチな。御馳走もたった一品とはみすぼらしい。

と思っては大違いで、たとえ主食持参にしろ、くじら汁パーティは当時としては大饗宴に属した。戦中、戦後の食生活体験者にはよく理解できると思う。

こうした衣、食、住の感覚の違いは、それでも割合い納得がゆくが、それ以外のことになると、性急に現代的解釈を押しつけている場合が実に多い。

その例として、まずあげたいのは実朝の歌集、『金槐和歌集』である。この歌集が近代以後、高く評価されていることは周知のとおりだが、それとともに、彼の作歌活動について、北条氏に政治の実権を奪われてしまったために、わずかに和歌にその慰めを見出した、という解釈がほぼ定説に近いものになっている。

が、彼にとって、和歌はほんとうに憂さばらしだったのだろうか。ここで、和歌とは何かということを、当時の感覚の中で復原してみる必要がありそうである。そうしてみたとき、これが決して単なる消光《しょうこう》の具ではなかったことは、たちまち明らかになる。

それは西国国家の伝統を考えればわかることで、和歌に堪能なことは、王者たることの必須条件だった。歴代の勅撰集《ちょくせんしゅう》、あるいは数多くの歌合せは、王者の趣味や余技ではなく、ある意味では政治そのものだった。和歌（文学）と政治は、近代のそれのように

分離してはいない。あの政治好きの後鳥羽上皇が和歌に打込んだこと、例のマキァベリスト、源通親さえ、並々ならぬ関心を持ち、『新古今和歌集』の編集に参画したこと……これらを考えるとき、実朝における和歌の意義もはっきりする。東国国家も三代目を迎えて、やっと西国国家にも匹敵しうる王者を得たのである。

これを実権を奪われた現実逃避とするのは、あまりにも近代的な解釈でありすぎるように私には思われる。このために実朝は政治に無縁な、芸術至上主義的な文学青年に仕立てられてゆく。おかげで『金槐和歌集』の評価はむやみと高くなったが、忌憚《きたん》のないところを言わせてもらえば、その歌は玉石混淆《ぎょくせきこんこう》、習作の域を出ないものがかなり多い。読んでいる方が気恥ずかしくなるようなものさえある。ただときどきぎょっとするようないい歌があるのは、いわば素人のおそろしさのようなものであろう。彼の悲劇を背景に、歌人将軍のイメージはやや肥大しすぎてはしないか。彼が政治に疎外された憂愁の歌人というレッテルを剥がされ、北条氏にかしずかれた幸福な王者だったということになったとき、歌の世界における彼の位置はもう一度問いなおされる日が来るかもしれない。

もちろん、実朝は頼朝に比べれば、幕閣の実務から遊離してゆく傾向にある。が、それは北条氏に実権を奪われたからというよりも、東国国家の運営がそれだけ安定に向った証拠なのである。創立者は自分で算盤《そろばん》をはじき帳簿をつけ、番頭どもを叱咤《しった》して商売に励むが、三代目ともなれば、ゴルフのクラブを握り、財界人として世界会議にも出かけてゆかねばならない。そうなったとき、三代目は帳簿づけの権利を番頭に奪われた、といって歎くだろうか。加えて日本には、実務にたずさわる部分が少なければ少ないほど権威としてあがめられる風潮がある。頼朝時代からすでに三十年、時代も変り、機構も整備され、それぞれの分担も変って来ているのだ。

「実朝」復原　その二――古文書は語る

とはいえ、実朝は飾りものでは決してない。『高野山文書《こうやさんもんじょ》』というのがある。高野山関係の所領その他に関する古文書を集めたものだが、その中に備後国太田荘の地頭に関するものがいくつかある。その荘園に関する問題の細かい経緯は省略するが、一二〇六（建永元）年、後鳥羽は院宣《いんぜん》を下して、鎌倉幕府の任命した地頭の改易《かいえき》を命じて来た。このとき実朝は、

「地頭は頼朝のとき以来きまっていることであります。さしたる落度のないかぎり、これを改易することはできません」

東国国家の首長として、はっきりそう言明した文書を送りつけている。いってみれば、こういうとき、東国代表として西国国家に申入れをするのが彼の役目なのだ。瑣末《さまつ》のことは下僚にまかせ、大局的なことには出てゆく――東国の王者たるにふさわしい姿がそこにはある。

山はさけ海はあせなむ世なりとも君にふた心わがあらめやも

戦争中、忠君愛国の歌として口ずさまれたこの歌も、そういう状況の中で捉えなおす必要があるのではないか。挨拶——外交もまた王者の役目であり、歌の任務であった。歌の世界につけ加えておくと、例の和田の乱に関連して謀叛の疑いをかけられた御家人の一人が、わが身を悲しむ歌を荏柄《えがら》天神に献じ、それに感じた実朝が罪を許したという話がある。今から見ると子供だましの感があるが、じつはそのころ聖徳高き王者はこのような「仁政」をしなければならないことになっていた。つまり歌とはそのような効力を持つものであり、王者はそれに感動してこそ完璧な王者たり得るのである。

してみると、『吾妻鏡』を離れて、『金槐和歌集』や『高野山文書』から復原しても、実朝が政治から疎外されていたとか、北条氏と冷い関係にあったという結論にはいたらないように思われる。むしろ実朝は東国における王者として、最もバランスのとれた存在であり、北条氏にとっては自慢の「旗」だったのではないか。

この実朝が、宋人陳和卿《ちんなけい》にそそのかされて中国に渡ろうと計画したことがあった。これも彼が北条氏に疎外され、日本脱出を試みたもののように解釈されているが、無理にそう思わなくてもいいと思う。むしろ東国の安定が、実朝にそれを思い立たせた、ともいえるのではないか。父、頼朝は西国と奥州へ行った。それを上廻る計画とすれば海外旅行ということになる。それに当時、鎌倉へは宋の船も入って来ている。中国渡航は、当時の鎌倉人にとっては、月世界探検のような冒険ではなかったはずである。

しかし、政子や義時らはこの計画に挙《こぞ》って反対した。やはり「旗」にいってしまわれては困るのだ。彼らが本当に実朝を邪魔にし、その必要を感じなかったのなら、追払ういい機会だったのではないか。悲劇の将軍、実の母にも疎まれた実朝——という小説的設定から離れて、彼の息づいていたであろう世界を復原するとき、いくつかの再発見があるように私には思えてならない。

北条氏にかこまれた幸福男、実朝——という意見については、もちろん反論もあるだろう。中でも有力なのは、北条政子がすでに実朝の後継者を用意していたではないか、というものだ。この話は『愚管抄』にくわしい。実朝横死の前年、熊野詣《もう》でに出かけた政子は、京都で後鳥羽上皇の乳母で、当時の権力者卿二位《きょうのにい》——藤原兼子《けんし》に会い、その下工作をしている。

「実朝に子宝が恵まれない様子なので、後継者として、後鳥羽院の皇子のどなたかをいただきたい」

申入れの内容はそのようなものだったらしい。それも六条宮（雅成《まさなり》）か冷泉宮《れいぜいのみや》（頼仁《よりひと》）を、というところまで具体化し、ほぼ後鳥羽の内諾も得たようだ。

が、これも当時のしきたりを復原するならば、これだけでは単なる口約束であって、それ以上の効力は持たないのだ（はたせるかな実朝の死後、この問題は難航を続け、ついに実現にいたらないのだが)。実際に具体化するためには、両国間にしばしば往復が行われ、皇子と実朝が父子の契《ちぎり》をかわす必要がある。さらにその皇子の周辺を北条氏出身の乳母でぐるりと取りかこんでしまわなければ、北条氏の勢力安定はむずかしい。生れたときから十数年かかって実朝を育てあげてわが旗としたと同様の準備が必要なのである。これらのことを綜合してみるとき、従来の北条氏陰謀説はさほど説得力のあるものとは思えなくなってくる。が、北条氏が怪しいと思われる有力な証拠は、このほかに『吾妻鏡』の中にたしかにある。『金槐和歌集』やら『高野山文書』の周辺を廻って、どうやらもう一度我々は『吾妻鏡』の中に戻らねばならないようだ。

義時逃亡

事件当日、じつは北条氏の総帥、義時は、まことに不可解な行動をしている。彼はその日、実朝の八幡宮社参の行列の中にあり、牛車《ぎっしゃ》の直前を騎馬行進した。が、八幡宮の楼門をくぐって間もなく、急に気持が悪くなり、捧持していた剣を隣にいた源仲章《なかあきら》に譲ってその場を離れ、八幡宮内で休息した後、小町の邸に帰った。

実朝が惨殺されたのはその後のことだ。

——だから、怪しい。

義時の行動を知った者がそう思うのもやむを得ない。

——彼は凶行をあらかじめ知っていたに違いない。それで、実朝を救えなかった口実を作るために仮病を使ったのだ。

北条氏陰謀説は、まさにこれから来ている。しかもその前後に、ひどく言いわけじみた記事が載っているので、いよいよ義時の行為が怪しく見えてくるのだ。

その前年の七月、義時は夢のお告げがあった、といって、大倉郷に薬師堂を建てようとした。というのは、その直前実朝の供をして八幡宮に詣でて帰宅したところ、その夜の夢に、薬師如来の眷属《けんぞく》である十二神将《じんしょう》のうちの戌神《いぬがみ》が現われて、

「今年の実朝公の左大将拝賀の式は無事だったが、明年の拝賀に供奉《ぐぶ》してはいけない」

と告げたというのである。義時はこれを聞いて、たちまち信仰心を起し、薬師堂建立を思いたった。弟の時房や息子の泰時は、これに反対した。ちょうど実朝が左大将に任じられたための大がかりな行事があり、出費も重なったから、そこに新たに造営を行うのは庶民に負担をかけすぎる、というのがその理由である。

ところが義時は、

「いや、俺一人の安全を願って建てるのだから、庶民の手は煩わせない」

と強《し》いて押しきって、自力で薬師堂を建ててしまった。果せるかな、翌年の拝賀の式で義時は危うく難を免れたのであるが、このとき義時が気分悪くなったのは、ちょうど戌《いぬ》の刻《こく》(午後八時)、幻のごとき白犬が眼前に現われたためだった。そこで急いで捧持していた剣を仲章に譲ってその場をはずしたのである。しかも後でわかったのだが、ふしぎなことに、その時刻、薬師堂の中の十二神将のうち、戌神は堂の中から消えていた

……。

奇妙につじつまのあったお話で、その故にこそ、後世は義時の行動にいよいよ疑いを抱かないわけにはゆかなくなる。彼は苦しげに申しわけを並べて、実朝を救えなかったことを正当化しようとしているが、間接に公暁に手を貸したことは歴然としている、と。

義時の逃亡について、こう考えるのはまず当然だし、私の疑問などは一度に吹飛んでしまいそうな感じだが、しかし、じつは『吾妻鏡』にはこの中に注目すべき一節がある。大事なところなので、原文を引いておく。これは義時が剣を仲章に預けて八幡宮を退出した記事の後にある。

而《シカウ》シテ右《ウ》京兆《ケイテウ》（義時のこと。当時彼は右京大夫《うきようのだいぶ》だった。右京兆はその唐風の呼び名）御剣ヲ役トセラルルノ由、禅師《ゼンジ》（公暁）兼ネテ以テ存知スルノ間、其ノ役ノ人ヲ守リテ仲章ノ首ヲ斬ル。

これはどうしたことか。義時はその日、剣を奉じて儀式に参列する役だった。公暁はそれをかねて知っていたので、その役をつとめる人を狙って斬りつけた、というのだ。ところが、このとき、すでに義時は去り、代ってそこに坐っていた仲章が斬られてしまった、というのである。

明らかに公暁は義時をも殺そうとしていたのだ。もし義時が公暁に甘い誘いをかけ、表面だけでも親密さを装って彼に手を貸し、公暁もそのつもりでいたとしたら、こういうことは想定できない。これをもためにする文飾といってしまえばそれまでだが、この一行は、公暁と義時が何らかのつながりがあったとする仮定を一気に粉砕する重みを持つように私には感じられる。彼らは敵対関係にあったのだ。そして公暁は義時を実朝側の人間と見ていたのである。

義時は、一瞬早くその危機を察知して逃げだしたのだ。『吾妻鏡』が語っているのは、実朝を救えなかった言いわけではなく、幸運にも命びろいをしたことを、神さまのおかげだ、と強調しているのだ。では、その神さまの実体は何か？　それを探索するためには、角度を変えて、加害者の公暁の身辺を洗い直すほうがよさそうである。そう思って『吾妻鏡』および『愚管抄』を読み直してゆくうち、私は大きな読み落しをしていることに気がついた。

公暁の周辺

鶴岡八幡宮社頭でのこの惨劇があまりに有名すぎるために、我々はある錯覚を持っているようである。

それは、この事件を、公暁一人の単独犯行だ、ときめてしまっていることだ。しかし実際にはそうではない。鶴岡の僧兵たちがかなり動いている。実朝が殺され、一瞬呆然となった御家人たちは、やっと我にかえると、犯人たちの後を追いかけるが、すばやく行方をくらませてしまう。

さらば、とばかり御家人たちは公暁の本坊に駆けつけると、公暁に味方する僧侶たちはここで勇敢な抵抗を試みる。突発事件で、彼らが何も知らなかったら、武器をとることも思いつくまい。彼らはかねて公暁の不満を知り、これと同調して準備を進めていたのである。もちろん八幡宮の僧侶全体が公暁に同調したのではない。その中には微妙な対立もあって、公暁派と反公暁派があったらしい。そのことは事件後の処分を見るとはっきりする。

さらにもう一つ、公暁の周囲には別の人脈があったことを『吾妻鏡』はちらりとのぞかせている。登場するのは弥源太兵衛尉《やげんたひょうえのじょう》——正確な姓名はわからないが、彼について『吾妻鏡』は、はっきり公暁の「乳母子《めのとご》だ」と言いきっている！　はたせるかな、公暁の周辺には乳母一族がうごめいているのだ。しかも弥源太はこのとき、注目すべき動きを見せる。実朝暗殺に成功した直後、公暁に命じられて、三浦義村の宅に使にいっているのだ……。

いうまでもなく、義村は公暁の乳母夫——。

問題の人物は、ここに登場したのである！　『吾妻鏡』は言う。

「これは義村の息子の駒若丸《こまわかまる》（乳母子）が、公暁の門弟だったので、その好《よし》みを恃《たの》んだものであろうか……」

この駒若丸は、さきの弥源太兵衛尉よりもさらに注目すべき存在だ。というのは、事件の三カ月ほど前、彼は八幡宮の若い僧侶たちとともに騒動を起し、宿直《とのい》をしていた武士たちと揉みあっているのだ。このことは血気にはやる彼が、このころから何かを企んでいたことを想像させる。

僧兵、弥源太、駒若丸……。彼らの人脈の後に立つ権謀の人、三浦義村――。ここで事件の輪郭ははっきり浮かび上って来る。長年かしずき続けた公暁をかついで、義村はついに大勝負に出たのである。

三浦対北条

そう思ってみると、社頭の惨劇が、突発事件でないことに気づく。三浦義村は待っていたのだ。彼一流の粘り強さで――いや三浦氏全体が、治承の旗揚げ以来待っていたといってもいい。宿敵北条との対決の機はいよいよ来たのである。

もちろん『吾妻鏡』ははっきりそうとは書いていない。が、例の碁の布石に似た書き方、あるいは合せ鏡的方式をその文面上に探るならば、三浦義村のこの日の行動について、じつに意味深長な書き方をしている。

第一、この日彼は鶴岡八幡宮に姿を見せていない。半年前に実朝が行った左大将拝賀の折には、ちゃんと実朝の後に控えていた彼が、この日に限って姿を見せなかったのはなぜか。実朝および北条義時暗殺は、公暁と僧兵にまかせ、成功と同時に北条の小町邸を襲い、一気に勝負をつけるべく、自邸に軍兵を集めて鳴りをひそめていた――と想像

実朝・公暁の乳母たち

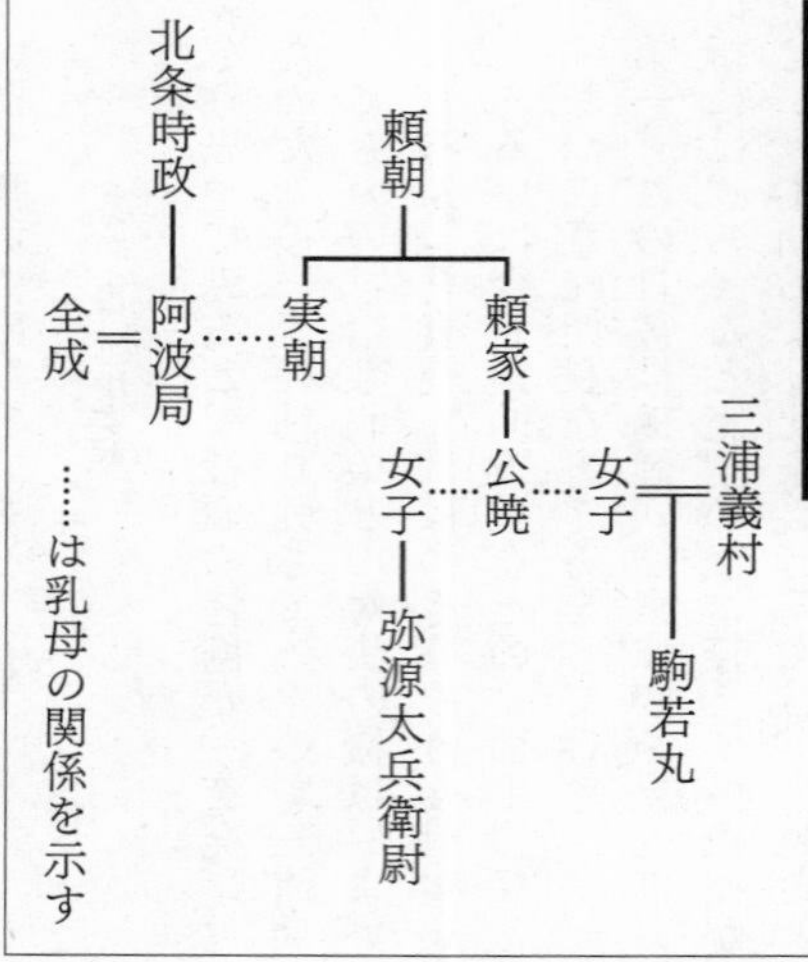

するのは不可能ではないであろう。

一方の北条義時はその日までクーデター計画に気づかない。いや、薄々不穏な空気のあることは察していても、よもやこの日に起るとまでは思いいたらなかったのだ。

その後に、

――じつは……。

と囁いたのは幻の犬でも何でもない。八幡宮のアンチ公暁派の僧侶である。彼らも一応公暁に接近しその同調者を装って情報を嗅ぎつけ、急を知らせたものと思われる。

が、時すでに遅く、実朝は遠く八幡宮の奥深く進んでしまっている。義時はじめ武将たちも、儀式のための装いだから、満足な武備も身につけていない。

――む、む、三浦め……。

実朝を救うべきか、この場を逃れて自分一人だけでも助かるべきか。義時はとっさに決断を迫られる。三浦義村を凌ぐ冷静さを持つ義時は、不可能に賭けるよりも、まず可能に賭けた。仮病を使ったのは、もちろんそのためだ。

——旗はやむを得ない。見殺しだ。それより三浦と対決せねばならぬ。

ただちに準備をととのえれば、三浦の攻撃を防げるかも知れない。玉砕よりも、北条政権の防衛を——と、彼らしい選択を決意したのだ。

一方の三浦義村はどうか？

彼とて、情報収集にぬかりはない。実朝誅殺の報はたちまち摑んだが、同時に彼は北条義時が、一瞬身をかわして自邸にとって返したことを知る。

——そうか、感づいたか。

クーデターは半ば成功し、半ば失敗したのだ。しかもその失敗の大きさをたちまちのうちに計算する冷静さを彼も失ってはいない。とも知らず、勝利に酔った公暁——彼はまだ義時誅殺を信じている——は、弥源太を走らせて、義村に告げた。

「うまくいったぞ。将軍は殺した。俺が将軍になる番が来た」

この先を『吾妻鏡』はこう書いている。

義村は先君の御恩を忘れられず、落涙数行、しばらく黙っていたが、

「まず、ともかくわが家へお出下さい。お迎えの兵士を差上げますから」

という口上を弥源太に伝えさせ、その後でただちに事の次第を北条義時に告げた。義時は、

「ただちに公暁を誅殺せよ」

と言って来る。そこでやむなく、長尾定景《ながおさだかげ》ほかの武者にこれを命じた。しかし公暁はそれに気づかない。迎えに来るのが遅すぎると思ったのか、自分の方から三浦の館へ出向いて来たところを、定景のために討ちとられてしまった……。

「旗」は捨てても……

が、多分、事はこのように簡単に運びはしなかったろう。三浦義村と北条義時の間には、息づまるような睨みあいが続いたものと思われる。お互に、いま武力対決をすべきかどうか、一族の命運を賭けて激しいやりとりを交したのではなかったか。三浦の邸は八幡宮の東隣で、現在小学校の敷地になっている。北条の邸は、さきに登場した宝戒寺。ほんの眼と鼻の間だが、雪の降りしきるさなか、ここをどのような使者が、どのような形で往復したか。

北条義時は、義村の乳母夫としての活躍を見逃してはいない。

「言い逃れは許さぬ。公暁と密約を交していたな」

詰問すれば、義村もさるもの、

「何も俺は知らない」

としらを切ったに違いない。が、睨みあいの末、やはり三浦は折れた。現実に政権の座についている北条氏に一日の長のあることを認めないわけにはゆかなかったのであろう。しかし、全面降伏でもなければ、事実を認めたわけでもない。ただ、弥源太からの知らせを、彼らは保身の具として使ったのだ。

「こんなことを言って来たが、俺は関係ないからな」

情報を売ることで、身のあかしを立てようとしたのである。と、北条はそこにつけこむ。

「わかった、よし、同調していないというなら、公暁をそなたたちの手で殺せ」

乳母夫としてはできがたい残酷な使命を負わせたのである。その裏には、

「同調した証拠は歴然だが、この所は眼をつぶってやる。その代り、自分の蒔いた種は自分で始末しろ」

という意味がこめられている。

義村の思案のしどころである。が、彼もまた冷静な計算のもとに、北条義時の選んだ道を選ぶ。

——旗を見殺しにしても保身を計ろう。なぁに、今だけが勝負どきではあるまい。

しかし、乳母夫として、さすがに養君に手を下すことはできない。ところが、ここに格好の人物がいた。いわば寄力衆《よりきしゅう》ともいうべき長尾定景である。彼は大庭や梶原の一族だが、彼らがすべて没落して以来、拠《よ》り所を失い、同系の三浦を頼ってともに行動をしていたようだ。腕っぷしの強さには定評がある彼を、殺し屋として義村は指名した。

定景は多分三浦の隠謀に気づいていなかったのではないかと思う。実朝が暗殺された後、行方をくらました公暁を追いかけてその本坊を襲った中に彼もまじっているからだ。

いわばこれが、私なりのその日の惨劇の復原図である。十数年前、小説の中で書くとき、躊《ため》いながらも、どうしても私はこう書かずにはいられなかったのだ。

武器なき対決

異を樹《た》てようというのでもない。また単なる犯人探しの興味からでもない。私はこの事件を、偶発的な殺人事件としてでなく、歴史の中で捉えてみたかったのである。

中世の歴史の中の「権威」と「権力」のからみあった政治構造、今は忘れられかけている乳母と養君の断ちがたい絆《きずな》——。それらを軸として見るとき、事件の背後に浮びあがってくるのは、東国ピラミッドの持つ宿命そのものだ。

ピラミッドの中に組みこまれた人間は否応《いやおう》なく頂上をめざす。ここまで生き残った三浦と北条はいやでも対決せねばならない。この場合の実朝と公暁はじつは操り人形であって、黒子はその下に潜んでいるのだ。

それにしても、最後に残った東国の最強が、このぎりぎりの段階で、実力行使に訴えなかったということは注目に値する。彼らはお互の旗を倒して引分けた。それぞれの旗の返り血をあびて、血まみれになりながらも、刀の柄に手をかけただけで彼らはそれ以上には出なかった。

戦いたくとも戦えなかった理由ももちろんある。三浦側の作戦の錯誤、北条側の立遅れが、それぞれに今戦うのは不利と判断させたのかもしれない。そういえば北条寄りの史料である『吾妻鏡』からは、無念さがありありと感じとれる。このあたりのこの書の書き方は、じつに歯切れが悪いのだ。

――いっそ、三浦が張本だ、と書けばすっきりするのだが……。

そんな思いが漂っている。が、そうは書けないのだ。そう書けば、これを討てなかった我が身の力不足も暴露しなくてはならなくなる。そこが辛いところであり、読む方にとってはおもしろいところでもある。

そうした条件はあるにしても、やはりこの両雄の駆引はみものである。和田義盛だったら、こうはゆかないだろう。北条の立場にあったら前後を忘れて実朝の傍に駆けつけ、ともに斬られてしまったろうし、三浦の立場にあれば、作戦の行違いがあっても、計画通り北条との合戦を強行してしまったに違いない。

三浦と北条はその愚を選ばなかった。この深謀遠慮――じつはこれこそ東国武士の真骨頂なのだ。ふつう我々のイメージにうかぶ東国武士とは、すぐ戦い、ぱっと咲いてぱっと散る人間だが、それは一種の幻想にすぎない。後世の人々は勝手にそうしたイメージを造りあげておいて、やれ短慮、好戦的とけなしてみたり、豪胆、竹を割ったようなさわやかさ、などとたたえあげる。そしてそれこそ日本の武士の典型だなどと言いはやす。が、現実は決してそうではないのである。

もちろんこのイメージに似合う人物もいないではない。熊谷直実、畠山重忠、和田義盛……。しかしよく考えてみれば、彼らはすべて脱落者ではないか。その時代を代表する人間として、勝残った者を選ぶか、落伍者を選ぶか、ということになれば、答ははっきりしている。

その意味で、この東国の最強の対決は、まさに東国ピラミッドの本質をさらけだしたものといえるだろう。和田義盛のように武力に訴える時代は過ぎて、次の段階に移ったと見てもいい。

中でも三浦義明—義澄—義村の系譜は、北条一族と並んで一つの典型をしめす。義明の決断、義澄の沈着、その両面を兼ねそなえながら、さらに勝負師的な才能を発揮する義村は、やはり「鎌倉本躰ノ武士」の一人なのだ。彼はまだ諦めてはいない。決着をさらに先に引きのばしたにすぎない。血の匂いを秘めて鎌倉に降りしきる雪を、彼の眼は静かに眺めている……。

第十一章　承久の嵐　北条義時の場合

西からの弔問使

いったい実朝暗殺事件で三浦と北条はどちらが勝ちどちらが負けたのか？　どうも結論はつけにくい。実朝という旗を叩き落されたという意味では北条は手痛い失点を記録しているが、その後の事件処理では、三浦が北条に一歩譲らされた感じが強い。しかしそうも言いきれないのは、その後で三浦義村が駿河守に任じられていることだ。ここで義村は北条氏並みの格を与えられているわけだから、北条氏もまた彼に一目おき、事件解決に協力してくれたことを多としているようでもある。

こうした両者の争いは、その後三十年近くも続く。彼らが武力対決するのはその後である。

そこにいたるまでの武器なき戦いの虚々実々を見れば、東国武士団を単純かつ短気な人間集団とするのは、いかに幻想にすぎないかがはっきりする。かといって私はここで、政権をとればたちまち始まる内部分裂や、そこにうごめく権力亡者の姿は今も昔も同じことだ、と言おうとしているのではない。

権力には、必ずそれをめぐる争いがつきまとう。遠くから見れば、それはコップの中の嵐かもしれない。徒労にも見え、あさましくも見える。が、問題はその先だ。彼ら権力者たちは、試練をうけねばならない。ごまかしや言い逃れのきかない歴史という名の試練を、である。しかも、実朝の死を契機に、その試練の嵐は早くも近づいて来た。はるか南の海上に生れる台風と同じく、それは外部から、しかもさりげない形でやって来た。事件後一月あまり経ったとき、都の後鳥羽上皇から、弔問の使がやって来たのだ。歌を通じてしばしば交渉のあった西国の王者としては、当然の儀礼である。使者に立ったのは内蔵頭《くらのかみ》藤原忠綱《ただつな》。慇懃《いんぎん》鄭重な口上にそつはなかったが、実朝の母政子と、北条義時にゆき届いた弔辞をのべた後、さりげなく彼は後鳥羽の申入れを伝えたのである。

「事のついでではありますが、摂津国の長江荘と倉橋荘の地頭を交替させよ、という院の御意であります。よろしくお取計いを」

西国の外交官は、したたかな手土産を要求したのだ。

「いやしくも、治天の君が、わざわざ弔問の使をよこしたのだ。手ぶらで帰す手はないはずだぞ」

彼の、いや後鳥羽の真の目的は弔問よりもそこにあったのである。この長江、倉橋荘をとりわけ持出したのにはわけがある。この両荘を後鳥羽は伊賀局《いがのつぼね》という寵姫《ちょうき》に与えていたのだ。彼女の出自ははっきりしない。もとは白拍子《しらびょうし》だったともいわれる女性で、当時後鳥羽の愛を独占していた。ところで荘園を貰うといっても現在のようにその土地に対する所有権のすべてを独占するのではなく、そこから上る収入の一部を「領家職《りようけしき》」として貰うのだが、そのころ、領家がその収入をめぐってとかくトラブルを起す相手が地頭なのである。

西国の切札

すでに地頭は何度も登場している。さきの『高野山文書』も備後国太田荘の地頭改廃問題に関するもので、いわばこれが、西国と東国の争点だった。なぜそうなるのか、問題点をここで整理しておくと、この地頭は、鎌倉幕府が任命するもので、領家の自由意志で交替させることができなかった。荘園の中には、いろいろの荘官がいる。年貢を農民に割当てる役、文書を整備する役、年貢を輸送する役――。彼らは荘園の有力者で、こうした運営にあたるかわり、年貢の中から得分《とくぶん》も貰う。これは平安朝以来のしきたりである。ところが鎌倉時代になると、治安維持にあたる地頭が頼朝によって任命された――というより、頼朝は平家攻めの恩賞として地頭任命権――地頭職《じとうしき》を得て、これを御家人に分与したのである。この地頭はそれまでの荘官の中から任命されたものもいるし、新たに鎌倉の御家人が任命され、本人又はその代理が乗りこんでくることもある。何しろ彼らは軍事力を持っているから発言力もある。しだいに年貢の取立て、輸送の分野に進出し、とかく領家と対立するようになる。

『吾妻鏡』を見ても、政治的な問題を除けば、この地頭職をめぐる西国との交渉の記事のしめる分量はかなり多い。それも西国側の申入れによって地頭を改廃する、という記事が目立つが、全国の荘園の数から見れば、それはごく一部のことであって、常に東国側は、

「頼朝の任命したものは、重大な過失のないかぎり、これを辞めさせるわけにはゆかない」

と主張しつづけて来た。が、西国側は事あるごとにこれに文句をつける、というように、対立を繰り返して来たのだった。

土地とそこからの収入に執着する東国武士にとって、地頭職はたまらない魅力あるポストである。頼朝に任命された以上、てこでも動かぬ、と頑張れば、西国側——公家や寺社は、地頭に収入を横取りされてたまるか、といきりたつ。そのホットな争点をぶつけて来たのだから、後鳥羽の弔問使の真意がどこにあったか、ほぼ察しもつこうというものだ。西国は、東国の動揺を見こして、ゆすぶりをかけて来たのだ。しかもこのとき、西国側はもう一つ、有利な切札をかかえていた。

切札——というのは将軍の後継者である。さきに東国側が上洛した政子を通じて、実朝の後継者に後鳥羽の皇子を、という申入れをしていたことはすでにふれておいた。実朝が非業の死をとげた今、早急にこの話の実現に迫られ、東国側は行政官の一人、二階堂行光を派遣し、その交渉にあたらせている。

が、このときになって西国はにわかにその案に難色をしめす。
——院の皇子を鎌倉に送ることは、人質にとられるようなものだ。
という意見が起きたのだ。たしかにその恐れは十分あるが、しかし、ここにいたってそれを持出したのは、東国側を困らせようという意図が露骨にこめられている。そこへ、長江、倉橋両荘の地頭問題をからませて来るあたり、西国らしい芸の細かさである。かくて実朝死後、数カ月のうちに、俄かに東西両国の緊張は極度に高まった。

千騎上洛

北条義時は重大な決断に迫られたわけだった。後継者の皇子はもちろん欲しいが、かといって、長江、倉橋両荘の地頭をその申入れのとおりにやめさせることはできない。もしそんなことをしたら、あそこもここも、と要求は続出し、地頭制度は崩壊しかねないだろう……。

そうなのだ。後鳥羽は、さりげない装いの下に、東国の根底にゆすぶりをかけて来ているのである。すでに三十数年、独立を完了している東国を否定し去ろうとしているのだ。

長い間、後鳥羽はこの日の来るのを待っていた。安徳天皇の西国落ちに代って即位した当時はほんの幼児だったし、祖父後白河が治天の君として院政をしいていたから、その期間を別としても、後白河の死後、実質的支配者となってから、三十年近い。はじめは例のマキァベリスト源通親にいいように操られていたが、通親が頓死して後しばらくすると、その息のかかった土御門天皇をやめさせ、もう一人の寵姫藤原重子《じゅうし》の産んだ皇子守成（順徳《じゅんとく》天皇）を即位させて、強力な独裁者となった。

その間、この西国の王者は、徐々に東国打倒の計画を進めて来た。若いころは和歌に執着し、『新古今和歌集』も撰者そっちのけで自分が編纂せねば気のすまない有様で、一応の完成を見た後も、続々歌の入替えを行うという熱の入れようだったが、やがて、急に作歌熱が醒《さ》めて水練やら乗馬、刀鍛冶に力を入れはじめるのもその現われであろう。

もちろん後鳥羽だけが独走しているわけではない。西国国家には東国に対する根強い反感がある。それらの上に乗って、勝気な後鳥羽はしだいに東国打倒の決意を固めていったのであって、実朝の死を期に、長江、倉橋荘を持出して、まず小手調べにおよんだ、というのが真相であろう。

東国側もこれに対して、ただちに反撃に出た。弔問使藤原忠綱を鄭重に送りかえした後、義時の弟、相模守北条時房が、千騎の武士を従えて上洛した。かつて義経の挙兵を難詰するために、彼らの父、北条時政が上洛して兵糧米の徴収を要求したときと同じ方法である。西国がベテラン外交官忠綱をさしむければ、東国は腕まくりをして白刃を突きつける。西国が、

「後継者か、地頭か」

さあ、勝負だ、と挑みかかれば、東国は、

「この刀が見えないか」

と脅しをかける。このとき、東国はかなりはっきりした申入れをした。

「地頭職は頼朝の折、平家追討の賞として亡き後白河法皇より任命権を賜わりましたもの。これを勝手に義時の計らいで改廃することはいたしかねます」

と同時に、後継者問題の実現を、

「お約束でございますから」

と食下った。

もちろん後鳥羽がこれを受入れるわけもなく、

「それでは皇子下向は許さない」

ぴしゃりとはねつけた。以来二月間、押しつ押されつの折衝は続くが、両者の主張はあくまでも平行線を辿ったまま、ついに時房は皇子下向をあきらめ、僅かに頼朝の血をひく右大臣九条道家《みちいえ》の子、三寅《みとら》（のちの藤原頼経《よりつね》）を将軍として連れ帰ることにする。このとき三寅はたった二歳、まだ襁褓《むつき》もとれない赤ン坊である。

この東西両国の武器なき戦いでは、いずれが勝ち、いずれが負けたのか。西国は地頭を辞めさせられなかったが、皇子を下らせることは食いとめた。東国は皇子を迎えることには失敗したが、地頭職を守った。その意味ではまず五分五分のように見えるが、さてどうであろうか。

義時の決断

かりに、この決定を裏返してみよう。もし東国が地頭をやめさせ、皇子を迎えいれたとしたら?……。歴史上の問題についての仮定は無意味だが、しかし、この際、結果を秤りにかけるために、この作業は有効ではないかと思う。

もし地頭を辞めさせたら、東国内で武士たちは、いっせいに北条義時に反撥するだろう。また皇子将軍には西国から側近もついてくるだろうから、とかく幕府の政治はやりにくくなる。皇子が成人後はその意向も尊重せねばならず、いよいよむずかしい。北条氏は皇子の乳母としての実績もないから地位は不安定になる。つまりいいことは一つもないのだ。

してみれば、今度の決定が、東国側——北条側の勝ちであることは歴然としている。しかし、これは後世の我々だから言えることであって、当事者が、これだけの見通しをもって選択することは、至難のことである。

人間はとかく権威に弱い。西国の「権威」である後鳥羽の申入れを聞いたとき、——ま、今回だけは特に……上皇さまのたっての御希望とあらばやむを得ない。

そう思いかねないものだ。「権威」に憎まれることは、今後のためにも何かとさしさわりがあるような気がするし、ここで言い分を聞いて貸しを作ろうなどという政治的配慮——じつはそれがずるずる相手の思う壺にはまる第一歩なのだが——をした方が有利にも思えてくる。

皇子将軍についてもそうだ。実朝という旗を失ったいま、「権威」でメッキした旗は喉から手が出るほど欲しいし、尼御台《あまみだい》政子が交渉して獲得した皇子だということで、政子の手柄も吹聴《ふいちょう》できる。皇子がいれば、これからの西国交渉が非常にスムーズにゆきそうな錯覚も感じる……。

後世の我々は、東国にとって、「将軍よりも地頭職を」という選択以外の道はあるはずもなく、文句なしにその道が選びとられたように思いがちだが、当時の状況を復原してみるならば、そこには数々の可能性があったわけで、その中から、この道を選びとったということは、じつに容易ならぬことだったのだ。このときの最終決定権を持っていたのは、もちろん北条義時——。私が、彼をこのシリーズの最後に登場する東国武士として据《す》えたのは、この点を評価したいからである。

三寅（藤原頼経）の系図

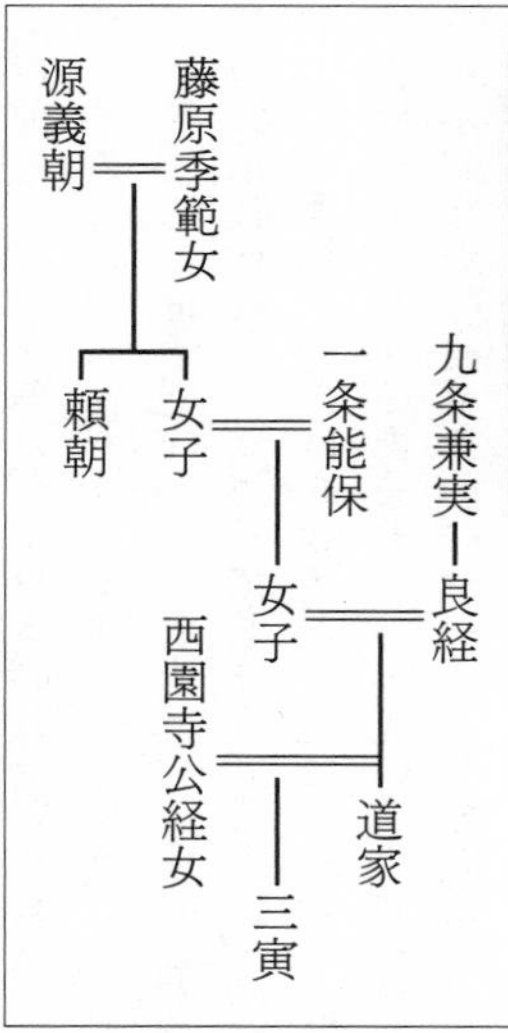

彼は筋を通した。歴史の動きを見誤まらず、一つの、しかし多分に危機を伴うかもしれぬ決定を敢えてした。政治とはそういうものではないだろうか。東国内の主導権争いは政

治以前の問題である。が、日本の政治家たちは、いつの時代にも主導権争いに明けくれて、そのことが政治だとさえ思ってしまう。そしてかんじんの政治的決定に迫られたとき、歴史の方向を見定めることもせず、安易な妥協に走る。いや、妥協そのものが、高等な政治技術だとさえ思ってしまう。またこの政治の埒外《らちがい》にいる人々も、別の意味で内部での主導権争いだけを政治だと見て、一途に汚らわしいと批難したり、権力争いをする人間を悪人視するあまり、その先の——じつはこれからが本当の政治の部分なのだが、それが、歴史の歯車を前に廻そうとしているのか、これにブレーキをかけようとしているのか、というかんじんなところを見定めない。

が、単なる妥協は決して政治ではない。その方が当事者の保身に有利だというだけでなされた妥協であれば、なおさらである。政治とは最終的には選択ではないのか。それも生命を賭けた選択ではないのか。

義時がここで西国のトップと取引きせず、御家人の利益をまず前提に考えたところに、私は東国そのものとぴったり密着した彼の姿勢を感じる。ふつう権力を握れば、たちまちそれを支える階層からは遊離してしまうものだが、義時が東国武士団の利害を直接吸いあげることができたところに、彼のすぐれた政治的資質がある。もちろんこれは個人の資質だけの問題ではない。旗揚げから三十年、内部に諸問題を抱えてはいるものの、東国はまだ若い。生命力も溢れているし、自壊作用も起してはいない。その若さが、組織のトップに健康な判断を下させた、ということであろう。

東国の若さを、未熟さと見たところに後鳥羽をはじめ西国側の誤算があった。実朝の死につけこんで、ひとゆすぶりすればどうにでもなると思いこんでいたところに、東国に対する認識不足があったのではないか。

怪事件勃発

じつはこのとき、京都ではちょっとした怪事件が起きている。三寅が北条時房に抱かれて鎌倉へついて間もなくのこと、源頼茂《よりもち》という武士が、後鳥羽の派遣した武士によって殺されたのだ。

頼茂は源頼政の孫にあたる。例の以仁王《もちひとおう》をかついで挙兵し、宇治に敗死した頼政は、頼朝をかつぐ東国武士団の挙兵の先駆をした人物だ。彼は内裏《だいり》を守護する役をつとめていたので、孫もそれにならって同じ役をつとめていた。ではなぜ頼茂が後鳥羽に誅殺されねばならなかったのか。その真相ははっきりしない。一応後鳥羽は、

「彼が将軍になろうとして謀叛を企てたからだ」

と言っているが、そのまま信じてよいかどうか……。『愚管抄』は、後鳥羽の使者として鎌倉に赴いた藤原忠綱と頼茂とが組んで、摂関家の流れを汲む藤原基家《もといえ》を将軍にしようと画策していた、というのだが、忠綱もこのとき失脚しているから、何かのかかわりがあるのかも知れない。いろいろ総合してみると、どうも頼茂が謀叛を企んだ可能性はむしろ薄くなる。それどころか彼は、東国とは近い関係にあったと見るべき人物であ

る。歴史学者の安田元久氏は、頼茂が密計を察知したために、秘密の洩れるのを恐れた後鳥羽側によって殺されたのではないかと見ておられるが、真相は多分このようなことではなかったか。

このとき頼茂討滅に向ったのは、後鳥羽の側近警固の「西面《さいめん》の武士」とよばれる人々であった。院政当初から、その警固のために「北面《ほくめん》の武士」はおかれていたが、後鳥羽はさらに「西面の武士」をおき、親衛隊を充実した。これは京都に駐在する東国武士とはまったく無関係に、後鳥羽の指揮によって行動するものである。つけ加えておくと、武士といえば、すべて幕府の統轄下にあるように思いがちだが、これはまったくの錯覚で、東国御家人以外の武士はたくさんいた。彼らを後鳥羽は手許に集めたわけだが、御家人への切崩しも同時に行われたようで、信濃の御家人仁科盛遠《にしなもりとお》の息子も西面に召しかかえられた一人だった。盛遠はこれを喜び、院にも度々出入りして、義時から、

「関東の御家人が、許しもなしに院に奉公することは許せない」

と文句をつけられ、所領の一部を削られたという事件がある。こうして集められた西面の武士は、みな血気にはやり、酒を飲み、歌を歌って気勢をあげ、

「ああ早く戦いが始まらないか」

と腕を撫《ぶ》していたという。軍事力を強化すれば、しぜんに戦争待望の世論が持上って来る、という見本のようなものである。

してみれば頼茂誅殺は、西面たちの力を試す一種の小手調べではなかったか。そのあ

っけないほどの成功に、後鳥羽は危険な自信を持ちはじめたらしい。東国武士団の切崩しは仁科盛遠の場合にかぎらず、かなり広範囲に行われたし、頼茂誅殺によって西面の武士の武力の程もたしかめられた。

寺社勢力背後にうごめく

さらに後鳥羽の反東国の根廻しは進む。度々の熊野詣で、日吉神社、仁和寺《にんなじ》、石清水八幡宮への参詣がこれである。一見信仰心厚い王者の優雅な神社仏閣めぐりを思わせるが、実質は決してそんなものではない。これらの寺社は実質的には、天皇家、公家と並んだ強大な荘園領主である。熊野にその例を見るように直属の武力集団も抱えている。古代以来のあり方を考えてみても、彼らは決して幕府によい感情を持っていない。どころか、自身の荘園に割込んで来る東国武士に対しては常に猛烈な反感をもっている。

その一つの例は延暦寺《えんりやくじ》と近江の守護佐々木氏の対立で、そのため佐々木氏は守護を解任されたり、処罰をうけたりしている。もっとも、寺社と西国国家と東国武士の関係はなかなか微妙で、ときには、寺社側の強訴に対抗するため、西国側は東国武士の力を利用していることもある。いわば、西国は当時、朝廷天皇領と寺社領に分かれ、それが微妙に対抗したり和合したりという状態を続けていた、といえるだろう。

この一大勢力を、自分の味方につけることが後鳥羽の寺社めぐりの狙いだった。その意図がよりはっきりするのは、叡山《えいざん》対策である。後鳥羽はここに座主として、皇子尊快《そんかい》

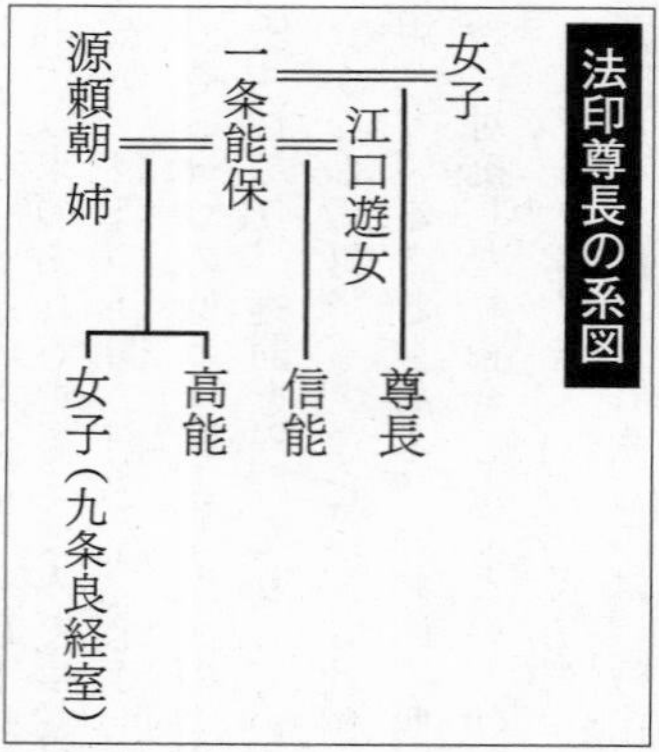

法印尊長の系図

法親王を送りこんでいる。平清盛も源義仲も頼みとしたこの巨大な寺社勢力を、後鳥羽はこうしてわが陣営に引入れたのだ。

さらに寺社対策の要《かなめ》に坐る人物として、後鳥羽の側近には注目すべき人間がいる。後鳥羽と深いかかわりのある法勝寺《ほっしょうじ》や最勝四天王院《さいしょうしてんのういん》の寺務を担当する法印尊長《ほういんそんちょう》がそれだ。彼はじつをいうと、頼朝の姉を妻とした一条能保《よしやす》の子である。といっても頼朝の姉の所生《しょせい》ではないらしい。この一条家は、能保時代、頼朝の京都の窓口として、大いに活躍して来たが、能保が死に、その子高能も若死すると、その態度が微妙に変って来た。母の違う高能側への反感からか、反幕の性格を強め、むしろ後鳥羽に接近してゆく。尊長もその一人だったわけだが、僧侶に似ぬ権謀好きな派手な性格のこの男は、とりわけ後鳥羽の側近として、陰謀に参画していたようだ。多分寺社勢力への工作は彼の企画によるものかもしれないし、彼自身も出羽国の羽黒山の総長吏（長官）に任じられている。この羽黒山は修験の山で山伏七百を抱える一大勢力である。しかもこの羽黒山も東国の地頭との間に対立抗争を続けていたから、そこへ後鳥羽側は目をつけたのであろう。尊長自身は羽黒までいってはいないが、その息のかかった者が牛耳《ぎゅうじ》れば、かつての奥州藤原氏同様、東国の背後をおびやかす存在となることはまちがいない。

ついでに言うと鎌倉側に近かった一条家から尊長が出たと同様に、実朝の御台所の実家、坊門家も、このころは後鳥羽べったりだった。もともと、後鳥羽の母方は坊門家だし、寵姫の一人も坊門家から出ているのだから当然ともいえるが、実朝の死後、この家は、東国の都における窓口としては、まったく機能していない。

後鳥羽側からみれば、まさに東国攻撃態勢は完了したわけだ。公家も寺社も後鳥羽側へついた。御家人の切崩しにも成功した。かくて、一二二一（承久三）年、いよいよ彼らは行動を開始する。

東国の尼将軍

東国側はこの際どうしていたか。源頼茂誅殺事件については、

「こと内裏守護に関する限り、東国の介入すべき問題ではない」

として沈黙を守った。後鳥羽のおびきだしの手に乗らなかった、といえばそれまでだが、そこまで手をのばしかねた、というのが実情ではあるまいか。

何しろ、実朝の後継者三寅はほんの幼児——。「襁褓将軍」と呼ばれたが、元服前の彼はまだ正式に将軍宣下《せんげ》はうけていない。代って将軍代行をつとめるのは、頼朝未亡人政子である。この事から、政子は尼将軍として君臨した権力欲の権化《ごんげ》のように見られがちだが、これは本人の意志というよりも、やむを得ない苦肉の策といわねばならない。

実質的には義時のロボットだが、しかし、まったくの飾りものだったわけではない。というのは、古代以来、日本の政治体質の中には、天皇の母が、かなりの権限をもって介入して来ることを当然とする性格があったからである。例えば、平安朝時代、天皇の外戚が権力を握ったことはよく知られているが、これも仔細に見れば、権力者がその娘を天皇のきさきにしただけでは、完璧な権力は握れないのであって、その娘が産んだ皇子が即位したとき、はじめて、その権力は安定する。その顕著な例は藤原道長に見るとおりだが、それをより仔細に見るならば、外戚と天皇がストレートにつながっているのではなくて、そこに天皇の生母が大きな比重をもって介在してくるのである。

坊門家と後鳥羽天皇の関係

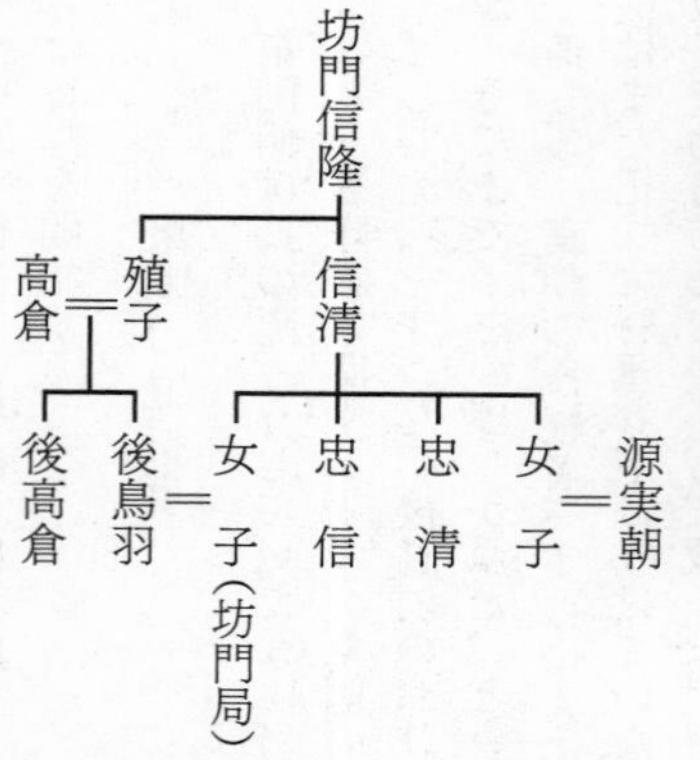

たとえば、藤原道長に文書内覧《もんじょないらん》の宣旨を下すとき――この文書内覧というのは天皇に先立って文書を披見し、政策決定を左右することも可能な権限で、いわば関白代行ともいうべき実質的な政界ナンバー・ワンの地位を保証するものだったが――ときの一条《いちじょう》天皇の母、東三条院詮子《せんし》（道長の姉）は、一条に膝詰め談判で迫って（一条は必ずしもそ

れに賛成でなかったにもかかわらず）、とうとうこれを実現させてしまった。

このほか、母后がその権威を発揮した例はかなり多い。このことは溯《さかのぼ》れば古代における女権――女帝あるいは皇后の問題にもゆきあたることだが今はふれない。とりわけ幼帝の場合には、時には母后は天皇の代行をする権限があったわけだし、外戚はその母后の父として権力を握るのである。考えてみると、これはおもしろい構造で、外戚はいくら実力者であっても、そして天皇がいくら幼くても、身分的にはあくまで臣下である。が、天皇にはいうことをきかねばならぬ母后がいる。そしてその母には彼女の父がいる。しかしその父は天皇にひざまずかねばならぬ、という、いわば「じゃんけん」に似た相関関係で権力が維持されているのだ。

この日本の伝統的な政界の常識をあてはめれば、まさに政子は母后の役目をはたしたことになる。また一方、これを庶民的な目で捉えるならば、比企尼《ひきのあま》に見るように、夫に先立たれた妻は、婚家の中での権限の一切を握り、大刀自《おおとじ》として次の世代を指揮することができる。その観点から見ても、政子が鎌倉将軍家の未亡人として幕政に臨むことに不思議はないのである。この場合政子は、あくまでも北条家の娘としてではなく、源家未亡人として振舞うわけで、もちろん彼女が北条氏の娘である事実は離れ難く結びついているのだが、一応政治人格としては区別して考えておいたほうがいいと思う。やや廻り道の感があるが、後に重大な意味をもってくることなので、少しくわしくふれておいた。外見には沈黙を守り続けたかに見える東国では、こうした内部固めを続けて一二二一（承久三）年を迎えたのである。

京の血しぶき

この年の一月二十七日、後鳥羽上皇の城南の離宮では、笠懸《かさがけ》が行われた。笠やそれに準ずるものを的にして弓矢の技を競うこの行事は、武技好みの後鳥羽らしい新年の催しだが、しかし、その日付に注目するならば、故実朝の祥月命日。今でいう三回忌（満二年）の法要の日に当る。鎌倉ではこの日、政子の主催による追善供養が行われているが、わざとこの日を選んだのは、何らかの意図があったのかどうか……。

四月になると、後鳥羽の子である順徳天皇が突然わが子懐成《かねなり》（仲恭《ちゆうきよう》天皇）に譲位した。これは順徳が、より自由な立場から父、後鳥羽に協力しようとしたためだといわれている。と同時に帝位を順徳系で押え、異母兄土御門《つちみかど》系の介入を許さない狙いもあったかもしれない。問題の源通親に擁立された土御門と後鳥羽の仲は、順徳との間のように親密ではない。討幕計画も、土御門には何も知らせていなかった様子である。

五月十四日、後鳥羽は、城南の流鏑馬汰《やぶさめぞろえ》の名のもとに、武士たちを院の御所である高《か》陽院《やのいん》に集合させた。正月の笠懸よりもさらに大規模の動員である。集まったのは近畿をはじめ、美濃、尾張、但馬等の武士一千七百余騎（『承久記』による）、中には鎌倉幕府の御家人である藤原秀康《ひでやす》、大内惟信、佐々木経高、後藤基清、山田重忠らも含まれていた。

このとき院の近臣たちが参集したのはもちろんだが、招集をかけられた中には、意外にも東国寄りとみなされていた右大将西園寺《さいおんじ》公経《きんつね》（三寅の祖父）とその子実氏《さねうじ》も入っていた。これは機密の漏洩を防ぐため軟禁しようという計画があってのことである。

使をうけた公経は、たちまち後鳥羽の意図を察して、高辻京極にある京都守護、伊賀光季《みつすえ》に家司の内蔵頭三善長衡《ながひら》を差し向ける。

「お召しによって参院する。流鏑馬汰という話だが、真相はどうもそうではないらしい。注意が肝要。お召しがあっても、そなたはうかつに参院してはならない」

光季は義時の妻、伊賀局（後鳥羽の寵姫とは別人）の兄弟だ。東国側の耳目として西国の監視に当っている人間だから、いざとなれば狙われることは必定《ひつじよう》である。光季は直ちに鎌倉へ向けて使を急派する。公経父子はおそらくただごとではすまぬことを覚悟して高陽院に向った。

はたせるかな高陽院では、例の尊長が待ちもうけていて、父子を馬場殿に幽閉してしまった。同時に、院からは光季と、もう一人の京都守護大江親広《ちかひろ》に出頭が命じられる。親広は大江広元の息子だったが、これはおとなしくやって来た。彼が事件にまったく気付かなかったのか、藤原秀康らと何らかの連絡があったものか、そのあたりのことはよくわからない。高陽院に着くなり、彼は後鳥羽から直々の尋問をうける。

「汝、義時ガ方《カタ》ニ有《アラ》ンズルカ。又御方ニ候ベキカ、只今申シキレ」（『承久記』）

親広はとかくの思慮も浮かばず、「御方に」と言うと、その場で起請文《きしようもん》を書かされてしまった。

一方の光季の方はどうか。西園寺公経の連絡をうけていたから、たやすく動こうとはしない。

「このごろ、京中に物騒がしき気配がありますが、それについて何の仰せもない。関東の代官たる光季に、まず一番先に御連絡あってしかるべきなのに、その仔細も承っておりませんので動くわけにはまいりませぬ」

と、押返して後鳥羽は言う。

「だからそれについて言うべき事があるので院に参れと申しておるのだ」

光季は反論する。

「どこへ出陣せよと申されるなら、ただちにそちらへ参りますが、参院はなりかねます」

彼はすでにこの時、合戦を決意している。果せるかな翌日午後、院宣に従わなかったことを名として、藤原秀康はじめ、東国御家人を中心に、八百騎が光季の邸に押しよせて来た。光季父子以下二十数人の郎従はこれを相手に奮戦し、一刻ほど戦った後、館に火をかけて自害した。

後鳥羽から義時追討の院宣が正式に発せられたのはこの日である。

「関東においては、将軍の名で政務が行われているが、当人はまだ幼稚であり、義時が自分の思うままに諸事を裁断し、皇憲を忘れている。これはすでに謀叛というべきである」

という趣旨のもので、「皇憲を忘れる」というのは具体的には、長江、倉橋両荘の地頭改廃に応じなかったことを指すと見ていい。後鳥羽としては、満を持しての戦争宣言である。その上、早くも義時の代官である伊賀光季は誅殺された。幸先のいい出発だった。院宣を持った使は諸国に飛ばされた。東国へもその使いが派遣されたのは、院宣の効力によって、東国武士団も義時を離れて院側につくと見込んだからである。後鳥羽は自信を持ちすぎていた。自分自身の御家人離間策の腕前と、院宣というものの持つ威力に……。

義村登場

さて、一方の鎌倉ではどうか。光季の使は十九日に御所に転りこんだ。続いて西園寺の家司、三善長衡の使が到着し、政子、義時、広元ら幕閣首脳部の動きはにわかに慌《あわただ》しくなる。長衡の使は伊賀光季の討死や、西園寺父子の拘禁、義時追討の院宣が東国へももたらされるであろうことまで報じてあった。

——すわこそ！

非常警戒を行って捜索すると、藤原秀康の所従の押松丸という男が葛西《かさい》ヶ谷《やつ》のあたりをうろついていた。ただちに院宣を取上げて、政子たちが中に書かれている東国武士の名に目を走らせているところへ、姿を現わしたのは三浦義村である。

彼は無言で一通の書状を義時に手渡す。在京の弟、胤義《たねよし》からのそれにはこうあった。

「院の仰せをお伝えします。勅定《ちよくじよう》に応じて義時を誅すべし。もし成功すれば、恩賞は望みのまま、ということであります」

義時がその書状を読みおえたとき、義村はその眼をみつめて言った。

「使は追返した」

それ以上何を言う必要があろう。義時も無言で肯きかえす。この東国最大の危機に直面して、義村は行きがかりを捨てて、義時への協力を誓ったのである。

権謀の人、三浦義村もまた東国武士だったのだ。あるいはそれまで彼と胤義との間にひそかな連絡もあったかもしれない。『承久記』などによると胤義が、京都の守護役に当っているわけでもないのに滞京していたのは、現在の東国体制にある種の不満もあったためのようで、藤原秀康の誘いにやすやすと応じたのもそのせいかもしれない。しかも彼は秀康にこう言っている。

「兄の義村は、きわめて烏滸《おこ》の者（おろかな者）ですから、院が日本の総追捕使《そうついぶし》にするとでもおっしゃれば、必ずお味方にまいるでしょう」

それが今度の手紙となってもたらされたというわけだが、それまでも二人の間には情報交換があったかもしれず、義村の気持も動いていなかったとはいえない。そう見れば、例のお家芸を発揮して、彼はぎりぎりのところで弟を裏切ったのかもしれないのである。が、考えてみれば、このときこそ義時打倒の絶好のチャンスではないか。義時は「逆賊」のレッテルを貼られているのだから大義名分はある。味方を糾合し、義時を討ち、恩賞にあずかって、東国の権力者になることは夢ではない。実朝事件の失敗は一気に取返すことができる……。

ふつうの権謀家だったら、ついふらふらとその気になるところである。しかし、彼はそうしなかった。おそろしいほどの見通しを持つ彼は、その危うさを見越し、冷静な判断のもとに、

——この話には乗れぬ。

ここでは義時に恩を売るべきだ、と考えたのであろう。それがたとえ、彼らしい打算から出たとしても、私はこの処し方に、東国武士としての義村の大きな存在意義を感じる。東国武士にとって、この際何が必要か、何を守り、何と戦うべきか、彼の眼は歴史の流れを見誤まることはなかったのだ。もし彼が卑少な権謀にのみ心を奪われ、大局的な判断を持たなかったとしたら、北条義時は内部の恐るべき敵に足を掬われ、全力を挙げて西国国家と対決することはできなかったであろう。

すこし極端な言い方をするならば、承久の乱の決定的瞬間はここにあると思う。後鳥羽側は巧妙な言い方をして、追討の対象は義時にある、と言い、義時さえ討てば恩賞は望みのまま、として義時と東国武士団の離間を謀った。東国の体制を認めるのか認めないのか、そんなことは一言も言っていない。

しかし、義村はその本質を読みとっている。いくら巧妙な言いまわしをしようとも、

これが東国と西国の対決であることを知って、東国武士の一人として、旗色を鮮明にしたのである。

政子の宣言

御家人たちが幕府に呼び集められたのはその直後である。人々の前で尼将軍政子は安達景盛を通じて次のような訓示を与えた。

「さ、皆、心を一つにして団結して欲しい。これが私の最後の言葉です。故右大将頼朝公が朝敵を滅ぼして東国を草創して以来、そなたたちに与えた官位、俸禄は数えきれない。その恩を思い出して欲しい。なのに、今、逆臣の讒によって道理に叶わぬ宣旨が下された。名を惜しみ、恩を報じようとの志のある者は、早く秀康、胤義らを討取って三代にわたって将軍の作ったこの幕府を全うしてほしい。ただし、院に仕えるという者はそれでもよろしい。この場で申し出るように」

同じ場面は『承久記』『承久兵乱記』などにもある。ここでは頼朝の「御恩」はより具体的になっていて、平家時代には武士は三年間の大番（京都警固）の義務があり、ために財力を使いはたしたのを、頼朝の計らいで六カ月に短縮されたことがあげてある。

ともかくも、ここで気づくことは、義時追討の院宣はみごとにすりかえられ、頼朝以来の「御恩」と、それをゆすぶる西国からの故なき挑戦だけが語られていることだ。義時はあくまでも表面には出て来ない。政子は言外に、義時こそ頼朝以来の東国体制の継承者であることをほのめかしているだけだが、これが御家人に対し説得力を持つのは、義時が先に長江・倉橋両荘の地頭職を守り通したからだ。

――もしここで義時が失われれば、地頭職を守ってくれる人はいなくなるぞ。

誰しもそう思ったに違いない。彼らが一も二もなく鎌倉幕府への忠誠を誓ったのはこのためである。「御恩と奉公」という東国の土壌に根ざす意識と、現実の利益の保証という裏づけによって、彼らはふるい立ったのである。

このときの政子の戦争宣言はあまりにも有名だが、正直のところ私は、彼女は「宣戦の詔勅」を読んだにすぎないと思っている。原案の起草者は、多分大江広元あたりであろう。が、これをほかならぬ政子の言葉として言い渡し、人々が納得したというところに、先にふれた母后的な彼女の役割を見ることができる。と、同時に権威と権力の関わりあいや、それぞれの任務の分担がはっきりわかる。こうした宣言は、権力側のすることではない。権威の象徴たる将軍またはその後見役たる政子の役なのだ。この場合彼女は、北条義時の姉としてではなく、故頼朝夫人――頼朝の代理人としてものを言っているのである。

迎撃か出撃か

さて次は作戦会議だ。ここでは、迎撃か出撃かが問題になった。すでに勝算は十分あったものの、東国武士としても院宣に逆っての戦いはこれがはじめてだ。これまでの木曾攻め、平家攻めはみな院宣によるものだし、奥州攻めも事後承諾ながら院宣は到着して、正当性は保証された。

が、今度は違う。西国を向うに廻した正面切っての対決だ。西国の「権威」たる院宣に抗する戦いに、東国武者が躊いを感じたのも無理はない。ために最初は迎撃論が大勢をしめた。京都の進撃をうけて箱根、足柄《あしがら》で戦うなら、大義名分が立つ、というのである。

これに反対したのは、意外にも都出身の老いたる大江広元である。彼は眼も不自由になり、すでに出家して覚阿《かくあ》と名乗っていたが、

「守勢に立てば内部の動揺も起る。運を天にまかせて、早く出撃すべきです」

と言いきった。それで一応出撃ときまるのだが、その後でまた議論は後退した。一条能保の子供のうち、一人鎌倉に味方して京都から駆けつけた頼氏《よりうじ》が後鳥羽やその周辺の意気軒昂たる様子を伝えたので、慎重論がたかまったのだ。

しかし、大江広元はあくまでこれに反対した。

「上洛決定後、ぐずぐずしているのはよろしくない。泰時どの（義時の子）が一人で鞭をあげられれば、東国の士はおのずと雲霞《うんか》のごとく集まりましょう」

さらに重病に臥していた高齢の三善善信もこれに同調した。

「関東の安否はこのときにあります。すぐ出発するのがよろしい。いたずらに日を経るのは懈怠《けたい》千万。まず大将軍一人でも出発すべきです」

　京都出身の行政官――武士でもない二人の老人が一番強硬論だったという『吾妻鏡』の記事はおもしろい。彼らは西国政府の裏表を知りぬいている。そしてその頽廃ぶりに見切りをつけて東国へやって来たのだ。どんなときどんな手を打てば一番効果があるかを熟知しての上での積極論だったのであろう。

　もっとも、このあたりは『承久記』や『増鏡《ますかがみ》』などで多少記述が違う。『承久記』では慎重論を主張した泰時に対し、義時が、

「自分のやっていることは、やましい点はない。それを攻めるというなら戦うほかはない。そうときめたらすぐゆけ。一天万乗の君を敵とするときめた以上ぐずぐずするな」

と言ったことになっている。一方の『増鏡』になると義時は泰時に対し、

「覚悟して清き死に方をせよ。敵に後を見せるな。自分はまちがったことはしていないのだからそなたも決して躊うな」

としみじみとさとしている。しかもいったん出発した泰時が、途中で引返して来て、

「もし、上皇自身が御出陣になったらどうしましょう」

とたずねると、

「かしこくも問へるをのこかな」

よくぞ問いただした、と彼を褒め、そのときは兜を脱ぎ、弓の弦を切ってかしこまって身を任せたてまつれ、と言ったという。

　これらの史料は成立年代や筆者の立場をそれぞれ反映しているので、この際どれが正

しいかという詮索は無意味に近い。それよりもここで読みとれるのは、迎撃、出撃両論があり、結論としては出撃策がとられた、という事実であろう。東国としては西国相手の本格的な戦いだから、それなりに不安もあったわけだ。

しかしいったん出撃ときまると、義時は鋼鉄の人となった。『市河文書』の中の義時の『仮名御報書』の中で彼は、

「いかにもして一人ももらさずうたるべく候也、山などへおひいれられて候はば、山ふみをもせさせてめしとらるべく候也」

と言って、根こそぎ敵を討滅し、山狩りをしてでも一人も討ちもらすな、と命じている。さらに都入りは遅れてもいい、といっているところを見ると、後鳥羽との戦いもさることながら、この際、徹底的に敵対者を踏みつぶしてしまおうという意気が窺える。

東国、西国を圧倒す

進撃をはじめた東国勢の足は速かった。全軍を東海道、東山道、北陸道に分けて、怒濤の進攻を開始したそのとき、義時は、さきに捉えておいた押松丸を都に追い返す。わざと東国軍の進撃ぶりを後鳥羽に伝えさせるためである。その効果は絶大で、京都に戻った押松丸が、

「路次には東国勢があふれ、幾千万いるか数えることもできません」

と報告したので、院中の人々は、ふるえあがったという。すでに戦わない先に、この

勝負の帰趨はきまったようなものだった。

たしかに――。

東国と西国との戦いというには、あまりにもあっけない戦いだった。東国勢の進攻を食止めるべく派遣された武士たちはたちまち敗北して逃亡するやら都に逃げもどるやら、みじめな姿を露呈した。思いがけない成行きに、後鳥羽はじめ二上皇や皇子はいったん叡山に上ってその勢力に頼ろうとしたが思うようにゆかず、ふたたび高陽院に戻る。そうこうしているうちに東国勢は、早くも京都へなだれこんでしまったのである。合戦の詳細を書くのは本旨ではないので省略する。敗戦が確実となったとき、後鳥羽は使を泰時の許に遣わして、義時追討の宣旨を取消して、元の官職へ復帰させ、それと引きかえに、東国武士団の京都内での狼藉《ろうぜき》停止《ちょうじ》を申入れた。

「大小ノコト、申請ニ任セテ聖断アルベキノ由……」

とあるから、すべて東国側の申し出に任す、という全面的降伏である。すでに西園寺父子は釈放されている。一方、三浦胤義は自決、藤原秀康、法印尊長は逃亡、悲惨な歴史逆転劇の中で、「今度の合戦は自分の意志によるものではない」として、ともかく後鳥羽は命を全うしたのである。『承久兵乱記』によると、後鳥羽は戦さに敗れて戻って来た武士に向って扉を閉し、

「自分は東国武士が来たら命乞いをする。お前たちがいては都合が悪い。早くどこへでもゆけ」

と追払って、武士たちを憤慨させたという。

東軍の北条時房、泰時は六波羅《ろくはら》に入ってただちに占領行政をはじめた。まず戦争責任者処罰である。後鳥羽側近の公家や僧侶七名が捉えられ、鎌倉へ送られる途中、その中の五名は死罪に処せられた。助かったのは僧侶一人と大納言坊門忠信。彼は故将軍実朝の御台所の兄だという理由で死を免れたのである。その他流刑、免職などに処せられたものはかなりの数にのぼった。

御家人でありながら西国側についた者についての処分は、一段ときびしく、ほとんどが斬られている。中で大江親広は異例の措置として罪を免れたが、むりやり院側に参加させられた事情や、功臣大江広元の子であることから特別の計らいをうけたものであろう。

それより注目すべきは三上皇に対する処置である。このとき東国側は、かなり慎重な事のすすめ方をした。まず高陽院には敗兵がかくれている疑いがあるという理由で、後鳥羽を四辻殿《よつつじどの》、順徳上皇を大炊御門殿《おおいみかどどの》へ移した。土御門上皇や冷泉《れいぜい》、六条宮は、もともとの本拠へ帰ることを認めている。これは土御門が今度の事件にタッチしていないことを了解したためであろう。

それから半月ほど経った七月六日、今度は後鳥羽を四辻殿から郊外の鳥羽殿へ——。政治の中心から疎外したわけだ。その上でたちまちその二日後には出家を要請——と、にわかに処分のテンポは早まり、同日、後鳥羽の兄ですでに入道していた行助《ぎょうじょ》親王が院政を開く。その日のうちに後鳥羽の莫大な所領はすべて行助に献じられる。

この四月即位したばかりの仲恭天皇が廃されたのがその翌日、入れ替りに即位するのは行助の皇子、茂仁王《ゆたひとおう》、すなわち後堀河《ごほりかわ》天皇だ。行助は以後、後高倉院《ごたかくらいん》と呼ばれるが、天皇の経験もなく、僧籍に入った皇子が治天の君になるのは未曾有《みぞう》のことである。

そして、七月十三日、出家した後鳥羽は隠岐《おき》へ配流——。まさに問答の隙を与えない進行ぶりだ。続いて順徳上皇は佐渡に、土御門上皇は土佐へ。東国側は土御門配流は考えていなかったようだが、みずから申し出て土佐へ移った（後に東国側は土佐では遠すぎるという理由で阿波へ移している）。

あっという間に行われたこの決定は、おそらく後鳥羽の予想もしなかったことではなかったか。鳥羽殿へ移されたのは後白河の例もあることで考えられないことではなかったが、よもや保元の乱の崇徳上皇のように、流罪になるとまでは思い到らなかったに違いない。

しかし敗者の悲しさ、今となってはそれに従うよりほかはない。後鳥羽は以後十九年隠岐に在り、ついに京都に戻る機会を持たなかった。和歌への関心がよみがえって、『新古今和歌集』にさらに手を入れている。いわゆる「隠岐本」がそれである。

再論・東国は勝ったのか

三上皇配流という、これまで史上に見られなかったショッキングな結末によって、この争乱はひとまず終りをつげる。そしてこのことのために、つい三十年前まで、北条義時という人物は日本史上、きわめて評判の悪い人間となっていた。

逆臣義時――というのがそのレッテルである。ところがおもしろいことに、乱後しばらくの間は、後鳥羽以下を降したそのことによって、高く評価されていたのだから歴史の評価というのもわからないものである。たとえば、天皇支持の色彩の強い『神皇正統《じんのうしょうとう》記《き》』も、「王者の戦いは正義の戦いでなければならない。瑕《きず》なきものを討つのはまちがいである。鎌倉幕府の政治を見るに、頼朝以来義時にいたるまで、とりたてて失敗はやっていない。それを討ったのは院の誤りである」と言っているし、これまでふれた『承久記』その他にも、義時に道理があった、という見方はいろいろの形で語られている。

これは彼らなりの歴史理解なのだ。歴史の中に道徳的規準を持ちこんだのは、『平家物語』の諸行無常《しょぎょうむじょう》史観より後に生れた思潮の反映であり、つきつめていえば、当時の勝者の論理、現状肯定の論理だったともいえるだろう。

これに道徳の衣装をつけさせた納得のしかたを笑う資格は、しかし我々にはないようである。なぜなら、つい三十数年前、第二次世界大戦の終るまで、別の道徳的規準を持ちだして、義時を「逆臣」と片づけていたではないか。そしてその傾向は現在も決して消滅したわけではない。代って登場した「民主主義」や「人民」や「人間性」といった基準を、対立する陣営どうしがそれぞれの「旗」として奪いあい、戦後の歴史を正当づけようとしていることは、その延長線上にあるものといえるかもしれない。

歴史にはしかし、そういう裁き方とは別の評価があるように私には思われる。大きな歴史のなかで絶えず繰りかえされる衝突——それはごく卑小な段階では個人的な利害の対立であり、それが数知れずつみかさねられて、一つの大きな歴史の流れを作る。しかもそれは川の流れと違って、必ずしも一定の方向へどんどん進むものではない。そこには停滞もあるし逆流もある。そういう流れの中に立って、大局的にどれが流れを押し止める要素であり、どれが流れを自然に押しやるものであったか。その渦巻く流れの中で起った事件は、いかなる意味を持つか……。

そうした流れに即した見方に立てば、この事件は大きな時代の変り目を象徴するものといえるだろう。これは東国対西国の対決である。そしてそれぞれの担った歴史をふりかえれば、中世と古代の対決だったともいえる。その中で東国——すなわち新しい歴史の担い手たちが勝利を摑んだのである。

個人的にみれば対決を覚悟し、主戦論を唱えた北条義時、大江広元、彼らに協力を誓った三浦義村らは一つの評価をうけてもいい。が、彼らに対決を決意させたのは、土地への権利を死守しようとする東国武士団のパワーである。義時は、それを誤らずに汲みあげた。とかく古い権威に妥協し勝ちな日本の政治家には稀な、歴史の流れを見通す眼を持っていた点は注目していいが、その背後にある東国武士団の力を見落すわけにはゆかない。長い間西国の植民地として無言の奉仕を続けて来た彼らは、ここにはっきりと、みずからを歴史の上に位置づけたのである。

三上皇配流というきびしい決定を行った東国は、ここで国家百年の基礎を固める。これは言葉のあやではない。文字通り、鎌倉幕府は、これから百年続くのだ。これ以後、天皇の交替にも介入したし、この事件で没収された西国側の所領に多くの地頭を送りこみ、経済的な立場もいよいよ強化された。

しかし、である。私はこれを決定的な、画にかいたような勝利だなどというつもりはない。仔細に眺めるならば、それはあまりにも問題点を残した勝利であるからだ。

たしかに彼らは天皇の交替にまで介入したけれども、しかし、従来どおりの天皇および院政の存続を許した。律令制機構もそのままだし、寺社勢力も温存された。国衙領や荘園もそのまま生き残っている。政治的にも経済的にも変らない部分が多すぎるのだ。

それはしかし、義時や広元の力量不足という問題ではなさそうだ。つきつめていえば、東国国家の実力は、そのあたりが限度だったということではないだろうか。彼らは戦いには勝った。けれども、政治的、経済的制圧には力およばなかったのだ。独立以来三十年の彼らとしては是非もないことかもしれない。

一方には、日本の歴史じたいの性格もある。ずるずると古代を残しながら中世へ、中世をひきずりながら近代へ——。日本の歴史には宿命的に歯切れの悪さ、あいまいさがつきまとう。その中では最も明確な中世志向を見せるこの時代さえ、やはりその例外ではなかったのである。

しかも歴史は動く。戦いが終ったそのときから、勝利者は勝利者の、そして敗北者は敗北者としての歴史を歩みはじめる。この勝利者の歴史が必ずしも薔薇色ではないことは、戦後体験のある我々の見る通りである。東国国家は、この後さらに内部統一に二、三十年を費す。対西国との戦いにあたっては協力を誓った三浦氏だったが、事件後、彼らは、ふたたび執拗に北条氏の隙を狙いはじめるのだ。それが一応の結末を告げるのは一二四七（宝治元）年。その十数年後には蒙古が攻めて来る。このとき東国は、はじめて御家人以外の武士へも指揮権を発令する権限を持つが、その故に戦後の恩賞分与に苦しまなければならない。一方対立者を降した北条氏は得宗家（嫡流）に権力を集中させ強大を誇るかにみえて、そのじつ、北条家じたいにも風化作用が起り、執権も象徴化の道を辿ってゆく……。一方には温存された寺社勢力や西国国家も巻返しの機を狙っている。東国国家の「百年の大計」が終りに近くなったとき、日本はふたたび新しい結論に迫られるのである。

なお承久の乱については、すでに『戦乱日本の歴史』に執筆しているので、これと重複した部分のあることをお断りしておく。

あとがき

最初の長編『炎環』の第一部を書き始めたのが一九六二年、はじめての新聞小説『北条政子』を書いてからもすでに十年の歳月が流れている。その間鎌倉時代を扱った作品をさほど多く書いたとはいえないのだが、この時代のことはいつも頭から離れなかった。書きながら考え、書き終っても考えていた、といっていい。こうして、とりわけ材料を漁るためでもなく、何度か『吾妻鏡』を読みかえしているうちに、いつか表紙もとれ、ボロボロになってしまった。こうなったとき、この時代の語りかけてくるものが、はっきりと私の胸の中に位置をしめるようになった。

大きな変革の時代だ、ということは前から感じていた。私が小説にとりあげたのも、そこに興味を持ったからなのだが、その実態が『吾妻鏡』の中から浮かび上って来るに及んで、変革の大きさ、深さを改めて痛感させられた。もし日本に真の変革の時代とよべるものがあったとしたら、この時代を措《お》いてないのではないか、という思いが、今は確信に近いものとなっている。

それは外からの力に突き動かされての変革ではない。内部の盛上りが必然的に一つの道を選ばせたのだ。その盛り上りの中核は何者か？　このとき歴史の中に姿を現わして来る東国武士団である。一一八〇（治承四）年にはじまる一連の行動は、これまで頼朝の挙兵とよばれて来たが、これが頼朝個人の行動としてではなく、東国武士団の行動として捉えられたとき、はじめてこの時期の歴史的な意義が明確になるのではないか。

そのことを書くとしたら、小説という形式ではあり得ないだろうと思った。それではどういう形にすべきかを考えはじめてから四、五年は経つ。いまこうして書きあげたものは小説ではない。しかし歴史書のつもりはさらにない。しいて祖形を求めるならば、明治以降の数人の文筆家が歴史上の個人について書いた史伝、評伝がそれにあたるかもしれない。これら専門の歴史家以外の立場から書かれた作品が、一人の人間について述べているのに対し、私は歴史そのものを対象としているということになろうか。

いわばこれは私の鎌倉時代を扱った一連の小説の原点であり帰結である。もの書きとして、歴史へのアプローチにはさまざまの形が考えられるし、一つの時代に取組む以上、納得ゆくまでつきつめるべきだと思うが、さきに書いた『相模のもののふたち』を東国武士団の列伝とすれば、これはその総論編にあたる。

どうやらここで私は、大小いくつかの作品で扱って来た鎌倉時代に対する一つの決算書を書いたことになるのかもしれない。『吾妻鏡』を本格的に読みはじめてから二十年近く、そのときの私は旗揚げのころの頼朝と同じくらいの年齢だった。が、現在の私の年まで彼は生きていない。そうなのだ、一年前にすでに彼は死んでいる。書きあげたよろこびよりも、そんなことをしきりに考えるこのごろである。

終りに——。執筆にあたって用いた史料は、『吾妻鏡』はじめ、文中にできるだけ出典をしめしたが、その一部には『大日本史料・第四編』を利用したものもある。なお直接間接に下記の文献からさまざまの示教、示唆を得た。付記して謝意を表したい。

挿入した系図は主として『尊卑分脈』『続群書類従』などに拠ったが、東国武士団の系図には異同があり、別の説もあることをお断りしておく。配置の都合上、必ずしも配列は年齢順によらず、史上有名な人物でも、本文に関係の薄いものは省略した場合もあることを付加えておく。

参考文献　敬称略

岩波講座日本歴史5　中世1　黒田俊雄ほか（岩波書店）
大系日本国家史2　中世　峰岸純夫ほか（東京大学出版会）
日本全史　第四巻　中世1　安田元久（〃）
日本の歴史　武家の登場　竹内理三（中央公論社）
〃　鎌倉幕府　石井　進（〃）
日本の歴史　鎌倉幕府　大山喬平（小学館）
〃　中世武士団　石井　進（〃）
中世的世界の形成　石母田正（東京大学出版会）
日本封建制成立過程の研究　永原慶二（岩波書店）
日本中世国家史の研究　石井　進（〃）
鎌倉幕府守護制度の研究　佐藤進一（東京大学出版会）
中世武家社会の研究　河合正治（吉川弘文館）
北条泰時（人物叢書）上横手雅敬（〃）
辺境の争乱　庄司　浩（教育社）
奥州藤原氏四代（人物叢書）高橋富雄（吉川弘文館）
丹後局（日本歴史学会編『歴史と人物』所収）竹内理三（〃）
古代から中世へ　竹内理三（〃）
源頼朝　永原慶二（岩波書店）
中世成立期の社会と思想　永原慶二（吉川弘文館）
畠山重忠（人物叢書）貫　達人（〃）
北条義時（人物叢書）安田元久（〃）
武士世界の序幕　安田元久（〃）
北条政子（人物叢書）渡辺　保（〃）
武蔵武士　渡辺世祐・八代国治（有峰書店）

単行本　一九七八年九月　文藝春秋刊
文春文庫　一九八三年七月
本書は文春文庫版を底本としています。
ＤＴＰ制作　エヴリ・シンク

永井路子（ながい　みちこ）
1925（大正14）年、東京に生れる。東京女子大学国語専攻部卒業。小学館勤務を経て文筆業に入る。65年、「炎環」で第52回直木賞受賞。82年、「氷輪」で女流文学賞受賞。84年、第32回菊池寛賞受賞。88年、「雲と風と」などで吉川英治文学賞受賞。2009年、「岩倉具視」で毎日芸術賞受賞。主な著書に「北条政子」「歴史をさわがせた女たち」「異議あり日本史」「王朝序曲」「この世をば」「姫の戦国」などがある。1996年、「永井路子歴史小説全集」（全17巻）が完結。

文春学藝ライブラリー
歴42

つわものの賦《ふ》

2021年（令和3年）9月10日　第1刷発行

著　者　　永井路子
発行者　　花田朋子
発行所　株式会社　文藝春秋
〒102-8008　東京都千代田区紀尾井町3-23
電話（03）3265-1211（代表）

定価はカバーに表示してあります。
落丁、乱丁本は小社製作部宛にお送りください。送料小社負担でお取替え致します。

印刷・製本　光邦
Printed in Japan
ISBN978-4-16-813094-6